Cozinha
Rápida

Nigel Slater

Cozinha Rápida

Publicado originalmente em inglês por HarperCollins Publisher Ltd.
com o título Eat: The Little Book of Fast Food
Copyright © Nigel Slater, 2013
Fotos © Jonathan Lovekin, 2013
Foto de capa © Jennu Zarins, 2013
Copyright © 2015, Pioneira Editorial Ltda. São Paulo, para a presente edição.

EDIÇÕES TAPIOCA

EDITORES
Renato Cintra Guazzelli
José Carlos de Souza Jr

TRADUÇÃO
Cristina Yamagami

CAPA E PROJETO GRÁFICO
Alberto Mateus

PRODUÇÃO EDITORIAL
Crayon Editorial

CIP-BRASIL. CATALOGAÇÃO NA PUBLICAÇÃO
SINDICATO NACIONAL DOS EDITORES DE LIVROS, RJ

S641c

Slater, Nigel, 1958-
    Cozinha rápida / Nigel Slater ; tradução Cristina Yamagami. - 1. ed. - São Paulo : Tapioca, 2015.
    464 p. : il. ; 23 cm.

    Tradução de: Eat
    Inclui índice
    ISBN 9788567362090

    1. Gastronomia. 2. Culinária - Receitas. I. Título.

15-20174   CDD: 641.5
                                            CDU: 641.5

2015
Todos os direitos desta edição reservados à
Pioneira Editorial Ltda.
Av. Rouxinol, 84 - cj. 114
04516-000   São Paulo - Brasil
Tel. 55 (11) 5041-8741
contato@edicoestapioca.com.br
www.edicoestapioca.com.br

Para James Thompson

Agradecimentos

No início de 1991, recebi uma carta de Louise Haines, da editora Michael Joseph, me perguntando se eu já tinha pensado em escrever um livro. Ela tinha lido um artigo que escrevi para uma revista e queria marcar uma reunião. Lisonjeado, agradeci ao convite, mas expliquei que não me considerava capaz de escrever um livro. Dois dias depois, ela me convenceu a marcar um almoço. Assim nasceu a ideia do meu primeiro livro, *Real fast food*, publicado no segundo semestre de 1992. Depois de 21 anos, dez livros de culinária, um livro de memórias, uma coletânea de ensaios e uma mudança de editora, Louise continua sendo a minha editora de textos. Serei eternamente grato a ela.

Louise, este livro é para você.

Para James Thompson, pela sua infinita inspiração, sabedoria, apoio e amizade. Sem você não haveria livros nem séries de TV, e a minha vida seria muito menos divertida. Muito obrigado por tudo.

Minha gratidão e amor também vão para Victoria Barnsley, Jonathan Lovekin, Allan Jenkins, Ruaridh Nicoll, Gareth Grundy, Michelle Kane, Georgia Mason, Olly Rowse, Jane Middleton, Annie Lee, David Pearson, Gary Simpson, Araminta Whitley, Rosemary Scoular, Sophie Hughes, Richard Stepney da Fourth Floor, Rob Watson e todo o pessoal da ph9, e Dalton Wong e George Ashwell, da Twenty Two Training. Também sou grato a Jenny Zarins por me deixar usar a foto que ela tirou mim. E um grande abraço para todo o pessoal do *Observer* e para os meus seguidores no Twitter @nigelslater. Obrigado a todos.

Introdução

Às vezes, nós cozinhamos só pelo prazer de cozinhar: nos informamos sobre a procedência dos ingredientes, escolhidos a dedo, e conduzimo-os com ponderação pela jornada da loja ao prato. Buscamos a receita perfeita e relaxamos, preparando o nosso jantar do zero, com amor e carinho. Às vezes, queremos levar a coisa toda ainda mais a sério, fazendo questão de conhecer os produtores ou, se tivermos espaço, cultivando nós mesmos parte dos ingredientes. Queremos refletir, conversar, fotografar e talvez até escrever sobre a comida.

Mas, às vezes, nós só queremos comer.

Este livro é para momentos como esses. Aqueles dias em que só temos uma hora para cozinhar. Aqueles dias em que tudo o que queremos é saborear uma comida deliciosa depois de um longo dia de trabalho. É bem verdade que bastaria pegar o telefone e pedir uma pizza, comida chinesa ou indiana. Poderíamos passar por aquele restaurante vietnamita a caminho de casa ou comprar alguma refeição pronta no supermercado e esquentar no micro-ondas. Mas, mesmo que eu adore comida pronta de vez em quando, sempre acho que o jantar contribui mais para minha qualidade de vida quando eu não me limito a abrir uma caixa ou a pegar o telefone. É um grande prazer preparar uma refeição em casa, cozinhar qualquer coisinha para nós mesmos ou para a família e os amigos. É por isso que escrevi este livro: ele é uma coleção de receitas que você pode preparar em menos de uma hora para satisfazer a sua vontade de comer bem sem gastar muito tempo.

Quando digo "comida rápida", não me refiro a um alimento preparado de qualquer jeito. Um bife frito à perfeição, com a gordura ligeiramente crocante; um filé de peixe fresquinho crepitando tranquilamente na manteiga; uma batata assada, recheada com purê de batata e pedaços de linguiça defumada picante... são pratos simples e bem preparados que podem ser uma enorme fonte de prazer. Vá um pouquinho mais longe e faça uma *frittata* dourada e branca com queijo de cabra; um ragu leve de frango, com tomilho e cebolinha; ou um caldinho de costelas de porco com anises-estrelados. Mesmo na sua forma mais complexa, um curry tailandês de vegetais pode ser preparado em questão de minutos, depois de bater no processador de alimentos alguns ingredientes como capim-limão, gengibre, pimenta vermelha, alho e coentro até formar uma pasta verde-amarelada. Pode ser muito fácil e extremamente agradável preparar uma boa refeição para si mesmo e para os outros – e muito mais gratificante do que comer comida de uma caixa.

Sobre este livro
Vinte e um anos atrás, eu escrevi meu primeiro livro, *Real fast food*, uma coletânea de ideias e receitas que podiam ser preparadas em mais ou menos meia hora. Tenho muito orgulho daquele livro, que permanece em catálogo, e quero que ele continue tendo muito sucesso. Mas, olhando para aquelas 350 receitas vinte anos depois, vi que a culinária mudou muito desde então. Vi que ingredientes antes incomuns agora podem ser encontrados em qualquer supermercado; que as nossas receitas atuais são mais aventureiras; que os ingredientes frescos hoje em dia são essenciais; e que atalhos antes malvistos são usados sem qualquer sentimento de culpa. O *Real fast food* mantém a sua relevância, mas a nossa culinária mudou. O que parecia novo e interessante há duas décadas, agora é comum. As variações dos clássicos se perpetuam, mas muitas receitas

daquela época podem parecer um tanto ingênuas atualmente; eu já não gosto tanto de algumas (nossas preferências também mudaram) e, verdade seja dita, eu nunca deveria ter incluído uma ou duas receitas que estão lá.

Apesar de eu estar longe de ser o mais prolífico dos autores, escrevi uns dez livros desde então, incluindo um ou dois catataus. Já faz um tempo que eu queria voltar ao tema da comida rápida, atualizar aquele livrinho que tanto prezo e alinhar seu conteúdo ao estilo moderno de cozinhar e comer. O resultado é o livro que você tem em mãos. Um livo com receitas contemporâneas diretas, rápidas e fáceis de preparar. Uma coletânea de receitas simples e, espero, divertidas.

As receitas

Tenho todo o respeito pelas receitas tradicionais. Aquelas irrepreensíveis, nas quais cada mínimo detalhe "precisa" ser respeitado. Eu adoro os pratos clássicos e prefiro que eles sejam preparados ao estilo original, em vez de ajustados ou "reinventados". Apesar isso, eu não desejo cozinhar e comer sempre como se todos os relógios do mundo estivessem parados; a vida é curta demais para tentar atingir a perfeição todos os dias e para nos inibirmos pelas regras alheias. Cozinhar deve ser uma atividade leve e alegre, repleta de inventividade, experimentação, apetite e espírito de aventura.

As receitas aqui apresentadas são simples e podem ser feitas pela maioria de nós. Gosto de pensar que pessoas que nunca cozinharam nada na vida conseguem preparar muitas delas. Não é um livro de orientações detalhadas, pedantes e obsessivas. As receitas são breves e, espero, também práticas e inspiradoras. A maioria delas está incrementada com ideias, observações, sugestões e receitas narrativas que podem interessar ao leitor. Pense nessas informações como pequenos brindes.

As receitas em geral são para duas pessoas, mas nada impede que elas sejam dobradas e preparadas para quatro pessoas. Ingredientes mais difíceis de aumentar as quantidades, como gelatina e fermento, não entraram neste livro. Em sua maioria, os produtos indicados são frescos, mas usei alguns insdustrializados, como sardinha em lata, para contornar o longo tempo de cozimento que seria necessário para preparar o peixe; uma ou outra folha de massa folhada congelada; um pote de alguma boa maionese e até, em uma ou outra receita, um molho branco pronto, do tipo que se compra no supermercado. São atalhos que considero úteis para cozinhar no dia a dia.

O formato das receitas é novo. Escritas como um post do Twitter, elas não incluem instruções inflexíveis, do tipo passos "1-2-3". Os ingredientes são listados abaixo do título do prato, ao lado de uma foto, para serem consultados rapidamente, e mais detalhados no texto da receita. É um estilo simples e garanto que você vai pegar o jeito em dois palitos.

Algumas das ideias apresentadas neste livro são receitas atualizadas do *Real fast food*, outras vieram da minha coluna "Jantares no meio da semana", na revista dominical do *Observer*, e ainda outras nasceram de posts que escrevi para os meus seguidores no Twitter. Há também aquelas que foram criadas especialmente para este livro por mim e por James Thompson, ao longo dos últimos dois anos. Trabalhando na cozinha da minha casa, testamos cada receita pelo menos duas vezes e as fotografamos. Nem todas são milagres de trinta minutos. Algumas são jantares para ocasiões especiais, para receber os amigos; e outras, apesar de requerem um tempo de mínimo preparo, ficam uma hora ou mais no forno. Mas a maioria são jantares simples, preparados em mais ou menos meia hora – talvez até menos, depois que você as fizer uma ou duas vezes.

Não estamos buscando a perfeição aqui. Este livro não passa de uma coletânea de sugestões para os jantares do dia a dia. Pratos simples e gostosos. Para quando nós só queremos comer.

Nigel Slater
Londres, setembro de 2013

www.nigelslater.com
@nigelslater

Sumário

Na mão › **22**
Na tigela › **64**
Na frigideira › **98**
Na grelha › **176**
No fogão › **194**
Guisados › **256**
No forno › **280**
Com uma casquinha › **342**
No wok › **360**
No prato › **378**
Sobremesas › **416**
Índice remissivo › **437**

Um guia rápido de receitas por ingrediente principal

PEIXES E FRUTOS DO MAR
arenque defumado
Arenque defumado com ervilha e edamame 385
Arenque defumado com ovos benedict. 255
Arenque defumado e vagem 215
Arenque defumado grelhado, purê de beterraba e wasabi 191
bacalhau
Bacalhau com limão-siciliano, estragão e *crème fraîche* 239
camarões graúdos
Baguete vietnamita com camarão graúdo 32
Camarão graúdo com manjericão 111
Camarão picante com melancia 245
Camarão, capim-limão e coco 77
caranguejo
Bolinho de caranguejo 114
Salada de caranguejo, melão e manjericão 391
cavala
Cavala com triguilho e tomate 223

hadoque
Bolinho de hadoque defumado com alho-poró 225
Hadoque defumado com lentilha 213
Sopa condimentada de hadoque 91
lula
Cuscuz, limões, amêndoas, lulas 193
Lula recheada com feijão-branco e molho de tomate 307
mexilhões
Mexilhões com vôngole e linguiça 202
salmão
Salmão com alcachofra 147
Salmão com alho assado e creme 409
Soba, salmão e camarão graúdo 375
Torta de salmão e pepino 349
sardinhas
Sardinha, batata e pinoli 149
CARNES
bacon e pancetta
Bacon à boulangère 287
Feijão e bacon 199
carne bovina
Bife com missô 159
Bife com missô e wasabi 377
Bife com tomate e cebola 163
Fraldinha com provolone e talharim 137
Guisado de carne ao forno com crosta de rösti de inhame 347
Sanduíche de bresaola, Emmental e picles de pepino 47
Sanduíche de carne assada 45
coelho
Cozido de coelho com ervas 260
cordeiro
Cordeiro assado, mostarda e migalhas de pão 290
Cordeiro com aspargo 263
Cordeiro com cenoura e mandioquinha 273
Cordeiro com gergelim, pepino e iogurte 154
Cordeiro com iogurte e açafrão 125
Cordeiro grelhado com queijo feta e hortelã 183
Costeleta de cordeiro com mostarda e coco 189
Pernil de cordeiro assado 309
frango
Almoço rápido de domingo 235

Asinha de frango com chutney de cebola e umeboshi	185
Asinha de frango, molho katsu	167
Empadão rápido de frango	351
Frango aberto, rúcula, cuscuz	300
Frango com creme azedo e pepino em conserva	264
Frango com geleia	293
Frango de panela ao forno, xerez e amêndoa	337
Frango e espelta com *ras el hanout*	211
Frango grelhado cítrico e apimentado	180
Goujons de frango com páprica e mostarda	231
Peito de frango com queijo defumado e pancetta	295
Peito de frango com queijo Taleggio	335
Pipoca de pele de frango	201
Sanduíche de frango, aspargo e abacate	49
Satay de coxa de frango	305

linguiça

Bolinho de linguiça com molho cremoso de mostarda	151
Hambúrguer de café da manhã	29
Hambúrguer de linguiça	35
Lasanha de linguiça	323
Linguiça calabresa e batata	321
Linguiça calabresa e purê de batata-doce	113
Linguiça, purê e molho de tomate	312
Pão dinamarquês com linguiça	311

pato

Hambúrguer de pato	31
Pato com feijão	119

porco

Barriga de porco, pistache e figo	339
Bisteca de porco com chutney de ameixa	187
Caldo de costelinha de porco com ruibarbo	79
Costela de porco rápida com mel e melaço de romã	142
Kebab de porco e manga	164
Pernil de porco e molho de ervas	75
Porco com laranja sanguínea	327
Porco e figo	139

VEGETAIS

Leguminosas

ervilhas

Ervilha e presunto	397
Sopa de ervilha e agrião com camarão graúdo	97

favas

Bife de pernil de porco, fava e semente de mostarda 123
Orecchiette com ricota e fava 207

Tubérculos

Bolinho de vegetais com molho de tomate condimentado 175
Emaranhado de raízes 333
Frittata de raízes bem temperadas 145

batata

Batata assada com couve-flor e molho de queijo 315
Batata com avelã e ovo 141
Batata com especiarias e espinafre 285
Batata com molho de gorgonzola 331
Batata de pobre 135
Salada de batata com banha bovina 407

beterraba

Beterraba com linguiça e alecrim 107
Espelta, tomate e beterraba assada 95
Salada de beterraba e bulbo de erva-doce com *prosciutto* 388

cenoura

Camarão graúdo, macarrão e cenoura 366
Cenoura com harissa 233
Mingau de cenoura e triguilho 83
Sopa de cenoura, feijão-preto e coentro 69

inhame

Inhame e sopa de galinha 85

mandioquinha

Rösti de mandioquinha 133

nabo

Nabo com cogumelos e risoni 237

Verduras

Minestrone verde (mais ou menos) rápido 228
Sopa verde de vegetais 73
Sopa vietnamita *pho* com frango assado 87

alho-poró

Frango com erva-doce e alho-poró 279
Salmonete assado com erva-doce e alho-poró 297

aspargos

Caldo de galinha, aspargo e macarrão 80
Canelone de aspargo 319
Cordeiro com aspargo 263

brócolis
Frango salteado com castanha de caju e brócolis 365
Salada de batata, *prosciutto* e brócolis 415
couve
Colcannon de presunto e couve 220
Frango e espelta com *ras el hanout* 211
Gratinado de couve e amêndoa 357
Rumbledethumps 221
repolho
Repolho roxo com queijo azul e maçã 277

E todo o resto
abobrinha e abóbora
Abobrinha com gremolata de bacon 117
Gratinado de abóbora-moranga 289
berinjela
Arroz assado vegetariano 249
Berinjela e grão-de-bico 241
Curry de berinjela 266
Ervilha com berinjela 71
Paneer com berinjela 131
cogumelos
Cogumelos acebolados na massa 329
Cogumelos picantes com pão sírio 243
milho-verde
Salada de milho-verde, bacon e salsa 399
Torta de milho-verde com crosta crocante 355
pepino
Carne de porco aromática com pepino 369
Rolinho refrescante de ervas 37
Salada de pepino e atum 383
Salada de pepino, bulbo de erva-doce, ricota e abacate 393
tomate
Bruschetta de tomate e alface 43
Cereja, tomate e salame 413
Focaccia com tomate 61
Macarrão com tomate e manjericão 219
Tomate com aliche crocante 299
Tomate, pepino e aliche 411
Vegetais de verão com harissa e cuscuz 402

FRUTAS

banana
Cheesecake de banana 421
framboesa
Cobertura de chocolate e aveia 425
figo
Figo, triguilho e amora 405
Focaccia com figo e queijo de cabra 57
Torrada com figo e ricota 435
maçã
Maçã, gengibre e endívia 387
manga
Combinado de manga e maracujá 433
morango
Brioche tostado com morango e mascarpone 431
Salada de morango e pepino 423

MASSAS, FEIJÃO E CEREAIS

arroz
Arroz temperado rápido 173
Bolinho de arroz 105
Risoto 247
feijão e leguminosas
Alcachofra e feijão-branco 109
Bolinho assado de grão-de-bico 340
Bolonhesa de lentilha 204
Cozido de feijão com cebola 269
Hambúrguer de ervas 41
Robalo com feijão e estragão 303
massas
Aliche, penne, migalhas de pão 251
Camarão, linguine, endro 227
Espaguete ao forno 325
Macarrão com salmão defumado e pimenta-do-reino verde 253
Ragu de frango light 209

OVOS E QUEIJO

mascarpone
Bagel 39
Cookie de aveia e limão 429
Torta inglesa rápida com Irish coffee 427

muçarela
Sanduíche de muçarela e linguiça defumada 51
Salada de muçarela com migalhas de pancetta 395
ovos
Frittata de queijo de cabra 121
Ovos condimentados com abóbora 157
Ovos mexidos com especiarias 216
Tortilha de batata do James 161
ricota
Bolinho de espelta, manjericão e ricota 153
Bolinho de ricota e ervas 171
Hambúrguer de ricota 59
SOBRAS
Bolinho de arroz 105
Colcannon de presunto e couve 220
Cuscuz de peru ou de frango 401
Lasanha cremosa de restos de frango e cebola 323
Sabores tranquilos e tradicionais com sobras de pernil de porco 75
Salada de batata com banha bovina 407
Sanduíche de carne assada 45
Sanduíche de porco assado de domingo 63

Na mão

Comer com as mãos sempre envolve certa intimidade, que não se alcança com a frieza do aço do garfo e da faca nem com hashis de madeira. Obtemos essa qualidade tátil comendo um sanduíche ou um wrap: imagine um pão recoberto de farinha; os dedos sujos de pó de carvão de um pedaço quentinho de roti indiano; a sensação úmida e fria de uma massa de papel de arroz. Comer com as mãos é um verdadeiro estilo de vida em algumas culturas, que há muito abraçaram essa arte.

Quando comemos com as mãos, é muito prático envolver os alimentos em algum tipo de massa comestível, para que elas não se queimem nem se sujem. Uma fatia de pão caseiro macio, uma baguete de casca quebradiça, um pão polvilhado de farinha, um wrap bem fininho, uma casquinha de sorvete, um pão sírio maleável, uma fina folha de papel de arroz quase transparente ... todos têm a mesma finalidade. Podemos saborear não apenas o recheio, mas também o envoltório, que, em alguns casos, é quentinho e absorve parte da umidade do recheio.

O sanduíche pode variar de um pequeno triângulo de pão de forma com recheio de pepino até uma enorme *ciabatta* com bacon transbordando. Combinar o pão com o recheio pode ser uma ciência precisa ou pura questão de sorte. Um sanduíche caseiro, seja ele meticulosamente pensado ou montado meio que de qualquer jeito, raramente deixa a desejar. Patê rústico de carne de porco no pão italiano, queijo de cabra no pão de nozes e tiras de bacon na baguete estão entre os sanduíches que eu levaria a uma ilha deserta e são ingredientes obrigatórios na minha lista de supermercado. A maioria dos sanduíches eu faço de improviso e isso explica por que eu já comi pão italiano recheado com carne em conserva na salmoura e muffin inglês recheado com queijo Caerphilly – um queijo penetrante e azedo, típico do País de Gales. (As duas invenções ficaram uma delícia, por sinal.)

A minha regra geral é que um recheio macio combina com um envoltório crocante e vice-versa. Por isso os wraps de papel de arroz caem tão bem com um recheio crocante de pepino e cenoura fresca, e salmão defumado e requeijão são ideais para colocar em um bagel macio por dentro e crocante por fora. Isso também pode explicar por que um queijo Brie bem maturado combina tão perfeitamente com uma baguete crocante.

Os sanduíches precisam de algum tipo de "lubrificante". Pode ser algo tão improvisado quanto um fio de azeite ou tão exuberante quanto uma maionese de ervas. Pode ser mais picante (mostarda ou wasabi) ou bem suave, como um queijo branco. O "lubrificante" – seja manteiga, homus, creme de abacate, queijo de cabra, maionese, patê de aliche, geleia, mel, pasta de amendoim etc. – precisa combinar com o recheio, mas nada o impede de testar várias combinações diferentes. Eu, por exemplo, curto um bom sanduíche de wasabi com salmão defumado ou de maionese com bacon defumado frito. Faça a combinação que mais lhe agradar. Embora um sanduíche provavelmente não deva ser alvo de muito preciosismo, isso não quer dizer que precisa ser feito de qualquer jeito.

Não posso deixar de mencionar o hambúrguer. Desde o Big Mac até o hoje onipresente hambúrguer gourmet, a ideia de um pão recheado com um disco de carne moída temperada nunca deixa de ser atraente. O hambúrguer costuma ser de carne suína ou bovina, mas também faço com carne de cordeiro, temperada com cominho e hortelã, ou com carne de linguiça fresca, purê de feijão e verduras picadas e temperadas com sementes de mostarda. A carne pode ser só um pouquinho temperada ou cheia de especiarias, e os dois estilos têm suas vantagens.

Na sua forma mais simples, um sanduíche é algo que se faz para consumo próprio e não para os outros. Temos a liberdade de escolher o pão e o recheio que quisermos, sem seguir nenhuma regra. O pão amanhecido pode ser torrado; o recheio pode variar de um clássico britânico (Cheddar com chutney, rosbife e wasabi), passando pelo aventureiro (salmão, wasabi e bacon grelhado; queijo de cabra, pêssego e pimenta-do-reino) até chegar ao absolutamente bizarro. O sanduíche pode ser tostado numa sanduicheira ou numa frigideira com um pouco de manteiga. Ele pode ser comido quente, com o queijo derretido queimando a boca, ou frio, com rabanetes gelados e pepino e alface crepitantes.

O sanduíche aberto tem vantagens e desvantagens. O recheio seduz mais os olhos do que se estivesse contido entre duas fatias de pão, além de poder ser mais generoso. Por outro lado, o sanduíche aberto em geral precisa ser comido com garfo e faca, eliminando o importantíssimo elemento tátil, mas longe de ser essencial. Uma das primeiras receitas que tuitei foi de um sanduíche aberto: alface-manteiga, truta defumada, maionese com endro e pepino em pão de centeio. Ainda é um dos meus almoços favoritos no verão.

Eu continuo fazendo muitos dos sanduíches que estão no meu primeiro livro, *Real fast food*: porco assado cortado em fatias finas e temperado com sal marinho, pedacinhos de torresmo e maionese; pão com patê de aliche e Camembert, torrado até o queijo derreter e começar a escorrer para fora do pão; sanduíche de bacon em fatias no pão branco; e até pão sírio recheado com sobras de batata frita temperada com especiarias indianas e vinagrete de manjericão, apesar da fé necessária para degustar essa inovação.

Todos nós temos nossos favoritos e o sanduíche feito em casa é um amigo que raramente nos decepciona. Segurar a comida com a mão faz do mundo um lugar um pouco melhor. A seguir algumas das minhas receitas favoritas, das mais simples até as mais extravagantes, que continuam salvando minha alma, entra ano e sai ano.

Abobrinha assada e queijo feta
Fatie abobrinhas pequenas no sentido do comprimento – as maiores podem ser cortadas em rodelas – e coloque-as numa assadeira pequena. Tempere com azeite, sal, pimenta e um pouco de alho amassado. Asse as abobrinhas até que fiquem macias e doces. Jogue por cima um pouco de queijo feta esfarelado e sirva entre fatias tostadas de pão ou como um sanduíche aberto e quente.

Vegetais assados, maionese de alho.
A brisa morna e doce do manjericão
Fatie berinjelas, tomates e abobrinhas, misture com bastante azeite e tempere generosamente com alho, pimenta-do-reino, sal e alecrim bem picadinho. Asse até os vegetais ficarem bem molinhos. Pique um punhado de folhas de manjericão, misture com maionese e inclua parte do caldo que ficou na assadeira. Cuidado para não misturar demais e deixar a maionese coalhar. Passe a maionese de manjericão num pão crocante e coloque os vegetais por cima.

Carboidratos para aquecer a alma
Fatie sobras de batatas assadas em rodelas grossas. Frite na manteiga misturada a um pouco de óleo até ficarem ligeiramente crocantes e douradas. Passe uma generosa camada de maionese no pão e coloque as batatas quentes por cima. Eu gosto de incluir endro picado nesta receita.

O sanduíche italiano
Prosciutto ou algum outro presunto curado cortado em fatias bem fininhas com algum pão enfarinhado e aerado, como a *ciabatta*. Eu gosto de incluir uma ou duas folhas de manjericão. Se quiser, você pode pincelar as fatias de pão com azeite, mas note que um patê mais consistente não vai ser absorvido pelos buracos do pão aerado.

Hambúrguer de café da manhã

linguiça fresca, bacon defumado, bagel, tomate, queijo

Retire a pele de **3 linguiças frescas e temperadas com cheiro-verde** e coloque o recheio das linguiças numa tigela. Pique em fatias **75 g de bacon defumado**, misture com o recheio das linguiças, prove o tempero e faça dois discos achatados e rechonchudos.

Usando uma panela antiaderente tampada, frite os hambúrgueres com um pouco de **óleo** em fogo baixo a médio. Vire-os várias vezes durante o cozimento, até eles ficarem pegajosos por fora.

Fatie e torre **alguns bagels**, coloque **algumas fatias de um tomate grande e maduro** na metade inferior dos bagels, acrescente **algumas fatias de qualquer queijo da sua preferência** e deixe numa chapa quente até o queijo derreter. Cubra com a outra metade dos bagels.

Para 2 pessoas. Pão macio. Linguiça com ervas. Bacon defumado. Queijo derretido. Um fim de semana feliz.

Sanduíche de bife
Um bife fino, frito rapidamente. Uma baguete crocante. Mostarda. Maionese. O truque é fatiar o pão e passá-lo na frigideira do bife, pegando todo o caldo com o pão antes de passar a mostarda e a maionese e de recheá-lo com o bife. É o caldinho da frigideira que faz toda a diferença.

Alho-poró amanteigado e hambúrguer de frango
Compre frango moído ou, melhor ainda, moa você mesmo, inclusive com a pele. Fatie cebolinhas, refogue em óleo e manteiga, adicione sálvia picada e um pouco de alho e de alho-poró bem picados. Deixe os vegetais amolecerem lentamente na panela tampada até ficarem bem verdinhos, macios e amanteigados. Adicione o frango moído e frite um pouco. Faça discos achatados e frite numa frigideira antiaderente, até ficarem dourados e pegajosos. Passe maionese em fatias de baguete crocante e recheie com os hambúrgueres de frango.

Hambúrguer de pato

peito de pato, cebolinha, ameixa, mel, molho de soja, farinha de rosca, alface, pepino, pimenta vermelha

Coloque **2 peitos de pato (cerca de 200 g no total)** num processador de alimentos, adicione **1 cebolinha grande, 1 ameixa fresca sem caroço, 1 colher de sopa de mel** e **1 colher de sopa de molho de soja**. Bata rapidamente até formar uma massa não muito homogênea e adicione **75 g de farinha de rosca**.

Faça 4 hambúrgueres com a massa. Passe os hambúrgueres em **farinha de rosca** e frite-os em fogo baixo por 10 minutos cada lado.

Coloque o hambúrguer sobre **1 folha grande de alface crocante**, adicione **pepino picado, cebolinha picada** e **1 pimenta vermelha cortada em tiras bem fininhas** e enrole.

Para 3 a 4 pessoas. Doce, frutado e crocante.

Hambúrguer de frango com limão-siciliano e estragão

Eu nunca me canso desse sanduíche, que é uma das minhas receitas favoritas do livro. Coloque 400 g de peito de frango, com pele, num processador de alimentos. Adicione um bom punhado de folhas de estragão, as raspas e o suco de um limão-siciliano pequeno ou médio, um dente de alho, sal, pimenta e 4 colheres de sopa cheias de farinha de rosca (eu uso farinha de tempurá panko). Bata rapidamente até formar uma pasta não muito homogênea e pare antes que a mistura fique pegajosa. Faça cerca de 6 discos achatados, aqueça uma fina camada de azeite numa frigideira antiaderente e frite por 10 minutos, virando com cuidado até dourar.

Hambúrguer de Natal

Use carne crua de peru – misture carne do peito e das coxas ou sobrecoxas incluindo a pele, que deixa o hambúrguer mais suculento – carne de linguiças frescas (eu costumo fazer uma mistura com metade peru e metade linguiça), algumas cranberries ou framboesas picadas, frescas ou congeladas, tomilho fresco, sal e pimenta-do-reino. Bata rapidamente no processador de alimentos, faça pequenos discos achatados e frite lentamente na manteiga com um pouco de óleo. Sirva com molho de cranberry ou com geleia de frutas vermelhas. Se você quiser usar carne cozida de peru, moa bem a carne e adicione uma ou duas gemas de ovo à mistura, para dar liga.

Baguete vietnamita com camarão graúdo

camarão graúdo cru, coentro, alho, pimenta vermelha, capim-limão, molho de peixe, vinagre de arroz, gengibre japonês em conserva, cenoura, gengibre, cebolinha, maionese, óleo de gergelim, baguete

Coloque **250 g de camarões graúdos descascados e crus** num processador de alimentos com **8 caules de coentro**, **2 dentes de alho**, **1 pimenta vermelha**, **1 talo de capim-limão**, **1 pedaço de gengibre fresco**, **2 colheres de chá de molho de peixe tailandês ou vietnamita*** e **2 colheres de chá de vinagre de arroz**. Bata rapidamente.

Rale **meia cenoura** e **10 g de gengibre japonês em conserva**. Fatie **1 cebolinha** e junte os três a um pouco de **coentro fresco**. Misture **2 colheres de chá de óleo de gergelim** com **2 colheres de sopa de maionese**.

Coloque os camarões batidos numa frigideira antiaderente e frite, sem óleo, por 4 minutos. Misture com a cenoura temperada. Corte **2 baguetes pequenas** ao meio, passe a maionese de gergelim e recheie com a mistura de camarão.

Para 2 pessoas. Um dos melhores sanduíches. Na minha humilde opinião.

* O molho de peixe tailandês, ou vietnamita, é um molho fermentado de peixe acre e pungente equivalente ao molho inglês ou ao shoyu japonês. Pode ser encontrado em mercados de produtos orientais. (N. T.)

Sanduíche de peixe empanado com maionese de ervas
Grelhe ou frite 1 peixe empanado até ficar crocante. Mas não frite demais, para mantê-lo bem suculento por dentro. Corte a baguete ao meio. Misture na maionese algumas alcaparras, endro e manjericão picados e passe na baguete. Coloque na baguete uma folha de alface e o peixe empanado bem quentinho, saído da frigideira. Adicione um pouco de suco de limão-siciliano. Crocante. Macio. Verde. Descarado.

Truta no pãozinho de leite
Misture farinha e uma boa pitada de páprica defumada** e polvilhe dois filés de truta. Frite com um pouco de manteiga ou óleo e deixe escorrer em papel toalha. Coloque o peixe num pão de leite e esprema um pouco de suco de limão-siciliano.

Camarão graúdo, bacon, torradas de pão integral
Frite em um pouquinho de óleo alguns camarões graúdos sem a casca e algumas fatias de bacon. Faça um sanduíche com pão integral quente e torrado e um pouco de chutney de manga.

** A páprica defumada é um tempero popular na Espanha, feita com pimentões vermelhos maduros, secos, defumados e moídos. Pode ser comprada em bons empórios ou pela internet. (N. T.)

Hambúrguer de linguiça

linguiça defumada, carne de porco moída, *ciabatta*, salada de folhas

Retire a pele de **350 g de linguiça defumada**. Coloque o recheio numa tigela, adicione **250 g de carne de porco moída** e misture bem. A carne de porco dará leveza à linguiça defumada. A quantidade de tempero dependerá da linguiça, já que algumas são mais temperadas que outras. Divida a mistura em 4 e faça discos achatados e grossos, com mais ou menos 7 cm de diâmetro.

Coloque uma camada bem fina de **óleo** numa frigideira antiaderente quente e frite os hambúrgueres. Deixe-os fritar até ficarem dourados na parte de baixo, vire-os e frite do outro lado, ajustando o fogo para que fiquem bem cozidos no meio. Manuseie com cuidado para não quebrar os hambúrgueres.

Abra **4 *ciabatta*s (ou panini)** e recheie com a **salada de folhas** e com o hambúrguer de linguiça defumada.

Para 4 pessoas. Fumegante, suculento.

Hambúrguer de chouriço. Sangue escuro com pães brancos

Substitua a linguiça defumada por 350 g de chouriço macio misturado com carne de porco. Divida em 4 e faça discos achatados e grossos. Frite e coloque em fatias de pão branco macio ou de pão italiano.

Escolha uma linguiça defumada macia em vez de as variedades mais duras. Ela deve ser só um pouco mais firme que uma linguiça fresca.

Carne de porco e zimbro. Linguicinhas de porco com um toque de zimbro

Use o recheio de 650 g de boas linguiças de porco frescas, temperadas com cheiro-verde. Moa 6 bagas de zimbro e meia colher de chá de sementes de erva-doce num pilão e misture com a carne das linguiças. Se preferir, inclua algumas ervas como orégano, tomilho ou louro moído. Faça 4 discos achatados e grossos e frite como na receita anterior. Recheie o pão com salada de erva-doce ou vinagrete de tomate com pepino.

Rolinho refrescante de ervas

pepino, pimenta vermelha, cenoura, cebolinha, macarrão bifum, massa de papel de arroz, hortelã, manjericão, coentro, cebolinha-francesa, molho ponzu, limão, vinagre de arroz, molho de pimenta

Corte **a metade de 1 pepino** no sentido do comprimento, raspe as sementes com uma colher de chá e corte em palitos. Fatie **1 pimenta vermelha** não muito forte e corte **1 cenoura média** em palitos pequenos. Pique **1 cebolinha**.

Despeje água fervente sobre **50 g de macarrão bifum** e deixe de molho por alguns minutos. Hidrate **2 folhas de papel de arroz fresco**, abra-as numa superfície e recheie com os vegetais picados e com **6 ou 7 folhas de manjericão, 6 ou 7 folhas de hortelã** e **6 ou 7 folhas de coentro** em cada uma. Coloque **4 cebolinhas-francesas finas** em cada rolinho e feche a massa, formando pacotinhos recheados com os vegetais.

Faça um molho para acompanhar os rolinhos misturando **1 colher de sopa de molho ponzu***, suco de meio limão, **1 colher de chá de vinagre de arroz** e **1 colher de chá de molho de pimenta**. Coma os rolinhos cortados ao meio, mergulhando-os no molho.

Rende 2 rolinhos grandes. Sabor radiante. Picante, crocante e refrescante.

Algumas boas ideias para incluir em seus rolinhos refrescantes, servidos com o mesmo molho da receita
- Nabo japonês (daikon) ralado em tiras mais ou menos grossas, macarrão bifum, camarões graúdos sem casca, coentro.
- Pimenta vermelha picada, agrião, brotos de feijão, carne de pato assado em fatias.
- Salmão grelhado, pepino, couve-chinesa, mirin, soja.
- Abacate, tomate, agrião, cebolinha, hortelã.

---

* O molho ponzu é um molho à base de limão muito usado na culinária japonesa. Você pode encontrar em mercados de produtos orientais ou improvisar o seu misturando shoyu com suco de limão. (N. T.)

Bagel

bagel, mascarpone, vinagre balsâmico, uva-passa escura ou branca

Coloque **3 colheres de sopa de uvas-passas escuras ou brancas** numa tigelinha, despeje **2 colheres de sopa de vinagre balsâmico** e **2 colheres de sopa de água morna** e deixe as passas absorvendo o líquido por mais ou menos 20 minutos. Escorra, reservando um pouco do líquido. Corte o **bagel** ao meio no sentido horizontal, toste ligeiramente o interior e pincele com um pouco do líquido das passas.

Misture **200 g de mascarpone** com as uvas-passas e passe uma generosa camada no bagel quente.

Para 1 pessoa. Doce, quente. Uma dose de bem-estar.

Cream cheese, salmão defumado
Grossas fatias de salmão defumado, uma generosa camada de cream cheese e um bagel macio e dourado. Puro êxtase. Experimente adicionar ao cream cheese alguns grãos de pimenta-do-reino verde conservada em salmoura; incluir 1 ou 2 fatias de bacon defumado bem tostado; misturar endro ou cebolinha ao cream cheese; tostar o bagel no lado cortado e passar uma fina camada de wasabi antes de adicionar o cream cheese e o salmão; ou substituir o salmão por arenque.

Patê de linguiça defumada
Retire a pele de uma linguiça defumada macia e bata rapidamente num processador de alimentos até formar uma pasta, adicionando um pouco de *crème fraîche* ou de azeite para dar consistência de patê. Passe uma camada generosa em bagels abertos no meio e tostados.

Hambúrguer de ervas

feijão-da-china, feijão-manteiga, cebolinha, alho, manjericão, cebolinha-francesa, salsa, tomate, *ciabatta*, salada de folhas, maionese

Enxágue e escorra **250 g de feijão-da-china cozido** e **250 g de feijão-manteiga cozido**. Corte **6 cebolinhas em fatias finas** e refogue com **uma colher de sopa de óleo**, em fogo médio, até amolecerem. Não deixe dourar. Descasque e amasse **2 dentes de alho** e misture com um generoso punhado de **folhas de manjericão**, **8 cebolinhas-francesas picadas** e um punhado de **salsa picada**. Adicione aos feijões e tempere.

Usando um espremedor de batatas, amasse parcialmente a mistura, deixando alguns pedaços intactos para dar uma textura interessante. Faça discos achatados e grossos com a mistura. Rende cerca de 12 hambúrgueres. Eles se desmancham fácil, então seja cuidadoso. Coloque-os numa assadeira e leve à geladeira por uns 20 minutos.

Aqueça uma fina camada de **óleo** numa frigideira antiaderente e coloque alguns hambúrgueres de cada vez, deixando espaço para virá-los. Quando o lado de baixo dourar, vire-os com cuidado e frite do outro lado. Deixe um pouco sobre papel toalha para absorver o excesso de óleo antes de colocá-los nos **pães tostados** com **fatias de tomate**, **salada** e **maionese**. Para 6 pessoas.

Bruschetta de tomate e alface

tomate, alface-romana, *ciabatta*, alho, gema de ovo, vinagre, mostarda de Dijon

Corte **400 g de tomate** ao meio e coloque os pedaços, com o lado cortado para cima, numa chapa ou assadeira. Corte **2 alfaces-romanas** também ao meio e disponha os pedaços entre os tomates. Tempere, pingue um pouco de **óleo** por cima e deixe grelhar por alguns minutos, até a alface começar a corar e os tomates ficarem macios.

Para fazer o molho, descasque **2 dentes de alho** e bata no liquidificador. Adicione **1 gema de ovo, 1 colher de sopa de vinagre de vinho branco, 1 colher de sopa de mostarda de Dijon** e **4 colheres de sopa de azeite**. Bata no liquidificador até obter um molho espesso e homogêneo. Você também pode fazer o molho à mão, como quem faz uma maionese, misturando vigorosamente com um batedor de arame. Prove o tempero.

Corte **uma *ciabatta* grande** e toste as fatias nos lados cortados. Coloque-a numa tábua, pingue uma quantidade generosa de azeite e cubra com os tomates e a alface. Regue com o molho e saboreie imediatamente, enquanto os tomates ainda estão quentes e o pão está crocante.

Para 4 pessoas. Crocante, doce, sedutor.

Sanduíche de carne assada

sobra de molho, tomate-cereja, sobras de carne assada, wasabi, maionese, pãozinho francês

Aqueça em fogo médio **o caldo que sobrou da carne assada de domingo**, incluindo quaisquer crostas e pedaços deliciosos que sobraram na assadeira. Quando começar a borbulhar, acrescente um punhado de **tomates-cereja** cortados ao meio e deixe cozinhar até pegar um pouco de cor. Esmague os tomates no molho com um garfo.

Misture um pouquinho de **wasabi** e um pouco de **maionese**. Corte **pãezinhos franceses** ao meio, no sentido do comprimento, passe uma generosa camada da maionese com wasabi e recheie com **fatias frias de carne assada**. Sirva o molho quente e mergulhe os pãezinhos no molho para comer.

Sanduíche de bife e couve amanteigada
Aqueça uma frigideira antiaderente em fogo médio, coloque 1 bife de contrafilé temperado com sal e pimenta e deixe dourar por alguns minutos, sem qualquer óleo ou gordura. Vire para fritar do outro lado e volte a virar algumas vezes. Coloque com cuidado 3 colheres de sopa de manteiga debaixo do bife – a manteiga derreterá imediatamente – e deixe a carne absorver parte da gordura. Vire o bife, controlando o fogo para não queimar. Retire e deixe descansar por uns bons 5 minutos. Derreta um pouco mais de manteiga na frigideira, coloque um punhadinho de couve bem picada e refogue até ela ficar macia e bem verdinha. Fatie uma baguete, corte o bife em tiras grossas e recheie o pão com a carne e a couve quente e amanteigada.

E um picadinho rústico de carne assada
Rale 1 batata, com casca e tudo (não precisa caprichar), refogue com um pouco de banha bovina e com 1 cebola bem picada, até pegar cor. Adicione um pouco de salsa e tomilho picados. Despeje parte do caldo de carne assada, acrescente algumas fatias crocantes de carne, pedaços de gordura e quaisquer crostas deliciosas deixadas para trás depois que o assado foi retirado da assadeira. Quando tudo estiver crepitante, recheie pãezinhos franceses.

Sanduíche de bresaola, Emmental e picles de pepino

pão italiano, bresaola, queijo Emmental, açúcar, pepino, vinagre de vinho branco, mostarda de Dijon

Descasque **meio pepino**, corte ao meio no sentido do comprimento, raspe e descarte as sementes. Corte em tiras longas e finas, como um macarrão pappardelle. Coloque **3 colheres de sopa de vinagre de vinho branco, 1 colher de sopa de mostarda de Dijon, 1 colher de chá de açúcar** e um pouco de **pimenta** numa tigela e acrescente o pepino. Deixe por 10 minutos.

Frite na **manteiga 4 fatias bem finas de pão italiano** – dos dois lados até torrar um pouco, e deixe sobre um papel toalha para absorver o excesso de gordura. Faça um sanduíche com **queijo Emmental cortado em fatias finas**, o pepino que ficou de molho, um pouco de **sal** e algumas fatias finas de **bresaola**.

Para 2 pessoas. De abrir o apetite.

Muçarela e manjericão
Corte 1 *ciabatta* ao meio, no sentido do comprimento. Toste ligeiramente os lados cortados e passe pesto de manjericão. Cubra com fatias de muçarela de búfala. Misture mais azeite no pesto e despeje sobre o queijo. Grelhe até o queijo derreter, mas não deixe corar.

Cebola, marmelada e queijo azul
Corte 1 cebola grande em fatias finas, refogue com um pouco de manteiga até dourar e misture 1 ou 2 colheres de sopa de marmelada. Quando começar a borbulhar, coloque a mistura em fatias de pão italiano e cubra com queijo azul.

Coalhada seca e hortelã no pão sírio
Aqueça alguns pães sírios no forno ou no forno elétrico e recheie com coalhada seca, queijo feta (esfarelado com um pouco de iogurte e orégano seco) ou coalhada de leite de cabra, além de algumas folhas de hortelã e um generoso fio de azeite.

Patê de aliche e Camembert
Passe patê de aliche em fatias finas de pão italiano. Coloque pedaços de Camembert ou outro queijo meio macio e cubra com uma segunda fatia de pão com patê de aliche. Esquente numa chapa ou frigideira com um pouco de manteiga e óleo bem quentes, pressionando o sanduíche dos dois lados até dourar.

Sanduíche de frango, aspargo e abacate

frango, manjericão, estragão, endro, maionese, aspargo, abacate, alface, pão italiano

Cozinhe **8 aspargos pequenos** em bastante água, tire da fervura assim que ficarem macios (eles precisam continuar um pouco crocantes para esta receita) e escorra. Corte-os ao meio, no sentido do comprimento, e reserve. Rasgue **2 folhas crocantes de alface americana**. Descasque e fatie **1 abacate pequeno**. Fatie **1 peito de frango cozido** ou use lascas da carne assada de domingo.

Coloque **4 colheres de sopa cheias de maionese** numa tigela, misture **1 colher de sopa de manjericão, estragão** e **endro** picados e tempere com um pouco de **sal**. Toste **4 fatias de pão italiano** e passe a maionese de ervas. Cubra 2 fatias com a alface, os aspargos e o abacate. Coloque o frango por cima e feche os sanduíches com outra fatia de pão.

Rende 2 sanduíches grandes. Pão italiano tostado, maionese de ervas, frango frio, alface crocante e abacate. Um dos meus sanduíches favoritos.

Frango com bacon e maionese de pimenta vermelha com coentro
Frite na chapa algumas fatias de bacon defumado até ficarem bem crocantes. Pique uma pequena pimenta vermelha e retire as sementes. Refogue em um pouco de óleo e coloque 4 ou 5 colheres de sopa de maionese e um punhado de coentro picado. Misture um pouco de frango assado desfiado frio com a maionese de pimenta vermelha e coentro. Recheie sanduíches com a mistura e com o bacon crocante.

Maionese de ervas, rabanetes, pepinos
Descasque alguns pepinos, retire as sementes e pique em cubos. Retire as pontas das folhas de alguns rabanetes e corte-os ao meio, no sentido do comprimento. Adicione os vegetais e um pouco de frango assado desfiado em pedaços irregulares à maionese de ervas da receita principal. Coloque sobre uma fatia de pão de centeio escuro, de preferência por cima de uma folha crocante de alface.

Sanduíche de muçarela e linguiça defumada

muçarela, linguiça defumada, *ciabatta*, espinafre

Corte **150 g de linguiça defumada** em fatias grossas, na diagonal, e coloque-as numa frigideira grande e de fundo pesado. Não precisa usar óleo nem manteiga. Frite em fogo baixo por 4–5 minutos, virando uma vez, até o óleo começar a sair da linguiça.

Ponha **150 g de muçarela** fatiada por cima da linguiça e retire cuidadosamente com uma colher um pouco do óleo que se acumulou na frigideira. Cozinhe por 2–3 minutos com a frigideira tampada até o queijo derreter e tempere com algumas pitadas de pimenta-do-reino moída na hora.

Abra **uma *ciabatta***, recheie com a linguiça e a muçarela e jogue por cima o caldo que sobrar na frigideira. Não precisa passar manteiga no pão, já que o caldo deixará o sanduíche deliciosamente suculento.

Coloque um punhado de **folhas de espinafre** na *ciabatta*. Aperte bem o sanduíche para o caldo ser absorvido pelo pão e para o espinafre murchar um pouco. Corte a *ciabatta* ao meio e sirva imediatamente.

Para 2 pessoas. O molho faz toda a diferença.

Cebolas doces
Frite na chapa ou na frigideira uma boa linguiça fresca de porco. Descasque e fatie uma ou duas cebolas e refogue com um pouco de manteiga até ficarem bem macias. Coloque um pouco vinagre balsâmico ou vinagre de xerez. Junte as cebolas à linguiça para rechear seu sanduíche.

Linguiça e queijo
Frite na chapa ou na frigideira uma ou duas linguiças frescas de porco. Corte-as ao meio e coloque-as numa panela de grelhar, com o lado cortado para baixo. Acrescente uma fatia de queijo – Fontina, Comté ou outra variedade de queijo firme – por cima e deixe até derreter. Recheie o sanduíche.

Patê rústico de carne de porco, pepino em conserva e cebolinha no pão italiano

patê rústico de carne de porco, pepino em conserva, cebolinha, pão italiano

Coloque no processador de alimentos **1 cebolinha grande, 5 colheres de sopa de azeite,** um pouco de **sal** e de **pimenta** e bata rapidamente até formar uma pasta verde. Mergulhe **4 fatias de pão italiano** nesse óleo de cebolinha. Frite o pão numa frigideira antiaderente até ficar bem tostado dos dois lados. Deixe-o um pouco sobre um papel toalha para absorver o excesso de gordura e coloque em

2 fatias de pão **2 colheres de sopa de patê rústico de carne de porco** e algumas fatias de **pepino em conserva**. Coloque uma fatia de pão por cima para fechar. Distribua o restante do molho de cebolinha. Delicie-se.

Rende 2 sanduíches. Doces, penetrantes e crocantes.

Sanduíche francês

Se você tiver um pão e um presunto de excelente qualidade, basta um pouco de mostarda para ter um belo sanduíche. Uma baguete perfeita, um presunto cortado à mão em fatias finas e um toque de mostarda. Nada mais. Se ao menos a vida fosse simples assim.

Sanduíche inglês

Os ingleses costumam comer dois tipos de sanduíche de presunto: o sanduíche fino e triangular do chá da tarde e uma versão mais corpulenta e robusta. O sanduíche inglês de presunto da fazenda, cortado em pedaços irregulares, pede um pão mais pesado, impecavelmente fresco, e uma boa camada de mostarda. Acrescente o que quiser: alface, maionese, tomate ou o que você estiver com vontade de comer.

Panino

O delicioso pãozinho ao estilo da *ciabatta*. Retangular, despretensioso, leve. O pão é macio e o recheio pode ser qualquer coisa que der vontade, mas muçarela e algumas folhas de alface são praticamente obrigatórias, bem como fatias de tomate.

O clássico presunto e queijo sempre dá certo. Mas tente também:

- Um toque de wasabi no seu sanduíche de presunto.
- Um pouco de patê de azeitonas verdes.
- Agrião, rúcula, manjericão – verduras picantes – são bons para dar uma "acordada" num sanduíche de presunto.
- Uma colher de ovos mexidos rende uma bela surpresa.
- Aqueça no azeite algumas fatias grossas de alcachofra em conserva e misture com o presunto.
- Refogue rapidamente alho-poró ou cebolinha com um pouquinho de azeite até ficarem macios. Polvilhe com parmesão ralado. Esquente na chapa ou na frigideira para dourar o queijo e coloque por cima do presunto.
- Frite rapidamente fatias de *prosciutto* até ficarem bem crocantes e coloque-as sobre um pão branco macio.

Baguete com frango refogado

peito de frango, broto de feijão, capim-limão, coentro, hortelã, pimenta vermelha, gengibre, óleo de gergelim, maionese, molho de soja, baguete

Num processador de alimentos, bata rapidamente os seguintes ingredientes: **1 talo de capim-limão**, **2 pimentas vermelhas**, **1 pedaço de mais ou menos 4 cm de gengibre fresco e descascado**, um punhado de **coentro**, um punhado de **hortelã** e um pouco de **óleo de gergelim**.

Retire a pele de **1 peito de frango** e corte em 6 pedaços. Frite-os numa frigideira com um pouco de **óleo** até dourar. Adicione a pasta de tempero, deixe até chiar e inclua um punhado de **brotos de feijão**. Tempere a **maionese** com um pouco de **molho de soja**. Corte **1 baguete**, passe a maionese temperada e recheie com o frango e a mistura de brotos de feijão.

Para 2 pessoas. Flamejante, com a crocância e o frescor dos brotos de feijão e da hortelã.

Sanduíche de teriyaki
Misture 50 ml de óleo de soja, 50 ml de molho de soja, 1 dente de alho amassado, 2 colheres de sopa de mirin, uma pitada de açúcar e uma de pimenta-malagueta em flocos. Deixe 2 filés de salmão de molho nessa pasta por 20 minutos, virando de vez em quando, e frite na chapa ou na frigideira até ficarem tostados e escuros por fora. Corte os filés em pedaços grandes e recheie baguetes cortadas ao meio. Coloque também fatias de pepino e uma salada de folhas macias, como o espinafre.

Sanduíche de frango picante
Corte 400 g de frango em tiras finas. Num processador de alimentos, bata rapidamente 1 pimenta vermelha não muito picante sem as sementes, pimenta-malagueta em flocos, 2 dentes de alho, um punhadinho de folhas de hortelã, o suco de um limão-siciliano grande e 4 colheres de sopa de óleo até formar uma pasta rústica. Misture o frango na pasta e reserve por 20 minutos. Ponha o frango e o molho que sobrar numa chapa ou frigideira até ficar crepitante (vai soltar um pouco de fumaça). Recheie o pão com o frango quente e picante e com agrião ou alface crocante, se quiser.

Focaccia com figo e queijo de cabra

figo, queijo de cabra, mel, focaccia, alecrim

Abra **um pedaço de focaccia**, com cerca de 10 × 15cm, no sentido horizontal para formar dois retângulos e coloque-os lado a lado numa assadeira. Preaqueça o forno a 200°C.

Despeje **4 colheres de sopa de mel** sobre a focaccia (se o mel estiver espesso, aqueça o frasco antes numa pequena panela de água fervente, para deixá-lo mais ralo). Divida **5 figos** em 4 pedaços, cortando na vertical, e disponha-os sobre a focaccia. Pingue **mais uma colher de sopa de mel** e coloque por cima **algumas folhas de alecrim picadas**. Deixe no forno por 15 minutos. Retire e coloque no forno elétrico ou no micro-ondas na função gratinar.

Fatie **10 g de queijo de cabra** em rodelas grossas e coloque por cima dos figos. Deixe gratinando por 5 minutos ou até o queijo começar a derreter. Sirva imediatamente.

Para 2 pessoas. Pão tostado e crocante. Queijo derretido. Figos doces.

Hambúrguer de ricota

carne moída, ricota, cebolinha, alcaparra, alecrim, tomate seco, vinagre de xerez, *ciabatta*

Misture **400 g de carne moída**, **200 g de ricota**, **4 cebolinhas picadas**, **1 colher de sopa de alcaparras** e um pouco de **alecrim**. Tempere bem com sal e pimenta-do-reino moída na hora.

Faça 6 hambúrgueres grossos, de mais ou menos 7 cm de diâmetro, e deixe o tempo que puder na geladeira para firmar. Frite os hambúrgueres com um pouco de azeite numa frigideira antiaderente rasa por 6–8 minutos de cada lado.

Para dar um toque especial, pique **100 g de tomates secos** (do tipo conservado em óleo) e mantenha um pouco de óleo dos tomates. Adicione **1 colher de sopa de vinagre de xerez** e tempere com sal e pimenta. Quando os hambúrgueres estiverem fritos, faça 6 sanduíches de *ciabatta* e adicione o condimento.

Para 6 pessoas. Uma versão diferente do hambúrguer clássico.

Hambúrguer com pasta de pimenta
Tempere o hambúrguer da receita anterior com uma pasta feita com pimenta-da-jamaica, cravo, canela, tomilho e pimenta vermelha. Frite os hambúrgueres e sirva-os em pães macios e tostados com um pouco de espinafre refogado.

Gorgonzola para um hambúrguer mais intenso
No lugar da ricota, inclua uma surpresa. Coloque um hambúrguer em cada mão, uma bola de gorgonzola no meio e pressione a carne para cobrir o queijo. Achate com cuidado para formar um hambúrguer grosso e frite como na receita anterior. Pães macios e tostados e fatias de tomate maduro completam a receita.

Um hambúrguer cheio de personalidade
Pique um pepino em conserva. Não precisa caprichar muito, mas também não deixe pedaços grandes demais. Misture com a carne moída. Coloque também um punhado de sementes de gergelim, um pouco de ketchup, sal, pimenta e um pouco de mostarda picante. Faça discos achatados no formato de hambúrguer e frite.

Focaccia com tomate

tomate, focaccia, ricota, manjericão, azeite

Faça um azeite de manjericão batendo **10 folhas de manjericão** e **5 colheres de sopa de azeite** no liquidificador ou no processador de alimentos até obter um molho bem verde. Corte **1 ou 2 tomates grandes** ao meio e frite-os na chapa até ficarem macios e um pouco chamuscados nas bordas.

Corte **1 focaccia** em pedaços de mais ou menos 10 cm de comprimento e pincele com um pouco do azeite de manjericão. Deixe na chapa até ficarem levemente crocantes. Passe **1 colher de sopa cheia de ricota** no pão tostado, coloque os tomates e o molho restante.

Para 1 pessoa. Almoço para um dia quente de verão.

Sanduíche de porco assado de domingo

sobra de porco assado, batata assada, torresmo, caldo do assado, pão, molho de maçã

Fatie as sobras de **porco assado** e salgue bem. Corte as **batatas assadas** e aqueça-as no **caldo** que ficou na assadeira. Passe **molho de maçã ou maionese** no pão – um panino seria perfeito. Adicione as batatas assadas quentes, as fatias de carne de porco, um pouco de **torresmo**, se tiver, e regue com o caldo quente do assado.

Sanduíche de torresmo
Fatias finas de porco, torresmo bem picadinho, um pouquinho de molho de maçã.
Porco assado cortado em fatias de mais ou menos 3 mm. Uma maçã Fuji fatiada com casca e tudo. Molho de maçã. Pão integral sem tostar.

Sanduíche de costela de porco
Fatie a carne que sobrou do churrasco de costela de porco de ontem em tiras finas e misture com maionese e uma ou duas colheres de sopa de molho do churrasco. Vá provando enquanto mistura. Coloque um pouco de cenoura ralada ou de maçã picada e um tufo de agrião sobre um bom pedaço de pão macio – *ciabatta* ou baguete –, com a carne de porco por cima.
Um raro prazer (já que dificilmente sobra costela de porco), mas um dos sanduíches mais memoráveis que já comi e me senti na obrigação de incluir neste livro.

Sanduíche de porco com maçã
Pique uma maçã doce, sem o miolo. Aqueça o caldo, a gordura e alguns pedaços interessantes que sobraram na assadeira e misture a maçã picada, um pouquinho de suco de maçã ou talvez um pouco de vinho Marsala. Junte o porco assado frio e cortado em fatias finas e recheie o sanduíche, deixando o pão absorver o caldo. Magnífico.

Na tigela

Muito prazer pode ser encontrado numa tigela de sopa. Poucas coisas são mais reconfortantes que se sentir acalentado pela comida, especialmente quando ela vem na forma de um líquido aromático, como um caldo fumegante ou uma bela sopa. É uma comida que tranquiliza e sacia, aquece e satisfaz imediatamente. Uma refeição restauradora.

Comer na tigela faz toda a diferença. O líquido fumegante na colher; o calor da tigela nas mãos; a última raspada na porcelana… tudo isso nos aproxima da comida. Ao contrário de um prato na mesa, podemos sentir o calor da comida através da porcelana.

O formato da tigela retém o aroma da comida. Segurando-a nas mãos e mergulhando a colher, o garfo ou o hashi em seu conteúdo, sentimos melhor a fragrância da comida: o cheiro doce do alho, do arroz, do leite, do ensopado. É claro que não podemos cortar a comida na tigela. Os ingredientes devem estar em pedaços pequenos, para dispensar a faca.

Eu diria que quanto mais simples forem as refeições na tigela, melhor. Eu sempre adorei comer arroz numa tigela. Só arroz branco, nada mais. Puro e imaculado. Você sabe que poderia, se for preciso, sobreviver só com isso. Sente que não precisa de mais nada.

Mas a história não termina por aqui. Ah, glória magnífica! Um ensopado de frango com ervas; um guisado de caldo de carne e legumes; uma sopa picante de macarrão chinês; uma espessa sopa de lentilhas e especiarias; um caldo em estilo vietnamita com coentro e macarrão escorregadio. A simplicidade de uma tigela de caldo de galinha.

A tigela em si pode ser simples ou sofisticada. Um recipiente de barro rústico, um receptáculo de porcelana delicada, uma prosaica tigela branca de sopa, uma vasilha de lata esmaltada, algo feito à mão de improviso, uma herança de família ou um recipiente descartável. Não importa o que escolhemos usar, o objetivo é o mesmo: segurar a comida e ser acalentado por ela. Comida para o corpo e para a alma.

Algumas receitas favoritas

Um caldo de missô descomplicado para um momento de fragilidade
Aqueça 1 litro de caldo de galinha, caldo de legumes ou dashi até quase chegar ao ponto de fervura (você também pode usar dashi em pó). Misture 3 colheres de sopa de missô light, 1 colher de sopa de óleo de gergelim e 1 ou 2 colheres de sopa de molho de soja. Cozinhe em fogo baixo por 3–4 minutos e apague o fogo. Você pode acrescentar repolho ou couve bem picados e rabanetes, cenouras ou cogumelos fritos cortados em fatias bem fininhas. Eu também gosto de colocar coentro.

Ervilhas amarelas, condimentos e tomate
Uma sopa indiana de ervilhas, deliciosa e espessa, em pouco mais de meia hora. Ferva 250 g de ervilhas amarelas partidas em 1 litro de água por uns 35 minutos, até ficarem quase macias, e escorra. Numa caçarola, doure 1 cebola fatiada com um pouco de óleo, junte 2 colheres de chá de semente de cominho, mais ou menos 25 g de gengibre descascado e cortado em tirinhas e 2 dentes de alho amassados. Depois coloque 1 colher de chá de açafrão em pó, 1 pitada de pimenta-malagueta em flocos e 1 lata de tomate picado. Misture com as ervilhas cozidas. Cozinhe por 10–15 minutos, adicionando caldo de legumes ou água fervente, se necessário, e amassando algumas ervilhas ao mexer (ou use um espremedor de legumes). Finalize

com 1 colher de chá de especiarias indianas (como garam masala), sal e um pouco de coentro fresco. Saboreie com pão indiano quente ou com arroz. Para 4 pessoas.

Uma sopa leve e fresca para o verão
Separe as folhas de 1 alface grande e macia. Derreta 3 colheres de sopa de manteiga numa panela funda, adicione 1 echalote grande bem picada e refogue até amolecer. Adicione a alface rasgada de qualquer jeito e 400 g de ervilha. Cozinhe em fogo baixo por 10 minutos e bata rapidamente no liquidificador ou no processador de alimentos em pequenos lotes.

O aroma profundo do caldo de carne com macarrão
Misture 1 colher de sopa de molho de ostra, 1 colher de sopa de molho de peixe, 1 colher de chá de óleo de gergelim e 2 colheres de chá de mel. Tempere 1 pedaço de contrafilé com essa mistura e frite na chapa ou cozinhe numa panela rasa, deixando o exterior com uma crosta escura e o interior suculento e rosado. Ferva 1 litro de caldo de carne. Despeje a água fervente sobre 100 g de macarrão de arroz, hidrate-o, escorra e coloque em tigelas para servir. Coloque por cima do macarrão o bife em fatias grossas, cebolinha e coentro picados, um punhado de agrião com talo e tudo e um pouco de pimenta vermelha bem picada. Com uma concha, despeje o caldo por cima. Tempere com suco de limão. Para 2 pessoas.

Sopa de cenoura, feijão-preto e coentro

cenoura, manteiga, feijão-preto, folha de coentro, semente de mostarda, cebola, pimenta-malagueta em flocos

Ferva **600 g de cenoura** em bastante água com um pouquinho de sal, até as cenouras ficarem macias. Escorra e reserve o líquido. Bata rapidamente num processador de alimentos as cenouras, **20 g de manteiga** e **150 ml do caldo reservado do cozimento**.

Derreta **30 g de manteiga** numa panela rasa, adicione **2 colheres de chá de sementes de mostarda** e deixe torrar por 1–2 minutos. Coloque na panela **500 g de feijão-preto cozido e escorrido**, tampe e deixe cozinhar por 5 minutos, até aquecer todo o conteúdo.

Corte **1 cebola** em fatias finas. Derreta mais **30 g de manteiga** numa panela, ponha a cebola e refogue até dourar. Misture **1 pitada generosa de pimenta-malagueta em flocos** e mais **1 colher de chá de sementes de mostarda**. Deixe fritando por um tempinho.

Divida o purê de cenoura em 2 tigelas, misture delicadamente com os feijões pretos, espalhe **algumas folhas de coentro** e coloque a cebola e a manteiga crepitantes por cima.

Para 2 pessoas. Aromático, doce e quente, para encher a barriga.

Ervilha com berinjela

ervilha amarela partida, berinjela, cebola, baga de cardamomo, açafrão, semente de cominho, tomate em lata, folhas de coentro

Deixe **100 g de ervilhas amarelas partidas** de molho por uma hora ou mais, se puder. Pique **1 cebola** em pedaços médios e leve a uma panela funda com um pouco de óleo, refogando em fogo médio até amolecer. Abra **10 bagas verdes de cardamomo**, extraia as sementinhas pretas e triture-as um pouco num pilão ou num moedor de especiarias. Misture-as na cebola e acrescente **1 colher de chá de sementes de cominho**. Quando tudo estiver dourado e perfumado, adicione **2 colheres de chá de açafrão em pó**. Junte **1 lata de 400 g de tomates picados** e continue cozinhando em fogo baixo.

Em outra panela, ferva em bastante água as ervilhas amarelas partidas, sem sal, por uns 30 minutos, até ficarem macias. Escorra e junte ao tempero de cebola e tomate. Cozinhe em fogo baixo, mexendo de tempos em tempos, para que a mistura fique macia, avermelhada e lodosa, e tempere com sal e pimenta. Corte **1 berinjela** em fatias finas e refogue-as numa panela rasa com **várias colheres de sopa de azeite**, até ficar macia e dourada. Escorra e misture com as ervilhas, acrescentando um punhado de **folhas de coentro**. Sirva com arroz branco.

Para 2 pessoas. Saboroso e natural. Cores vívidas.

Sopa verde de vegetais

vegetais verdes, pimenta-do-reino branca em grãos, semente de coentro, sal marinho, açafrão, capim-limão, alho, gengibre, pimenta verde, coentro, pasta de curry, caldo de legumes, leite de coco, molho de peixe, limão, molho de soja, aspargo, fava, ervilha

Coloque **1 colher de chá de pimenta-do-reino branca em grãos** e **1 colher de chá de sementes de coentro** numa frigideira antiaderente seca, torre ligeiramente por uns 2–3 minutos e passe para o processador de alimentos. Adicione **meia colher de chá de sal marinho, 1 colher de chá de açafrão em pó, 2 talos picados de capim-limão, 2 dentes de alho** descascados, **1 pedaço de gengibre descascado de mais ou menos 3 cm, 3 pimentas verdes,** um punhado de **caules e raízes de coentro** e **3 colheres de sopa de óleo de soja**. Bata rapidamente até formar uma pasta rústica, não totalmente homogênea. Você pode guardar essa pasta na geladeira por alguns dias, cobrindo a superfície com óleo para evitar que seque.

Numa panela funda, frite levemente **3 colheres de sopa cheias de pasta de curry** em **1 colher de sopa de óleo** por 30 segundos, até ficar bem aromático, mexendo sempre. Misture **200 ml de caldo de legumes, 250 ml leite de coco, 1 colher de sopa de molho de peixe** e **2 colheres de sopa de suco de limão**.

Adicione **450 g (no total) de pontas de aspargos, favas** e **ervilhas** e continue cozinhando em fogo baixo por 5–6 minutos. Corte um ou dois punhados de **folhas verdes** em grandes tiras e junte à panela.

Finalize a sopa com uma pitada de **açúcar, molho de peixe,** um pouco de **molho de soja, mais suco de limão...** o que você estiver com vontade de comer na hora.

Para 4 pessoas. Sabores profundos e deslumbrantes. Ao mesmo tempo saboroso e refrescante.

Pernil de porco e molho de ervas

pernil de porco, ervilha, alho, salsa, cebolinha-francesa, manjericão

Coloque **1 pernil de porco de 500–600 g** numa panela funda com água até cobrir. Espere levantar fervura, retire a espuma que se formar na superfície e deixe cozinhar em fogo brando. Tampe a panela, virando o pernil de vez em quando, por mais ou menos 45–50 minutos, até a carne cozinhar completamente.

Retire o pernil da panela, adicione **200 g de ervilha fresca ou congelada** e **1 dente de alho grande** e cozinhe por mais ou menos 5 minutos, até as ervilhas ficarem macias. Acrescente um punhado de **salsa**, um punhado de **cebolinha-francesa** e um punhado de **folhas de manjericão**, cozinhe por mais ou menos 1 minuto e bata rapidamente no liquidificador para formar um molho verde e espesso. Adicione pimenta se quiser.

Desosse o pernil e corte a carne em fatias grandes. Pique um pouco mais das **ervas** em pedaços médios e envolva as fatias de pernil com elas. Com uma concha, coloque o molho em tigelas e adicione os pedaços de pernil com ervas.

Para 2 pessoas. O conforto da ervilha e do pernil com a vitalidade das ervas frescas.

Sabores tranquilos e tradicionais com sobras de pernil de porco

Faça uma salada leve e crocante com chicória, as folhas internas de uma alface, punhados generosos de hortelã e salsa e manjericão picados de qualquer jeito. Coloque por cima uma echalote bem picada, suco de limão-siciliano, sal e azeite. Corte pedaços irregulares do pernil de porco e misture na salada. Sirva com ovos cozidos cortados ao meio e com as gemas um pouco moles.

Camarão, capim-limão e coco

camarão graúdo, capim-limão, leite de coco, coentro, açafrão, alho, pimenta vermelha, gengibre, couve-chinesa, mirin, molho de peixe, limão, hortelã

Coloque **6 talos e raízes de coentro, 2 colheres de chá de açafrão em pó, 2 dentes de alho grandes, 2 talos de capim-limão, 2 pimentas vermelhas, 1 pedaço de gengibre descascado de mais ou menos 3 cm e 2 colheres de sopa de óleo de soja** num processador de alimentos e bata até formar uma pasta rústica. (Isso renderá o dobro do que você precisa.)

Coloque metade da pasta numa panela (guarde o restante), frite por alguns minutos, mexendo sempre, e adicione **400 ml de leite de coco, 1 couve-chinesa cortada em pedaços e 8–10 camarões graúdos crus e sem casca**. Deixe levantar fervura e cozinhe em fogo baixo por alguns minutos, até os camarões ficarem opacos. Finalize com **2 colheres de chá de mirin, 1 colher de sopa de molho de peixe** e o **suco de limão**, o quanto você preferir. Misture **as folhas de coentro** e coloque algumas **folhas de hortelã** por cima.

Para 2 pessoas. Sabores vívidos, um pouco quente. Revigorante e energizante.

Algumas dicas

Se quiser, adicione um pouco de macarrão cozido, cubos de berinjela ligeiramente refogada e algumas folhas de manjericão ou substitua os camarões por outro peixe.

Verduras frescas e brotos de feijão. O frescor do coco e do macarrão

Coloque a pasta de condimentos da receita numa panela funda, frite um pouco, acrescente 250 ml de leite de coco e 1 litro de caldo de galinha e deixe levantar fervura. Mergulhe 200 g de macarrão de arroz em água fervente, escorra e divida em 4 tigelas. Junte um punhado de couve ou couve-chinesa ao caldo. Quando a couve amolecer, adicione um pouco de brotos de feijão e cebolinha picada e divida o conteúdo entre as tigelas, despejando o caldo por cima do macarrão. Para 4 pessoas.

Camarões graúdos, alface crocante e missô

Misture 3 colheres de sopa de missô branco e 750 ml de caldo de legumes e espere levantar fervura. Cozinhe em fogo médio e acrescente 2 colheres de chá de molho de soja e 2 colheres de chá de molho de pimenta vermelha picante. Rasgue 1 ou 2 folhas de alface-romana, com talo e tudo, e coloque em 2 pratos fundos. Adicione também cebolinha bem picada, um bom punhado de camarões graúdos cozidos e folhas de coentro. Com uma concha, despeje a sopa quente sobre essa mistura.

Caldo de costelinha de porco com ruibarbo

costelinha de porco, ruibarbo, caldo de galinha, anis-estrelado, pimenta-do-reino em grãos, louro, cebolinha

Numa panela grande e funda, doure **500 g de costelinha de porco** dos dois lados com um pouco de **óleo**. Quando estiverem bem coradas, adicione **1 litro de caldo de galinha**, **2 anises-estrelados**, **8 grãos de pimenta-do-reino** e **1 ou 2 folhas de louro** e deixe levantar fervura. Abaixe o fogo para continuar cozinhando o caldo em fogo baixo e deixe uns bons 50–60 minutos, ficando de olho para o líquido não evaporar. A ideia é que fique um caldo bastante concentrado. Prove o tempero. Retire as costelas do caldo, desosse e corte a carne em fatias (às vezes eu a deixo inteira). Pique em pedaços médios **2 cebolinhas** e misture-as com a carne, na sopa quente. Sirva em tigelas. Fatie **1 caule pequeno de ruibarbo** (talvez seja muito) em tiras longas e finas e coloque nas tigelas. Sirva imediatamente, assim que o ruibarbo começar a amolecer. Para 4 pessoas. Suculento, frutuoso, pungente.

Caldo de galinha, aspargo e macarrão

sobrecoxa de frango, aspargo, macarrão, cogumelo, alho, caldo de galinha

Doure **4 sobrecoxas de frango** numa panela funda com um pouco de **óleo**. Fatie **150 g de cogumelos**, como portobello ou porcini, e **2 dentes de alho**. Coloque os cogumelos e o alho na panela e continue dourando, pingando mais óleo se necessário. Despeje **1 litro de caldo de galinha**, deixe levantar fervura e cozinhe em fogo baixo por uns 30 minutos. Retire as sobrecoxas, desosse-as, devolva a carne ao caldo e continue cozinhando em fogo baixo. Adicione à sopa **4 aspargos** cortados em tiras grossas, com um descascador de legumes, e **200 g de macarrão**. Cozinhe por 1–2 minutos e divida em tigelas fundas.

Para 2–3 pessoas. Tigelas grandes e generosas de sopa de macarrão. Caldo de galinha nutritivo. A doçura dos aspargos.

Algumas dicas

- Eu gosto de fazer caldo de galinha com os ossos do assado de domingo. O truque é usar toda a gordura e os pedaços suculentos que ficam na assadeira, debaixo do frango. Cozinhe-os em fogo baixo por 20 minutos com 1 cebola pequena cortada ao meio, alguns grãos de pimenta-do-reino, 1 tomate e alguns caules de salsa para fazer um caldo dourado e com sabor profundo.
- O molho hoisin é um molho picante e adocicado, feito de especiarias e de pasta de soja fermentada. Um equivalente chinês do molho barbecue, ele é utilizado para dar sabor a carnes grelhadas ou assadas. Pode ser encontrado em mercados de produtos orientais.

Caldo de asinhas de frango e cebola

Corte 2 cebolinhas grandes no sentido do comprimento. Doure com um pouco de óleo numa panela grande. Adicione 12 echalotes pequenas inteiras, apenas descascadas, deixe dourar um pouco e retire as cebolinhas e echalotes da panela. Coloque 6 asas de frango temperadas e doure de todos os lados. Despeje 1 litro de caldo de galinha, devolva as cebolinhas e echalotes à panela e cozinhe em fogo baixo por 5–10 minutos. Ponha 100 g de macarrão verde e cozinhe em fogo baixo por alguns minutos. Tempere com sal e pimenta. Rende 2 tigelas fundas.

Caldo de missô com frango grelhado

Misture 1 colher de chá de molho de peixe, 1 colher de chá de mirin e 1 colher de sopa de molho hoisin. Passe essa mistura em 2 peitos de frango e leve ao forno elétrico até o frango ficar cozido por inteiro. Cozinhe no vapor ou na água 6 pedaços de brócolis de caule fino e depois passe-os em água fria corrente, para mantê-los bem verdinhos. Aqueça 750 ml de um bom caldo de galinha numa caçarola e misture 1 colher de sopa de missô branco e um pedacinho de gengibre descascado e bem picado. Corte cada peito de frango em 6 fatias e coloque em 2 tigelas grandes e rasas. Adicione um pouco de hortelã, coentro picado e os brócolis cozidos. Com uma concha, despeje o caldo quente de galinha com missô por cima.

Mingau de cenoura e triguilho

cenouras, triguilho, caldo de legumes, mostarda em grãos, coentro, manteiga

Corte **500 g de cenoura** em pedaços médios e cozinhe-os em **1 litro de caldo de legumes**, até ficarem macios. Bata rapidamente as cenouras e o caldo no liquidificador ou no processador de alimentos e devolva à panela em fogo médio. Adicione **200 g de triguilho** (trigo para fazer quibe) e cozinhe em fogo baixo, mexendo sempre, por uns 10–15 minutos, até o trigo ficar macio. Tempere com sal, pimenta e **1 colher de sopa cheia de mostarda em grãos** e finalize com um punhado de **folhas de coentro** e cerca de **40 g de manteiga**.

Para 4 pessoas. Algo entre uma sopa e um arroz pilaf. Um prato frugal e reconfortante para uma noite chuvosa.

Um purê doce e animador
O purê de cenoura é um acompanhamento doce e leve para qualquer prato de cordeiro, especialmente costeletas de cordeiro fritas na chapa com alecrim, bifes fritos com tomilho e alho ou qualquer guisado de carneiro com um caldo suculento que se misture ao purê no seu garfo.

Inhame e sopa de galinha

inhame, frango, cebola, manteiga

Doure ligeiramente **6 sobrecoxas de frango com osso** com um pouco de **azeite** ou de **óleo de soja** e separe. Descasque e pique em pedaços médios **700 g de inhame** e **2 cebolas**. Coloque os dois últimos ingredientes e um pouco de óleo na panela que você usou para dourar o frango. Frite por 7–10 minutos, até dourar um pouco. Devolva o frango à panela, adicione água até cobrir, deixe levantar fervura e cozinhe em fogo baixo por 30 minutos.

Reserve 2 sobrecoxas para fazer o risoto da próxima receita e desosse as coxas restantes. Bata rapidamente o caldo da sopa num processador de alimentos ou liquidificador. Prove o tempero, adicione **25 g de manteiga**, mexa, despeje em tigelas e adicione o frango.

Para 2 pessoas. Uma sopa reconfortante hoje e um risoto amanhã.

Outra ideia para a sopa

Manteiga, arroz de risoto, sopa de inhame e frango
Coloque a sopa para aquecer. Derreta 35 g de manteiga numa frigideira. Misture 200 g de arroz de risoto (como o arroz arbóreo) e vá adicionando à sopa quente, bem aos poucos, como quem insere um caldo em um risoto, cozinhando em fogo baixo e mexendo por mais ou menos 20 minutos. Acrescente mais caldo de legumes se a mistura ficar grossa demais, mas continue mexendo até o arroz ficar *al dente*.

Acrescente a carne das 2 sobrecoxas reservadas da receita anterior. Misture 3 colheres de sopa cheias de salsa picada na hora de servir.

Sopa vietnamita *pho* com frango assado

sobrecoxa de frango, macarrão de arroz, molho de soja envelhecido chinês ou shoyu, mel, molho de peixe, mirin, gengibre, suco de limão, anis-estrelado, caldo de galinha, pimenta vermelha, verduras

Misture **1 colher de sopa de molho de soja envelhecido chinês ou shoyu**, **1 colher de sopa de mel**, **1 colher de sopa de molho de peixe**, **1 colher de sopa de mirin** e **1 pimenta vermelha picada**. Coloque tudo numa assadeira pequena com **4 sobrecoxas de frango**, virando-as na mistura até ficarem recobertas. Asse no forno a 200°C por uns 25–30 minutos, virando as sobrecoxas de vez em quando. Elas devem ficar bem escuras e pegajosas.

Numa caçarola, aqueça **800 ml de caldo de galinha**, **6 rodelas de gengibre fresco**, **2 colheres de sopa de suco de limão** e **3 anises-estrelados**. Quando chegar perto do ponto de fervura, adicione um pequeno punhado de **verduras frescas cortadas em tiras** e deixe cozinhar por 1–2 minutos, mais ou menos.

Coloque **100 g de macarrão largo de arroz** num pote refratário e despeje água fervente. Deixe de molho por alguns minutos até o macarrão ficar macio e flexível.

Escorra o macarrão e divida-o em 2 tigelas fundas. Desosse as coxas de frango e misture-as com o macarrão e com as verduras. Com uma concha, despeje o caldo.

Para 2 pessoas. Um caldo curativo. Frango assado adocicado.

Sopa de peixe bem temperada

mexilhão, filé de peixe, semente de mostarda, pimenta vermelha em pó, açafrão, echalote, tomate-cereja, coentro

Limpe **1 kg de mexilhão**, descartando os mariscos com conchas rachadas ou quebradas e os mariscos abertos que não se fecharem depois de batidos levemente em alguma superfície, como a borda da pia da cozinha. Passe uma faca nos mexilhões para remover eventuais fios (barbas). Coloque-os numa panela grande e funda com 500 ml de água e deixe levantar fervura. Quando as conchas abrirem, retire os moluscos das conchas e reserve o líquido. Descarte qualquer mexilhão que não abrir. Coe o líquido numa peneira de malha fina.

Descasque **2 echalotes grandes**, separe as camadas e refogue-as numa panela rasa com um pouco de **óleo** até ficarem macias. Adicione **1 colher de sopa de sementes de mostarda, meia colher de chá de pimenta vermelha em pó** e **2 colheres de chá de açafrão** e cozinhe por 3–4 minutos. Coloque **12 tomates-cereja** cortados ao meio, deixando-os amolecer no fogo médio por mais ou menos 5 minutos. Despeje o caldo de mexilhão, deixe levantar fervura e cozinhe em fogo baixo. Corte **250 g de filés de peixe** em 4 pedaços, adicione à panela e cozinhe rapidamente até o peixe ficar opaco. Adicione os mexilhões e um punhado de **coentro picado**.

Rende 2 tigelas generosas. Doce, simples, picante.

Uma dica
Você também pode usar hadoque, pescada, tilápia ou bacalhau fresco para fazer uma saborosa sopa de peixe.

Um caldo cor de ferrugem, tempero suave e peixe branco
Corte 100 g de linguiça defumada em fatias grossas. Frite os pedaços numa panela funda, até o óleo ferver e a linguiça começar a chiar um pouco. Adicione 1 dente de alho amassado, 1 cebola pequena bem picada e refogue até ficar macio. Misture mais ou menos 1 colher de chá de alecrim picado, 200 ml de extrato de tomate e 350 ml de caldo de legumes e deixe levantar fervura. Adicione 400 g de merluza, pescada, hadoque ou bacalhau em pedaços grandes e deixe cozinhar por 4–5 minutos, até o peixe ficar opaco. Acrescente um punhado de salsa picada, prove o tempero e sirva.

Pungente, quente, refrescante. Uma sopa rápida de lagostim
Frite 2 colheres de sopa de pasta de curry verde em um pouco de óleo e adicione 800 ml de caldo de legumes. Coloque 4 folhas amassadas de limão ou 2 talos bem picados de capim-limão e 1 ou 2 rodelas de gengibre fresco. Cozinhe em fogo baixo por 10 minutos, acrescente 2 tomates cortados em cubos, 300 g de caudas de lagostim cozidas e um pouco de suco de limão. Quando os lagostins ficarem quentes por inteiro, adicione um punhado de folhas de coentro rasgadas e um pouquinho de molho de peixe.

Sopa condimentada de hadoque

hadoque, leite, cebola, cenoura, rabanete, mandioquinha, semente de mostarda, açafrão, louro, salsa, farinha de trigo, pimenta-do-reino

Corte **2 filés de hadoque** ao meio e coloque-os numa panela funda com **500 ml de leite**, **2 folhas de louro** e **6 grãos de pimenta-do-reino**. Aqueça o leite até o ponto de fervura, desligue o fogo e deixe a panela tampada.

Pique **1 cebola** em pedaços médios e refogue em fogo baixo com um pouco de **manteiga**. Adicione **1 cenoura**, **1 rabanete médio** e **1 mandioquinha** cortados em cubos pequenos. Refogue por 5–10 minutos até dourar um pouco. Misture **1 colher de chá de sementes de mostarda** e **1 colher de chá de açafrão** e cozinhe por 5 minutos.

Retire o hadoque da panela e reserve o leite. Espalhe **2 colheres de sopa de farinha de trigo** sobre os legumes e cozinhe por alguns minutos. Despeje o leite na panela e cozinhe, mexendo sempre, até obter um molho espesso. Devolva o hadoque à panela só para aquecê-lo e adicione um pequeno punhado de **salsa picada** antes de servir.

Para 2 pessoas. Não precisa de mais nada. Perfeito para um dia frio.

Uma sopa de vôngole e alho-poró (o preparo toma uma hora do seu tempo, mas vale a pena)
Corte em fatias finas 3 alhos-porós, frite-os na manteiga até ficarem macios e adicione 150 g de bacon defumado picado, tomando o cuidado de não deixar o alho-poró corar. Cozinhe 1 kg de vôngoles pequenos, com 1 copo de vinho ou vermute branco, numa panela grande e bem tampada por alguns minutos, até os vôngoles abrirem. Retire a carne das conchas. Não vai demorar muito quando você pegar o jeito. Adicione ao alho-poró e ao bacon 400 ml do caldo de vôngole, 200 ml de creme de leite fresco, um pouco de pimenta-do-reino e um pouco de salsa picada. Separe metade da mistura e bata rapidamente no liquidificador ou no processador de alimentos e misture de volta na sopa. Adicione os vôngoles e sirva com pedaços irregulares de pão crocante. Para 4 pessoas.

Milho-verde e hadoque. Uma sopa de peixe deliciosa
Refogue 2 cebolinhas picadas numa panela funda com um pouco de manteiga. Despeje 1 lata de milho-verde, 250 ml de creme de leite fresco e um punhado de salsa picada. Adicione com cuidado 1 ou 2 pedaços de hadoque ou de bacalhau defumado, dessalgado, sem pele e sem ossos (cerca de 400 g de peso total). Cozinhe em fogo baixo por uns 8 minutos ou até o peixe se desfazer com facilidade. Para 2 pessoas.

Sopa de missô com carne e couve

missô branco, bife de alcatra, couve, cebolinha, caldo de carne em pó

Separe as folhas dos talos de **100 g de couve**. Corte as folhas em tiras e pique bem os talos. Coloque um fio de óleo numa panela rasa, adicione os caules picados, refogue um pouco e coloque **1 bife de alcatra de 240 g**. Frite-o rapidamente e, quando dourar, vire e ponha **3 cebolinhas picadas**. Doure o outro lado do bife e retire da panela. Despeje **800 ml de água fervente** na panela, **1 colher de sopa de caldo de carne em pó**, **2 colheres de missô branco**, as folhas da couve e mexa. Cozinhe em fogo baixo até as folhas murcharem. Com uma concha, despeje o caldo em tigelas, fatie o bife em tiras finas e inclua na sopa.

Para 2 pessoas. Uma sopa leve e rica.

Algumas dicas

- Deixar o missô ferver dá uma coloração turva ao caldo e altera o sabor. É melhor cozinhar por pouco tempo em fogo baixo e não deixar passar do ponto de fervura.
- Cozinhe pedaços de carne em alguns segundos, e não em minutos, para mantê-los macios e malpassados.
- Couve-crespa, brócolis ou qualquer verdura chinesa, como a couve-chinesa, são substitutos perfeitos para a couve.
- Adicione macarrão achatado, largo ou fino (o que você preferir), ou até arroz cozido, para fazer uma sopa mais robusta.

Espelta, tomate e beterraba assada

beterraba, tomate, espelta sem casca, alho, pimenta-do-reino, coentro ou salsa

Regue **4 beterrabas pequenas** com um pouco de óleo, enrole-as em papel alumínio e coloque numa assadeira. Asse no forno a 200°C por 20 minutos. Abra o papel alumínio, insira **5 dentes de alho** inteiros, **4 tomates médios** e deixe por mais 30 minutos, até a beterraba e o alho ficarem macios. Descasque o alho e a beterraba e corte a beterraba ao meio.

Cozinhe **200 g de espelta sem casca** em 400 ml de água com sal por 20 minutos e escorra. Derreta **1 ou 2 colheres de sopa de manteiga** numa frigideira, coloque a espelta cozida e frite-a levemente por 1–2 minutos. Adicione a beterraba assada, o alho, os tomates e um pouco de **pimenta-do-reino**, mexendo com cuidado para evitar que os tomates desmanchem. Misture um punhado de **coentro** ou **salsa picada**.

Para 2 pessoas. Frugal, doce e pungente. Espelta quente e reconfortante.

Sopa de ervilha e agrião com camarão graúdo

ervilha, agrião, camarão graúdo, baguete, caldo de legumes, echalote, manteiga, pimenta-do-reino, noz-moscada em pó

Pique bem **2 echalotes médias** e refogue com um pouco de óleo em fogo médio, até ficarem macias e transparentes. Acrescente **500 g de ervilhas frescas** (peso com as vagens) e **1 litro de caldo de legumes**. Mexa e cozinhe em fogo baixo por 5 minutos.

Coloque a maior parte das ervilhas e do líquido num processador de alimentos ou liquidificador e bata rapidamente até formar uma pasta homogênea. Adicione um punhado de **agrião** e continue batendo até ficar homogêneo. Volte a pasta ao restante da sopa. Com isso, você ficará com uma sopa com um pouco de textura, o que é mais interessante que uma sopa completamente homogênea. Prove o tempero.

Pique em pedaços médios **150 g de camarões graúdos sem casca**. Corte em cubos **50 g de manteiga** em temperatura ambiente e misture aos camarões graúdos picados, como se fosse fazer um purê. Tempere com **pimenta-do-reino** e uma pitada de **noz-moscada em pó**.

Fatie **1 baguete pequena**. Espalhe o patê de camarão no pão e leve ao forno por 10 minutos, a 200°C, ou num forno elétrico, se preferir. Sirva com a sopa quente.

Para 4 pessoas. Sopa doce de ervilha, camarão com torradas crocantes.

Na frigideira

Você derrete um pouco de manteiga numa frigideira grande. Quando as bordas da manteiga começam a borbulhar, coloca um filé de peixe e deixa cozinhando aos poucos, usando uma colher para regá-lo com a manteiga derretida. Você observa a cor do peixe mudar de um branco perolado para cor de gelo e vê as bordas começarem a dourar. Faz uma salada ou cozinha algumas vagens no vapor. Abre uma garrafa de vinho. Coloca o peixe num prato aquecido, espreme um pouco de limão e esquenta um punhado de salsa picada na manteiga que sobrou na frigideira, deixando formar um pouco de espuma antes de verter o molho amanteigado sobre o peixe. O jantar está servido.

O primeiro utensílio de cozinha que comprei foi uma frigideira. Uma panela rasa, básica, que fez muitas refeições diferentes, desde um frugal sanduíche de bacon até um café da manhã britânico completo, com direito a ovos, bacon e linguiças, feijão e torradas. Aquela panela me ajudou em receitas de todo tipo, de peixe empanado a robalo frito. Fiz risoto e bolinhos de peixe com ela. Bistecas de porco e hambúrgueres.

Frango frito e batatas. E até cheguei a fazer um curry com ela! Se você só puder ter uma panela, provavelmente escolherá uma frigideira.

Cozinhar numa panela rasa de cabo longo é praticar um estilo vigoroso, a altas temperaturas. Um quebra-galho para todas as ocasiões. Mas primeiro precisamos conhecer a nossa frigideira. Uma frigideira fina e barata não é o ideal, porque a comida queima fácil, mas às vezes é tudo o que temos. Temos que conhecer a frigideira em todos os seus aspectos, quanto tempo ela leva pra aquecer, onde ela esquenta mais, onde ela queima e onde a comida gruda. Não basta só jogar a comida crua na panela e torcer para dar certo. O preparo é rápido, mas precisamos usar a frigideira certa, o fogo na altura certa e os ingredientes certos. Precisamos aprender a controlar o calor.

Hoje eu tenho duas frigideiras, uma de ferro fundido, tão pesada que preciso usar as duas mãos para levantá-la, e outra antiaderente e leve como uma pluma. A de ferro fundido já está tão gasta que criou uma pátina antiaderente. Eu a uso para fritar batatas, pedaços de frango, almôndegas, hambúrgueres e fatias de bacon; ela também é excelente para fazer hambúrgueres caseiros que requerem mais tempo de cozimento. A frigideira mais leve é ótima para peixes, rösti, *frittata* e fígado de cordeiro frito rapidamente em óleo quente. Sua superfície escorregadia é ideal para fazer omeletes. Se você costuma fazer omeletes, pode valer a pena investir numa pequena omeleteira de fogão. A melhor escolha é uma de aço. Mas nunca a lave. Basta passar papel toalha.

No começo, a comida tende a grudar nas frigideiras novas. Eu evito esse problema aquecendo várias vezes uma película de óleo, esperando a frigideira esfriar e passando papel toalha. Isso forma uma camada que não deixará suas omeletes e *frittatas* grudarem na superfície.

Uma boa frigideira, com uma base pesada, seja ela de aço inoxidável ou de ferro fundido, é uma excelente aliada na cozinha. Dá para fazer de tudo. A bisteca de porco ou a costeleta que precisa ser monitorada durante o preparo; o bife que você prefere não grelhar; os restos de arroz branco que você quer transformar em arroz frito; e legumes, frango ou qualquer outra coisa que possa ser preparada em poucos minutos. É uma panela coringa para ter na cozinha. Todos nós começamos com a frigideira. É a panela que a nossa mãe coloca na nossa mochila quando saímos para morar sozinhos. E, se você tiver sorte, um exemplar deste livro.

Algumas receitas favoritas

Linguado, aspargos, endro
Derreta uma generosa porção de manteiga numa frigideira antiaderente e coloque um pouco de azeite. Adicione 6 aspargos, cortados primeiro ao meio e depois em 3 ou 4 pedaços, e refogue por 1–2 minutos. Espalhe um pouco de endro picado em pedaços médios, coloque com cuidado 2 filés de linguado na frigideira, lado a lado e com a pele para baixo, e, com uma colher, regue os filés com os aspargos e a manteiga. Tempere e deixe no fogo por mais uns 4–5 minutos, regando regularmente com a manteiga quente e os aspargos, até o peixe ficar opaco.

Salmão, espinafre, alho
Frite um pedaço de salmão numa frigideira com um pouco de óleo, temperando com sal enquanto frita. Retire o salmão e reserve num lugar quente (como um prato aquecido e tampado). Na mesma frigideira, coloque um dente de alho descascado e bem picado e deixe dourar um pouco. Adicione um ou dois de punhados de espinafre, jogue-os de um lado ao outro na frigideira quente e acrescente um pouco de manteiga e um pouco de suco de limão-siciliano. Sirva com o peixe por cima.

Uma guarnição doce e um pouco picante para acompanhar praticamente qualquer prato
Rale em tiras mais ou menos grossas uns 400 g de cenouras. Adicione 1 dente de alho amassado, 1 pedaço de mais ou menos 3 cm de gengibre fresco ralado e 1 pimenta vermelha bem picadinha. Derreta um pouco de manteiga numa frigideira, coloque as cenouras e salteie-as com delicadeza. Acrescente um punhado de castanhas-de-caju torradas e picadas, 4 colheres de sopa de creme de leite fresco, a mesma medida de iogurte e algumas folhas de coentro picadas.

A doçura da cenoura, o frescor da hortelã
Lave bem 450 g de cenouras e refogue-as numa frigideira com um pouco de óleo. Mantenha o fogo baixo, virando as cenouras de vez em quando e deixando dourar um pouco. Adicione à frigideira 2 colheres de sopa de hortelã picada e 3 colheres de sopa cheias de iogurte. Embora seja mais

uma guarnição do que um prato principal, dá uma boa refeição com pão e queijo ou frios.

Rösti de batata e cogumelos
Rale algumas batatas em tiras mais ou menos grossas e misture-as com ovo batido e farinha. Tempere com tomilho picado, faça bolinhos achatados e frite-os na manteiga quente, até ficarem ligeiramente crocantes e dourados. Deixe escorrendo um pouco em papel toalha e coloque cogumelos fatiados fritos e um pouco de *crème fraîche* por cima.

Rösti com o caldinho da carne
O rösti de batata fica maravilhoso com o caldinho de um filé de cordeiro ou de um bife frito. Quando o emaranhado crocante de batata absorve um pouco dos sucos da carne, o resultado é sensacional.

Um molho de mostarda e estragão para temperar o bife
Coloque uma colher de sopa de mostarda de Dijon, o suco de um limão-siciliano, cerca de 20 folhas de estragão e 50 ml de azeite no liquidificador ou no processador de alimentos. Bata rapidamente até formar um purê espesso. Enquanto o bife frito descansa, despeje no molho de estragão o caldinho que sobrou na panela, misture e sirva com o bife.

Um molho de pimenta vermelha e tomate para temperar o bife
Enquanto o seu bife frito descansa, coloque 1 pimenta vermelha sem as sementes e bem picada na frigideira, deixe amolecer em fogo médio. Acrescente alguns tomates picados, um pouco de sal e reduza até formar um saboroso lodo vermelho e picante. Amasse com um garfo, misture um punhado de coentro picado e sirva com o bife.

Bolinho de arroz

sobra de risoto, ovo, farinha de rosca, queijo Emmental ou Gruyère, limão-siciliano

Bata **1 ovo** com delicadeza num prato fundo. Coloque um ou dois punhados de **farinha de rosca** em outro prato. Corte o **queijo Emmental ou Gruyère** em cubinhos e misture com cuidado ao seu **risoto frio**. Pegue colheradas generosas da misture e faça bolinhas, croquetes ou bolinhos achatados (você decide o formato), passe no ovo batido e depois na farinha de rosca.

Aqueça uma camada rasa de óleo numa frigideira e frite alguns bolinhos de cada vez, até ficarem crocantes por inteiro, virando com cuidado (eles são frágeis). Rende 2 bolinhos por pessoa. Sirva com fatias de **limão-siciliano**.

Crocantes e macios. Queijo derretido.

É fundamental usar risoto refrigerado para esta receita. Se quiser usar um risoto que acabou de fazer, resfrie-o rapidamente, se necessário, colocando a panela na pia cheia de água fria. Ou refrigere bem o risoto deixando-o uma noite na geladeira.

Beterraba com linguiça e alecrim

beterraba, linguiça fresca, cenoura, alho, alecrim, vinagre de vinho tinto

Descasque **650 g de beterrabas cruas**, corte-as em fatias grossas e depois cada fatia ao meio. Faça o mesmo com **150 g de cenouras**, mas sem descascá-las. Descasque e fatie **2 dentes de alho**. Pique as folhinhas de **3 ramos de alecrim**. Refogue os legumes cortados, o alho e o alecrim com **3 colheres de sopa de óleo de soja** em fogo médio até ficarem quase macios (os legumes devem ficar meio crocantes neste ponto).

Corte **400 g de uma boa linguiça fresca com cheiro-verde** em pedaços médios e coloque-os na frigideira, fritando até dourarem bem. Quando as beterrabas e as cenouras estiverem macias, despeje **2 colheres de sopa de vinagre adocicado de vinho tinto** e acerte o tempero, acrescentando sal e pimenta a gosto.

Para 2–3 pessoas. Uma refeição agridoce à base de linguiça para uma noite fria.

Couve-de-bruxelas, linguiça e batatas
Corte 200 g de batatinhas em pequenas rodelas, mais ou menos quatro rodelas por batata, e cozinhe com um pouco de azeite numa frigideira grande. Quando começarem a pegar cor, adicione 250 g de uma boa linguiça fresca com cheiro-verde sem pele e cortada em pedaços grandes. Corte 250 g de couves-de-bruxelas em quatro e coloque na frigideira. Continue fritando até tudo ficar tostado e as couves ficarem macias, mas com uma cor viva.

Alcachofra e feijão-branco

alcachofra em conserva, feijão-branco, cebolinha, manteiga, limão-siciliano, salsa

Derreta **40 g de manteiga** numa panela rasa. Enquanto a manteiga derrete, esprema o **suco de meio limão-siciliano**. Pique **2 cebolinhas** e refogue-a em fogo médio, até amolecer na manteiga. Escorra um vidro de **300 g de alcachofras em conserva**, corte-as ao meio e adicione à manteiga.

Coloque na panela **250 g de feijão-branco cozido e escorrido**. Deixe borbulhando em fogo médio até formar uma espécie de caldo cremoso. Tempere com sal, pimenta-do-reino e um pouco mais de **limão-siciliano**, se quiser. Finalize com algumas folhas de **salsa**.

Para 2 pessoas. Um prato rápido e delicado.

Algumas dicas
- Não deixe todos os ingredientes dourarem na frigideira. Mantenha as cores e os sabores suaves. Enxágue bem as alcachofras para remover todo o líquido da conserva.
- O estragão cai muito bem com essa receita, assim como em qualquer receita que leve feijão. A hortelã também combina. Deixe para adicionar a hortelã no último instante, para que ela não perca a cor. Você mesmo pode cozinhar alcachofras frescas, se preferir. Ferva-as até ficarem macias, corte-as ao meio e refogue-as com manteiga derretida e suco de limão-siciliano, como na receita.
- Para um estilo mais rústico, substitua o feijão por lentilhas e carregue mais na salsa.

Alcachofra frita, maionese de alho
Misture 100 g de farinha de trigo, 2 colheres de sopa de óleo de girassol, 175 ml de água com gás e 1 clara de ovo bem batida (até ficar quase sólida) para fazer uma massa de tempurá. Polvilhe a mistura levemente com farinha e use-a para empanar as alcachofras em conserva cortadas ao meio. Mergulhe as alcachofras em óleo quente até cobri-las e frite-as até ficarem leves e crocantes. Escorra em papel toalha e sirva com maionese de alho e meio limão-siciliano.

Camarão graúdo com manjericão

camarão graúdo, manjericão, pinhão, limão-siciliano, azeite

Para fazer o molho de manjericão, coloque **20 g de folhas de manjericão, 50 g de pinhões sem casca, suco de um limão-siciliano** e **120 ml de azeite** num processador de alimentos e bata rapidamente, até formar um molho cremoso.

Frite **12 camarões graúdos grandes, crus e com casca** na chapa ou numa frigideira com pouco óleo. Salgue-os generosamente enquanto eles fritam virando-os até que toda a casca fique rosada. Retire os camarões do fogo, misture-os no molho e coma imediatamente.

Para 2 pessoas. Garfos e facas estão dispensados. Camarões graúdos com cascas saborosas, de lamber os dedos.

Linguiça calabresa e purê de batata-doce

linguiça calabresa, batata-doce

Fure **4 linguiças calabresas** com um garfo e frite-as numa panela rasa com um pouco de óleo. Descasque cerca de **500 g de batatas-doces**, corte-as em pedaços mais ou menos do tamanho de cubos de gelo e adicione à panela. Deixe as linguiças e as batatas-doces cozinhando por 10 minutos, dourando bem. Despeje 200 ml de água, tampe e cozinhe em fogo baixo por 10 minutos.

Destampe, aumente o fogo, espere a metade do líquido evaporar, retire a linguiça e reserve num local quente. Amasse as batatas-doces com um garfo e coloque aos poucos **2 ou 3 colheres de sopa de manteiga**. Tempere o purê com sal e pimenta-do-reino e sirva com a linguiça por cima.

Para 2 pessoas. Fumegante e sedoso.

Linguiça com molho adocicado de cebola

Um clássico. Prepare rapidamente um molho de cebola da seguinte maneira: refogue na manteiga cebolas cortadas em rodelas por 15 minutos, até ficarem macias, mexendo de vez em quando. Adicione um pouco de farinha, deixe pegar cor e acrescente uma taça de vinho Marsala seco e caldo de carne suficiente para fazer um molho rico, mas não muito espesso. Sirva com a linguiça de sua preferência.

Chouriço com uma nuvem de batatas e maçãs

Cozinhe as batatas na água ou no vapor. Descasque, fatie e retire o miolo de maçãs Fuji mais ou menos do mesmo tamanho e cozinhe-as numa panela rasa, com um pouco de manteiga. Quando ficarem molinhas, afofe-as com um garfo. Escorra as batatas, bata-as com manteiga até formarem um purê aerado e adicione a massa com delicadeza ao purê de maçã. Tempere com sal em vez de açúcar. Se usar um chouriço macio, é melhor assá-lo. Já um chouriço mais duro fica melhor quando frito numa panela rasa.

Linguiça de porco e purê de feijão amanteigado

Frite linguiças de porco frescas. Cozinhe e resfrie um pouco o feijão-manteiga. Use os grãos e um pouco do caldo para fazer um purê não muito consistente com manteiga e pimenta-do-reino.

Bolinho de caranguejo

carne de caranguejo, pimenta vermelha, alho, pão branco, coentro, mirin

Coloque **1 pimenta vermelha** picante, com semente e tudo, **1 dente de alho**, **100 g de pão branco macio** e cerca de **20 g de coentro**, com as folhas e os talos mais finos num processador de alimentos. Pique bem, coloque a mistura numa tigela e adicione **2 colheres de sopa de mirin** e **400 g de carne de caranguejo**. Tempere com sal e pimenta-do-reino. Misture e faça 12 bolinhos.

Aqueça uma camada bem fina de óleo de girassol ou de soja numa frigideira antiaderente e frite os bolinhos em fogo baixo, até ficarem bem dourados na base. Vire-os e continue fritando até dourarem por inteiro. Sirva imediatamente com fatias de **limão**.

Para 3–4 pessoas. Bolinhos crocantes e aromáticos.

Algumas dicas
- Use farinha de rosca suficiente para a mistura não desmanchar quando enrolar os bolinhos. As quantidades dependem do tipo da farinha de rosca. Faça um bolinho de teste para ver se ele não desmancha.
- Frite em fogo baixo para cozinhar até o centro.
- Frite os bolinhos com cuidado. Deixe formar uma casca crocante na base antes de virá-los, para que não desmanchem.

O resplendor do aliche, a vivacidade do limão
Enxágue e pique bem 3 aliches. Misture o aliche e as raspas de 1 limão na massa de caranguejo da receita.

Calor defumado. Um bolinho de peixe para o inverno
Use algum peixe defumado, como o arenque, no lugar do caranguejo. Dispense a pimenta vermelha e acrescente 1 ovo batido para dar liga. O endro combina mais que o coentro nesta versão da receita.

Estilo tailandês
Um pouco de pasta tailandesa de curry verde misturada à massa de caranguejo dá um deslumbrante toque ao bolinho de caranguejo.

A facilidade do peixe enlatado
Você pode usar sardinha ou salmão enlatados para fazer um bolinho de peixe. Neste caso, substitua a farinha de rosca por purê de batata, para dar mais liga. Use quantidades iguais de purê e do peixe e misture salsa picada, endro e um pouco de páprica defumada. Escorra bem o peixe antes de misturá-lo à batata.

Abobrinha com gremolata de bacon

abobrinha, bacon, alecrim, migalha de pão, salsa, limão-siciliano, alho, manteiga

Corte **6 fatias de bacon** em pedaços grossos, frite-as numa frigideira rasa com **um pouco de manteiga**, se necessário, até ficarem ligeiramente crocantes. Pique bem as folhinhas de **1 ramo de alecrim** e adicione-as à frigideira com **1 dente de alho amassado**. Mexa por 1–2 minutos e acrescente um ou dois bons punhados de **migalhas de pão fresco e macio**. Coloque **mais manteiga** se as migalhas absorverem muita gordura. Deixe as migalhas fritarem até dourar, virando-as regularmente, e inclua um pouco de **salsa picada**, se tiver, e raspas de **1 limão--siciliano pequeno**. Tempere generosamente.

Quando tudo estiver crocante e dourado, reserve e limpe a frigideira com papel toalha. Corte **4 abobrinhas médias ou grandes** em fatias grossas e frite com um pouco de óleo e manteiga. Quando as fatias estiverem macias e translúcidas, polvilhe as migalhas, aqueça um pouco e sirva. Para 2 pessoas.

Algumas dicas
- Fique de olho nas migalhas de pão, elas podem queimar em questão de segundos. Pães diferentes absorvem mais ou menos gordura, então deixe manteiga ou óleo à mão para adicionar, se necessário.
- Assim que as migalhas ficarem douradas, coloque-as num prato.
- Não tente fritar as abobrinhas sem limpar a frigideira antes com papel toalha e sem trocar o óleo ou a manteiga, porque todas as migalhas que sobrarem vão queimar.

Uma variação
Misture um pouco de manjericão às abobrinhas ou às migalhas. Eu gosto de colocar só um pouquinho de alho, mas você pode usar mais se quiser.

Cogumelos e abobrinhas, verde e terroso
Substitua o bacon por pequenos cogumelos cortados em fatias finas e frite-os com um pouco de azeite em fogo médio, até escurecerem.

Gremolata de tomate
Faça a gremolata de bacon. Corte tomates médios ao meio, cozinhe-os por alguns minutos com um pouco de azeite e espalhe a mistura de bacon por cima. Colocar folhas de manjericão nas migalhas de pão dão um complemento aromático à receita.

Pato com feijão

peito de pato, feijão-branco, alecrim, vinho Marsala seco

Com uma faca afiada, faça talhos na pele de **1 ou 2 peitos de pato**, coloque-os com a pele para baixo numa frigideira antiaderente quente e frite até dourar. Acrescente **250 g de feijão-branco cozido e escorrido**, virando o pato de vez em quando. Adicione **1 ramo de alecrim** no feijão e **5 colheres de sopa de vinho Marsala seco**. Tampe a panela e cozinhe em fogo baixo por 5 minutos, até a pele ficar crocante e a carne continuar rosada por dentro. Amasse um pouco os feijões com um garfo, tempere e sirva.

Para 2 pessoas. Carne adocicada e rosada, feijões brancos.

Frango, grão-de-bico, mandioquinha. Um jantar de inverno

Não é um prato rápido, mas é bem fácil de fazer. Tempere 750 g de pedaços de frango, doure-os ligeiramente com um pouco de azeite e reserve. Descasque e pique 2 cebolas e refogue-as na gordura do frango que ficou na frigideira, até amolecer. Adicione 6 fatias de bacon defumado cortadas em pequenos pedaços e frite-as até ficarem ligeiramente douradas e as cebolas ficarem macias e doces. Descasque e corte em cubos irregulares 1 mandioquinha, coloque na panela com um pouco de sal e pimenta e volte o frango à frigideira. Acrescente 500 g de grão-de-bico cozido e escorrido, despeje 1 litro de caldo de carne e deixe levantar fervura. Tampe a panela e leve ao forno a 180°C por 50 minutos.

Frango assado temperado, purê de feijão cremoso

Amasse um dente de alho e coloque-o numa tigela com uma colher de chá de pimenta-malagueta em flocos e 4 colheres de sopa de azeite. Passe 4 sobrecoxas de frango no óleo temperado e deixe por meia hora. Asse as sobrecoxas de frango com um pouco de sal a 200°C por uns 30 minutos.

Enquanto isso, escorra 500 g de feijão-branco cozido, coloque-o na caçarola, adicione 200 ml de *crème fraîche* e aqueça lentamente. Tempere com pimenta-do-reino e sal. Com um espremedor de batatas, amasse a mistura para formar um purê rico e cremoso. Coma com o frango assado.

Frittata de queijo de cabra

queijo de cabra, ovo, espinafre, manteiga, tomilho, manjericão, alecrim

Bata **4 ovos** numa tigela e tempere bem. Adicione **1 colher de sopa de folhas de tomilho** e **algumas folhas de manjericão rasgadas em pedaços médios**.

Aqueça o forno elétrico. Derreta **50 g de manteiga** numa pequena frigideira antiaderente com cerca de 20 cm de diâmetro. Adicione **150 g de espinafre** e cozinhe por 1 minuto, até as folhas amolecerem. Misture o espinafre com os ovos na tigela. Passe um papel toalha na frigideira e coloque **1 colher de sopa de manteiga**. Quando começar a chiar, coloque a mistura de ovos, **150 g de queijo de cabra** cortado em fatias, **1 colher de chá de folhas de alecrim picadas** e cozinhe em fogo baixo a médio.

Quando a omelete estiver parcialmente firme – o que deve levar uns 6 minutos – termine de cozinhar a *frittata* no forno elétrico, até ficar dourada por cima.

Para 1 pessoa. Uma omelete tenra e macia.

Uma dica
A *frittata* é feita um pouco mais lentamente que uma omelete ou ovos mexidos. O recheio costuma ser adicionado assim que os ovos vão para a frigideira. Eu cozinho a base por um ou dois minutos para firmá-la e coloco o recheio enquanto o centro ainda está mole.

Uma *frittata* de aspargos e estragão
Bata levemente os ovos com um pouco de estragão fresco picado. Apare e cozinhe ligeiramente um punhado de aspargos – os mais finos que conseguir encontrar – e adicione à frigideira logo depois de colocar os ovos.

Frittata de berinjela e tomilho
Corte 1 berinjela pequena ou média em rodelas finas. Passe as fatias no azeite e tempere-as com tomilho e sal. Utilize uma chapa ou, se preferir, uma frigideira antiaderente. Adicione-as à frigideira imediatamente depois de colocar o ovo. Elas devem ficar bem tenras.

Bife de pernil de porco, fava e semente de mostarda

bife de pernil de porco, fava, manteiga, semente de mostarda escura

Ferva **100 g de favas sem casca** com bastante água levemente salgada por 8–10 minutos, até ficarem macias. Escorra-as e coloque-as de volta na panela. Usando um garfo ou um espremedor de batatas, amasse um pouco as favas.

Derreta **75 g de manteiga** numa frigideira antiaderente rasa, espere chiar e adicione **2 bifes de pernil de porco de 125 g**. Cozinhe por uns 3–4 minutos de cada lado, regando com a manteiga. Retire a carne e reserve num prato aquecido. Adicione **1 colher de chá de sementes de mostarda escura** à manteiga e frite rapidamente – elas podem começar a pipocar. Misture as favas e um pouco de pimenta-do-reino moída. Quando tudo estiver crepitante, coloque o pernil de porco rapidamente de volta à frigideira e sirva com as favas.

Para 2 pessoas. Carne rosada, favas verdes.

Sanduíche de presunto, creme azedo e maionese de mostarda
Misture quantidades iguais de maionese e creme azedo* (o creme dá um toque de vivacidade e leveza) e tempere com mostarda de Dijon. Adicione a um sanduíche de presunto com algumas folhas rasgadas de alface americana e um Cheddar saboroso cortado em fatias bem fininhas. Crocante, macio, para o dia a dia.

Pernil de porco, *crème fraîche*, duas mostardas
Frite um ou dois bifes de pernil de porco na manteiga, retire-os da panela e reserve em pratos aquecidos. Adicione um pouco de *crème fraîche* na frigideira, com uma ou duas colheres de sopa de mostarda – sugiro uma colher de mostarda de Dijon e uma colher de mostarda em grãos. Tempere com pimenta-do-reino e muito pouco sal. Deixe ferver em fogo baixo, adicione um pouco de suco de limão e sirva com o pernil de porco.

---

* O creme azedo (*sour cream*) é um tipo de creme de leite fermentado muito utilizado na culinária europeia e americana. Você pode improvisar o seu misturando creme de leite fresco com gotas de limão. Em comparação com o *crème fraîche*, o creme azedo é mais suave e com menor teor de gordura. O *crème fraîche* suporta melhor altas temperaturas, enquanto o creme azedo pode empelotar se passar do ponto de ebulição. (N. T.)

Cordeiro com iogurte e açafrão

bife de cordeiro, alho, semente de erva-doce, açafrão, coentro em pó, iogurte

Reserve **4 bifes de cordeiro, com cerca de 200 g cada**. Descasque e amasse **1 dente grande de alho** e bata-o num pilão com **meia colher de chá de sementes de erva-doce**, **1 colher de chá de açafrão**, **1 colher de chá de coentro em pó** e um pouco de pimenta-do-reino. Coloque **250 ml de iogurte** numa tigela, junte a pasta de temperos e misture bem. Tempere os bifes de cordeiro com o molho de iogurte e reserve por mais ou menos uma hora.

Retire os bifes do iogurte e frite-os com óleo de soja numa frigideira rasa e quente, sem retirar todo o molho de iogurte, até formar uma crosta no lado de baixo. Vire e frite do outro lado. Sirva com arroz.

Para 4 pessoas. Simples. Aromático. Perfumado.

Algumas dicas

- Eu costumo fritar carnes marinadas na grelha, mas essa receita de cordeiro temperado pode ser feita numa frigideira. Fizemos um teste e deixamos o cordeiro de molho no tempero por uma hora e por uma noite inteira. Não fez muita diferença.
- Um pouco de arroz pode ser um bom acompanhamento, talvez com suco de limão e folhas coentro misturadas no último instante.
- Você também pode fazer essa receita com peito de frango.
- Inclua um pouco de cardamomo em pó. Finalize com folhas de coentro fresco ou hortelã.

Harissa

Misture um pouco de pasta de harissa*, 1 colher de chá de açúcar mascavo e azeite suficiente para fazer um molho espesso. Espalhe o tempero sobre o cordeiro e deixe-o de molho por meia hora ou mais, se você tiver tempo.

Vinagre de vinho tinto, alho, alecrim

Misture 1 dente de alho amassado com um pouco de sal, um pouco de alecrim bem picadinho, pimenta-do-reino e um pouquinho de vinagre de vinho tinto. Esfregue a mistura no cordeiro e frite na chapa.

---

* A harissa é uma pasta picante típica da Tunísia normalmente feita com malaguetas, como páprica e pimenta caiena, cominho, alcaravia, coentro, sal e azeite. Pode ser encontrada em grandes supermercados ou empórios de importados. (N. T.)

Tamboril com pancetta e vôngole

tamboril, pancetta defumada, vôngole, páprica defumada, vermute branco

Corte **100 g de pancetta defumada** em cubos grandes e frite-os numa frigideira rasa em fogo médio. Quando a gordura começar a sair e a pancetta dourar um pouco, misture **quatro pedaços de 200 g de cauda de tamboril** ou de qualquer outro peixe de carne branca e firme, **2 colheres de chá de páprica defumada** e um pouco de sal e pimenta. Coloque os pedaços de peixe na frigideira e cozinhe por 7–8 minutos, virando-os conforme necessário. Eles devem pegar um pouco de cor dos dois lados. Lave **200 g de vôngoles pequenos**. Despeje **250 ml de vermute branco** na frigideira, deixe borbulhar e adicione os vôngoles. Tampe a panela e cozinhe um pouco até as cascas começarem a abrir. Descarte as conchas que não abrirem. Prove o tempero e sirva.

Para 4 pessoas. Caldo saboroso na panela.

Algumas dicas
- No momento da escrita deste livro, o tamboril não é considerado um peixe particularmente sustentável, mas você pode usar qualquer outro peixe de carne branca e firme. Use pedaços grandes e evite cozinhar por tempo demais.
- Se a frigideira parecer um pouco seca, coloque um fio de azeite antes de acrescentar o peixe.
- Quando acrescentar os vôngoles, tampe a frigideira para cozinhá-los rapidamente no próprio vapor. Eles estarão cozidos assim que se abrirem. Descarte os que não abrirem.

Linguiça defumada, mexilhões doces, um pouco de vermute
Para dar uma variada, frite um pouco de linguiça defumada picada numa frigideira funda, adicione o peixe seguindo as instruções da receita, e substitua os vôngoles por mexilhões na casca. Acrescente um pouco de vermute ou de xerez seco e um pouquinho de folhas de coentro. Cozinhe na panela tampada até os mexilhões abrirem.

Com molho rouille
Faça um molho rouille rápido, colocando páprica, um pouco de alho batido e uma boa maionese no liquidificador ou no processador. Adicione ao prato ao servir.

Fígado de cordeiro, echalote e queijo pecorino

fígado de cordeiro, echalote, rabanete, vinagre de vinho tinto, salsa, manteiga, queijo pecorino

Descasque, divida ao meio e corte em fatias bem finas **300 g de echalotes**. Derreta **40 g de manteiga** numa frigideira antiaderente grande. Adicione as echalotes e refogue-as, mexendo com frequência por uns 10 minutos, até elas ficarem macias e ligeiramente douradas. Empurre as echalotes para um lado da frigideira.

Corte **300 g de fígado de carneiro** em pedaços pequenos e tempere bem. Acrescente mais **1 colher de sopa de manteiga** à frigideira, coloque o fígado e frite por, no máximo, 2 minutos de cada lado. Acrescente **5 rabanetes cortados em fatias finas**, **2 colheres de sopa de vinagre de vinho tinto** e um punhado de **folhas de salsa**. Em seguida, adicione **50 g de queijo pecorino bem ralado**. Sirva com purê de batatas.

Para 2 pessoas. Muito bom.

A riqueza do fígado, o agridoce do chutney de maçã

Aqueça 1 colher de sopa de manteiga e 1 ou 2 colheres de sopa de óleo numa frigideira rasa. Coloque 4 fatias de fígado de cordeiro na frigideira bem quente, frite-as por alguns minutos de cada lado (as bordas podem ficar douradas, mas o centro deve continuar rosado). Retire e reserve num prato aquecido. Despeje na frigideira uma tacinha de vinho Marsala seco ou vinho tinto, espere formar bolhas, mexa e deixe em fogo alto até reduzir pela metade. Misture 4 colheres de sopa de chutney espesso de maçã e cebola. Coloque com cuidado o fígado na frigideira e sirva.

Paneer com berinjela

berinjela, queijo paneer, tomate-cereja, garam masala, semente de mostarda clara, coentro

Aqueça 2 colheres de sopa de óleo de girassol ou de soja numa frigideira rasa ou num wok. Corte **1 berinjela grande** em cubos pequenos (cerca de 1 cm) e refogue-os no óleo até ficarem dourados e macios. Corte **200 g de tomates-cereja** ao meio e adicione-os à frigideira. Enquanto eles amolecem, rasgue ou pique **250 g de queijo paneer** e acrescente. Espalhe por cima **1 colher de sopa de garam masala**, **1 colher de sopa de sementes de mostarda branca** e um pouco de sal. Continue refogando por alguns minutos até o queijo dourar um pouco e finalize com um punhado de **folhas de coentro**. Sirva com arroz branco.

Para 4 pessoas. Sabores alegres, melodiosos.

Rösti de mandioquinha

mandioquinha, batata, echalote, vinagre balsâmico, ovo, coalhada de leite de cabra ou cream cheese, farinha de trigo, açúcar, pimenta-do-reino verde em grãos

Descasque **8 echalotes**, corte-as ao meio e desfaça as camadas. Aqueça um pouco de **manteiga** e **4 colheres de sopa de azeite** numa frigideira rasa, adicione as echalotes e refogue-as em fogo baixo a médio, até ficarem macias e ligeiramente douradas. Misture **3 colheres de sopa de vinagre balsâmico** e **1 colher de sopa de açúcar**. Cozinhe em fogo baixo até as echalotes ficarem doces e pegajosas e reserve-as, tomando o cuidado de mantê-las aquecidas.

Rale em tiras mais ou menos grossas **250 g de mandioquinhas** e **1 batata média** e coloque-as numa tigela. Acrescente **1 ovo** ligeiramente batido e **2 colheres de sopa de farinha de trigo**. Misture bem e faça 6 bolinhos achatados com os vegetais ralados. Aqueça uma fina película de óleo de soja ou manteiga numa frigideira, coloque os bolinhos e frite até ficarem crocantes e dourados. Retire, escorra rapidamente em papel toalha e divida nos pratos.

Tempere **250 g de coalhada de leite de cabra ou de cream cheese** com **alguns grãos de pimenta-do-reino verde em conserva**, um pouco de pimenta-do-reino e um pouco de sal. Coloque uma colher da coalhada por cima de cada bolinho e adicione um pouco das echalotes quentes. Sirva imediatamente. Para 3–4 pessoas.

Batata de pobre

batata, pimentão, cebola, caldo de legumes

Lave **500 g de batatinhas** e corte-as ao meio. Aqueça um pouco de azeite numa frigideira rasa, coloque as batatas com o lado cortado para baixo e deixe-as cozinhando. Corte ao meio **2 pimentões amarelos ou vermelhos grandes**, retire as sementes, fatie-o em tiras compridas e adicione à frigideira. Acrescente **1 cebola amarela ou roxa grande** cortada em fatias finas e **1 colher de sopa cheia de manteiga**. Deixe cozinhar, mexendo de vez em quando, até as batatas ficarem douradas e a cebola começar a amolecer. Despeje **400 ml de caldo de legumes**, deixe levantar fervura, tempere, tampe e deixe cozinhar em fogo baixo por 20 minutos. Quando o caldo tiver praticamente desaparecido, amasse algumas batatas com um garfo para elas absorverem as últimas gotas do líquido.
Para 2 pessoas. Frugal, saboroso e nutritivo.

Algumas dicas
Esse prato nasceu de uma despensa vazia e não faz sentido incluir muitos ingredientes. Coloque uma pimenta vermelha picada no começo da preparação para aumentar o sabor, ou um punhado de manjericão rasgado no final. Outras adições interessantes podem ser alho picado ou fatiado, cebola, uma pitada de páprica moída, algumas sementes de erva-doce ou um pouco de alho defumado. Um ou 2 ovos por cima no final serve para juntar todos os ingredientes.

Fraldinha com provolone e talharim

fraldinha, talharim, queijo provolone picante, cebola, banha bovina

Descasque e corte em fatias finas **2 cebolas médias** e refogue-as até ficarem macias e ligeiramente douradas com **2 colheres de sopa de óleo** ou, de preferência, com **banha bovina**. Cozinhe **150 g de talharim** numa panela funda, com água e sal, e escorra. Rale **180 g de provolone picante**. Fatie **250 g de fraldinha** em tiras da grossura de um dedo e adicione à frigideira com as cebolas, deixando as tiras cozinharem rapidamente e tomando o cuidado de manter o interior rosado. Sacuda a panela para misturar o bife, a cebola e o macarrão e finalize com o provolone picante ralado e um pouco de pimenta-do-reino.

Para 2–3 pessoas. Intensamente gratificante. Apimentado e com um bom custo/benefício.

Cordeiro e alho-poró

Refogue na manteiga 1 ou 2 alhos-porós médios, cortados em fatias finas, até eles ficarem macios, mas pare antes de pegarem cor. Isso costuma ser feito cobrindo o alho-poró com uma folha de papel-manteiga e uma tampa, de modo que as verduras ao mesmo tempo fritem e "suem" (perdendo água e amolecendo). Frite 1 bife de cordeiro, corte-o em tiras mais ou menos finas e misture-o com o alho-poró cozido e um pouco de queijo Caerphilly ralado. Sirva sobre fettucine ou talharim cozido.

Pato grelhado e cebola roxa

Descasque e fatie 1 ou 2 cebolas-roxas e refogue-as com um pouco de manteiga e óleo até amolecer. Frite 1 peito de pato na chapa ou numa frigideira rasa, até a carne ficar tenra, corte-o em tiras finas e misture-o com as cebolas, 1 colher de sopa de vinagre de vinho tinto e um punhado de salsa picada. Sirva com macarrão.

Porco e figo

bisteca de porco, sidra, figos

Tempere **2 bistecas de porco**. Derreta um pouco de **manteiga** numa frigideira rasa e, quando começar a chiar, doure as bistecas dos dois lados. A gordura deve ficar bem dourada. Despeje **250 ml de sidra seca**, deixe borbulhar e abaixe o fogo. Corte ao meio **4 figos pequenos**, adicione-os à panela e tampe. Continue cozinhando por uns 5 minutos, destampe a panela e deixe a sidra reduzir mais ou menos pela metade.

Para 2 pessoas. Doce, suculento, frutado.

Algumas dicas
- Deixe as costeletas dourarem bem, dos dois lados, antes de adicionar a sidra para que o caldo que sobrar na frigideira fique mais saboroso.
- Use figos não muito maduros para não desmancharem durante o cozimento. Se tiver figos maduros bem pequenos, pode deixá-los inteiros.
- Inclua um pouco de alecrim ou de tomilho picado no tempero das bistecas.
- Misture uma colher de sopa de manteiga ao caldo no final.

A doçura das bistecas de porco, o brilho de peras translúcidas
Frite bistecas de porco numa frigideira rasa com um pouco de manteiga e óleo. Quando as bistecas começarem a pegar cor, adicione fatias de pera, com casca e tudo, e continue cozinhando até a fruta ficar macia e translúcida. Retire as bistecas e a gordura, adicione uma taça pequena de caldo de legumes e outra de perada ou sidra, deixe borbulhar para reduzir e regue as bistecas com uma colher. Para acompanhar? Uma salada de chicória e nozes.

Ameixas maduras, alecrim
Pique 1 colher de sopa de folhas de alecrim, misture com umas 3 colheres de sopa de manteiga, um pouco de sal e um pouco de pimenta-do-reino. Derreta metade da mistura de manteiga numa frigideira rasa e, quando começar a chiar, adicione 2 bistecas de porco grandes e deixe dourar bem, dos dois lados. Mantenha o fogo de médio a baixo para cozinhar completamente as bistecas. Quando elas estiverem quase cozidas, adicione 4 ameixas frescas sem caroço, cortadas ao meio, e a outra metade da manteiga de alecrim. Sirva quando as ameixas estiverem macias e as bistecas, cozidas.

Batata com avelã e ovo

batatinha, avelã, gema de ovo, manteiga, cebolinha-francesa

Lave **500 g de batatinhas** e pique-as em pedaços médios. Aqueça **75 g de manteiga** com um pouco de **óleo de soja** ou **azeite** numa frigideira rasa em fogo médio, coloque as batatas e frite-as com um chiado suave até ficarem douradas e macias. Acrescente **100 g de avelãs** picadas em pedaços médios e deixe-as pegar um pouco de cor. Tempere ligeiramente com sal e pimenta-do-reino. Adicione **4 colheres de sopa de cebolinha-francesa** picada e passe tudo para um refratário.

Separe as **gemas de 4 ovos**, coloque-as sobre as batatas e deixe numa chapa ou frigideira quente por 3-4 minutos, até as gemas ficarem quentes, mas não muito firmes.

Para 2 pessoas. Avelãs crocantes.

Pistache, abóbora, semente de abóbora
Substitua as batatas por abóbora. Primeiro cozinhe por alguns minutos e depois adicione sementes de abóbora e pistaches crocantes sem casca.

Inhame assado, nozes e ovo
Descasque inhames, cozinhe-os no vapor, corte-os em cubos e doure-os na manteiga. Espalhe por cima nozes picadas e sal. Coloque com cuidado um ovo frito no prato.

Costela de porco rápida com mel e melaço de romã

costelinha de porco, mel, melaço de romã, molho de soja envelhecido chinês ou shoyu, pimenta vermelha em flocos, mirin

Misture **3 colheres de sopa de mel**, **2 colheres de sopa de molho de soja envelhecido chinês** ou **shoyu**, **1 colher de chá de pimenta vermelha em flocos**, **1 colher de sopa de melaço de romã** e **2 colheres de sopa de mirin**. Separe **300 g de costelinhas de porco** em costelas individuais e passe-as no molho.

Doure as costelas numa frigideira rasa com um pouco de óleo em fogo médio, virando regularmente. Quando começar a caramelizar, despeje todo o molho restante e deixe borbulhar um pouco, tomando cuidado para não queimar. Adicione 100 ml de água, tampe a frigideira e deixe cozinhar por uns 5 minutos. Retire a tampa e deixe cozinhar mais alguns minutos até as costelas ficarem escuras e reluzentes.

Para 2 pessoas. Um prato picante, de lamber os dedos.

Algumas dicas
- Escolha as menores costeletas de porco que conseguir encontrar. Elas não podem levar muito tempo para cozinhar.
- Tome muito cuidado ao dourar as costeletas e ao adicionar a marinada à frigideira, porque é fácil de queimá-las. Mantenha o fogo médio.
- Use a mesma marinada em costeletas maiores e asse lentamente em fogo baixo. Sirva com arroz ou pão para não desperdiçar o molho.
- Faça essa receita com coxas de frango. Basta deixá-las cozinhando um pouco mais.

Uma versão com frutas vermelhas
Use geleia de cranberry ou geleia de frutas vermelhas no lugar do melaço de romã. Adicione algumas bagas de zimbro amassadas ou alecrim picado e um pouco de suco de cranberry e prepare como na receita.

Anis e mel
Uma receita tradicional de costeletas pode incluir melaço, pimenta-caiena, mostarda em pó, ketchup, cebola, alho, páprica defumada, vinagre de maçã e suco de maçã. O único jeito de encontrar a proporção perfeita é ir provando. Eu costumo usar bastante mel nas costeletas, algo próximo a uma medida de mel, meia medida de molho de ostra, bastante alho amassado, alguns flocos de pimenta vermelha, um pouco de anis-estrelado moído, sal e pimenta-do-reino. Fica delicioso quando as costeletas são assadas lentamente, mas também fica muito bom se preparado de acordo com esta receita.

Frittata de raízes bem temperadas

mandioquinha, beterraba, cenoura, cebola, cardamomo em pó, cominho, coentro, pimenta-malagueta em flocos, semente de mostarda-preta, tomate em lata, ovo, farinha de trigo

Descasque e rale 250 g (peso total) de raízes como **mandioquinha, beterraba e cenoura**. Descasque e pique **1 cebola pequena** e adicione às raízes raladas. Misture **2 colheres de sopa de farinha de trigo**, meia colher de chá de cardamomo em pó, meia colher de chá de cominho, meia colher de chá de coentro, uma pitada de **pimenta-malagueta em flocos** e meia colher de chá de **sementes de mostarda-preta**. Acrescente **meia lata de tomates** picados e escorridos. Bata ligeiramente **4 ovos** e adicione-os à mistura.

Aqueça um pouco de **manteiga**, o suficiente para cobrir o fundo, numa frigideira antiaderente rasa de 20 cm e adicione a mistura de ovos e tomates. Cozinhe até formar uma crosta dourada na base, mas o topo continuar mole no centro. Leve a um forno elétrico pré-aquecido e deixe por uns 2 minutos ou mais, até firmar um pouco.

Para 2 pessoas. Um emaranhado suave de vegetais adocicados unidos por ovos ligeiramente picantes.

Frittata de chouriço

Derreta umas 3 colheres de sopa de manteiga numa pequena frigideira antiaderente. Retire a pele de 200 g de chouriço e desfaça-o na manteiga quente, deixando pegar cor até ficar bem dourado. Bata ligeiramente 3 ovos, adicione cerca de 3 colheres de sopa de salsa picada e despeje a mistura sobre o chouriço. Acrescente 50 g de queijo parmesão bem ralado. Cozinhe em fogo mais ou menos baixo, até formar uma crosta dourada no fundo. O centro da mistura deve ficar meio mole. Coloque a *frittata* no forno elétrico até firmar e a parte de cima corar um pouco. Corte em fatias como uma pizza para servir.

Salmão com alcachofra

salmão, alcachofra em conserva, salsa, endro, limão-siciliano

Grelhe, asse ou frite numa chapa ou frigideira rasa **350 g de salmão** e reserve. Corte ao meio **4 alcachofras em conserva**.

Desmanche o salmão cozido e aqueça com um pouco de **azeite** numa panela antiaderente rasa. Adicione as alcachofras e tempere com **folhas de salsa inteiras**, um pouco de **endro picado** e um pouco de **suco de limão-siciliano**.

Para 2 pessoas. Leve, puro, delicado.

Sardinha, batata e pinoli

sardinha em lata, batatinha, pinolis, cebolinha, salsa

Lave bem **400 g de batatinhas** e corte-as em quatro. Doure-as numa frigideira de base pesada com um pouco de **azeite**. Deve levar uns bons 15 minutos em fogo baixo a médio, mexendo de vez em quando.

Pique **3 cebolinhas** e triture **30 g de pinolis** em pedaços irregulares. Quando o lado cortado das batatas formar uma crosta dourada, coloque a cebolinha e refogue rapidamente até ficar macia. Adicione um bom punhado de **salsa rasgada**, os pinhões e um pouco de **pimenta-do-reino**. Por fim, escorra **100 g de sardinha enlatada em azeite**, desmanche-as um pouco e adicione à panela.

Para 2 pessoas. Uma refeição leve. Pinhões crocantes, batatas tostadas.

Sardinha, batata-doce e castanhas
Esta receita também cai muito bem com batatas-doces cortadas em pequenos cubos. Quando as batatas estiverem macias por dentro e começando a pegar cor, adicione algumas castanhas de caju, deixe dourar um pouco e adicione a cebolinha-francesa picada e as sardinhas em pedaços.

Inhames terrosos, um toque de limão
Lave bem alguns inhames, corte-os ao meio e frite-os na manteiga misturada a um pouco de óleo, até eles ficarem macios por dentro e crocantes e dourados por fora. Adicione uma boa quantidade de salsa picada, 1 lata de sardinhas drenadas e em pedaços e um pouco de suco de limão-siciliano.

Bolinho de linguiça com molho cremoso de mostarda

linguiça fresca, caldo de carne, creme de leite fresco, mostarda de Dijon, cebolinha-francesa

Retire a pele de **450 g de linguiças frescas de boa qualidade**. Enrole uns 24 bolinhos achatados com a linguiça, um pouco menores que uma bola de golfe. Aqueça um pouco de **azeite** numa frigideira antiaderente em fogo médio e frite os bolinhos até pegarem cor, vire-os até ficarem dourados por inteiro. Retire todo o excesso de gordura e despeje **500 ml de caldo de carne**. Deixe levantar fervura, cozinhe até o caldo reduzir um pouco, acrescente **250 ml de creme de leite fresco** e misture **1 colher de sopa de mostarda de Dijon**. Tempere com sal e pimenta e deixe cozinhando por 15–20 minutos. Retire os bolinhos e reserve-os em pratos aquecidos. Aumente o fogo do molho e deixe reduzir um pouco (mas ele não vai engrossar). Despeje o molho sobre as almôndegas e sirva. Você pode incluir algumas **cebolinhas-francesas** picadas, se quiser.

Para 2–3 pessoas. Minhas almôndegas favoritas de todos os tempos.

Algumas dicas
- Compre uma boa linguiça fresca. Pode ser com bastante cheiro-verde e alguma pimenta. Para tirar o recheio, corte a pele de uma ponta à outra com uma faca, descarte-a e esprema o interior numa tigela.
- Tempere um pouco, se quiser, com tomilho picado, alho amassado, pimenta-do-reino ou parmesão ralado.
- Use um caldo de carne de boa qualidade.
- Adicione endro picado às almôndegas e ao molho.
- Use *crème fraîche* no lugar do creme de leite. Para um prato mais leve, use só o caldo de carne e esqueça o creme.
- Para uma versão mais suave, use caldo de galinha no lugar do caldo de carne.
- Sirva com um macarrão achatado e largo, como o pappardelle ou o talharim.
- Em vez de usar linguiças prontas, prepare alguma carne usada para fazer linguiça. Tente usar zimbro, tomilho, alho, cominho ou cardamomo em pó para temperar.

O frescor do limão, o calor do alecrim
Tempere a mistura da receita com alecrim bem picado, alho amassado e um pouco de raspas de limão-siciliano. Enrole os bolinhos e frite-os no azeite. Adicione um pouco de manteiga e suco de limão-siciliano ao caldo que ficar na frigideira no final.

Bolinho de espelta, manjericão e ricota

espelta sem casca, ricota, gema de ovo, manjericão, tomate

Ferva **250 g de espelta sem casca** com bastante água um pouco salgada, por 20 minutos, escorra e reserve.

Misture **250 g de ricota, 1 ou 2 gemas de ovo, 20 g de folhas inteiras de manjericão, sal** e **pimenta-do-reino**. Deixe descansar por 15 minutos e enrole 8 bolinhos achatados. Frite-os cuidadosamente com um pouco de **azeite** numa frigideira antiaderente até ficarem dourados e crocantes por fora. Se eles estiverem dourando rápido demais, abaixe um pouco o fogo e tampe a frigideira. Sirva com **fatias grossas de tomate maduro** e um fio de azeite.

Rende 8 bolinhos achatados pequenos, o suficiente para 2–4 pessoas. Delicado e leve, mas com a vivacidade do manjericão.

Espelta com carne de porco
Doure 1 bisteca de lombo de porco com um pouco de óleo. Adicione uma maçã em cubos – fica uma delícia com casca – e 1 ou 2 folhas de sálvia. Acrescente a espelta sem casca, despeje caldo de legumes ou de galinha e cozinhe em fogo baixo por uns 25 minutos, até a espelta ficar inchada e a bisteca macia.

Risoto de espelta
Use espelta sem casca no lugar do arroz para fazer um risoto. Derreta umas 3 colheres de manteiga numa frigideira, adicione cebolinha bem picada, um pouco de espelta sem casca, verta caldo de carne quente e mexa como se estivesse fazendo um risoto. Use a proporção de 200 g de espelta para 1 litro de caldo de carne quente. Pode ser interessante incluir cogumelos cortados em pedaços médios e refogados com as cebolinhas, antes de acrescentar a espelta. Finalize com queijo de cabra ralado.

Cordeiro com gergelim, pepino e iogurte

carne de cordeiro moída, semente de mostarda-preta, semente de gergelim branco, cebolinha, garam masala, pepino, iogurte, hortelã

Coloque **500 g de carne moída de cordeiro** numa tigela, adicione **1 colher de sopa de sementes de mostarda-preta**, 4 colheres de sopa de sementes de gergelim branco, sal, pimenta, 2 cebolinhas picadas e 2 colheres de chá de garam

masala. Misture bem e faça 8 bolinhos grandes e achatados, com mais ou menos 0,5 cm de altura.

Aqueça um pouco de **azeite** numa frigideira rasa, coloque os bolinhos e frite por 1–2 minutos de cada lado, até ficarem dourados.

Corte **1 pepino** em tiras longas e finas com um descascador de legumes e tempere com um pouco de sal e pimenta. Misture **1 colher de sopa de hortelã picada** e **4 colheres de sopa de iogurte**.

Coloque 4 bolinhos num prato, ponha algumas tiras de **pepino** e **1 colher de iogurte** e cubra com outro bolinho.

Para 4 pessoas. Bolinhos suculentos e aromáticos, um toque de iogurte.

Um clássico
Faça bolinhas com a mistura da receita anterior. Sele as bolinhas com um pouco de óleo numa frigideira rasa no fogo médio e leve a um refratário. Despeje molho de tomate por cima e leve ao forno até o molho borbulhar e as bolinhas ficarem cozidas no centro.

Cogumelos, creme. Uma versão outonal
Faça metade da quantidade da mistura de cordeiro da receita e misture a mesma medida de ricota. Enrole bolinhos achatados, frite-os com um pouco de óleo e retire da frigideira. Leve à frigideira fatias de cogumelos Portobello e frite até dourar, adicionando mais óleo se for preciso. Despeje um pouco de conhaque e raspe os pedaços que ficaram grudados no fundo da frigideira. Adicione *crème fraîche* ou creme de leite fresco. Mexa, cozinhe em fogo baixo por 1–2 minutos, despeje a mistura sobre os bolinhos e leve ao forno por alguns minutos para cozinhar a carne por inteiro.

Hortelã e uvas-passas brancas. Pinolis crocantes
Adicione hortelã fresca ou seca à mistura de carne da receita, uvas-passas brancas e alguns pinolis. Faça bolinhos achatados, frite-os e retire-os da frigideira. Adicione umas 3 colheres de sopa de manteiga e um pouco de suco de limão-siciliano à frigideira, mexa e raspe para aproveitar o saboroso caldo que grudar na frigideira. Verta a mistura sobre os bolinhos e sirva.

Ovos condimentados com abóbora

abóbora, semente de mostarda, garam masala, ovo

Descasque **1 abóbora japonesa média**, retire as sementes e corte-a em pedaços do tamanho de uma bocada. Cozinhe a abóbora no vapor até ficar macia (a ponta de uma faca deve entrar sem muita resistência) e reserve.

Aqueça **4 colheres de sopa de azeite, óleo de canola** ou **óleo de soja** numa frigideira funda e adicione **1 colher de sopa de sementes de mostarda**. Coloque a abóbora cozida e deixe pegar cor. Mexa delicadamente, tomando cuidado para não desmanchar os pedaços, e polvilhe com **1 colher de sopa de garam masala**. Continue cozinhando por alguns minutos, até ficar bem aromático, e distribua em 2 pratos aquecidos. Quebre **2 ovos** na frigideira e frite sem deixá-los endurecer demais. Coloque-os com cuidado por cima da abóbora.

Para 2 pessoas. Doce, outonal.

Algumas dicas
- Ferver ou cozinhar a abóbora no vapor antes de refogar a deixa tenra e aerada.
- Mantenha o fogo médio ao fritar os temperos, para evitar que queimem.
- Não cozinhe os ovos completamente; a gema mole dá um molho para a abóbora.
- Sirva com linguiça em vez de ovos. Tente substituir a abóbora por mandioquinha ou cenoura. Use a abóbora temperada como guarnição para um prato de frango grelhado ou misture-a no arroz pilaf.
- O muffin inglês é um pãozinho achatado, feito na frigideira, diferente do muffin americano, que se parece com um cupcake.

Ovos poché amanteigados com ervas
Derreta 50 g de manteiga numa frigideira rasa, até espumar, e coloque com cuidado 4 ovos poché não muito duros. Espalhe por cima 1 ou 2 colheres de sopa de ervas picadas, algumas gotas de suco de limão-siciliano e regue com cuidado. Sirva imediatamente.

Muffins ingleses, queijo, ovos poché
Toste muffins ingleses cortados ao meio e passe uma boa camada de manteiga. Cubra com ovos poché, espalhe queijo ralado por cima e leve ao forno até o queijo derreter.

Ovos e presunto
Faça como na receita acima, mas coloque algumas fatias de presunto embaixo dos ovos poché e uma ou mais fatias de queijo provolone por cima.

Bife com missô

bife de contrafilé ou de alcatra, missô branco, echalote, estragão, cerefólio ou salsa, vinagre de maçã, manteiga

Frite **2 bifes de contrafilé ou de alcatra** numa frigideira rasa com um pouco de **manteiga** e **azeite**, virando-o e regando-o regularmente (eu viro os meus bifes a cada 2 minutos e rego quase sem parar). Quando a carne estiver no ponto que você preferir, tire da frigideira e reserve num prato aquecido. Adicione **60 g de manteiga** à frigideira, deixe chiar um pouco e coloque **1 echalote** bem picadinha. Refogue por mais ou menos 1 minuto até amolecer, mexendo de vez em quando e raspando o caldinho do bife que ficou no fundo da frigideira. Ponha **2 colheres de sopa de missô branco, 1 colher de sopa de vinagre de maçã** e misture com um fuê. (Se parecer que o molho não está ficando bem homogêneo, adicione uma colher de água quente e continue misturando com o fuê.) Adicione **1 colher de sopa de estragão picado** e **1 colher de sopa de cerefólio ou de salsa picada**.

Para 2 pessoas. Bife com um caldo suculento.

Tortilha de batata do James

ovo, batata, echalote

Pique **1 batata média ou grande**, com casca e tudo, em cubinhos bem pequenos – uma *brunoise*, como dizem os chefs. Derreta um pouco de **manteiga** numa frigideira rasa e pequena, de 15 cm. Adicione a batata e cozinhe até os cubinhos ficarem macios e um pouco dourados, o que deve levar uns 10 minutos. Adicione **1 echalote** descascada e cortada em fatias bem finas e cozinhe por mais 3–5 minutos para amolecê-la. Bata **1 ovo** com o tempero de sua preferência e despeje sobre a echalote e a batata. Cozinhe por uns 3 minutos, até a massa inchar nas bordas e leve ao forno elétrico, deixando a massa mole no centro.

Para 1 pessoa. Uma batata, uma echalote, um pouco de manteiga e um ovo.

De todas as receitas que James e eu fizemos juntos, penso nesta como sendo só dele. Ela tem certa perfeição. Talvez seja o lado espanhol que ela tem. Seja como for, esse é um dos pratos mais encantadores que já provei.

Bife com tomate e cebola

alcatra, manteiga, cebola, tomate

Derreta **60 g de manteiga** numa frigideira rasa e grande e tempere **1 bife de 450 g de alcatra** com sal e pimenta-do-reino. Quando a manteiga estiver chiando, doure a carne dos dois lados e reserve. Corte **3 cebolas pequenas** ao meio, no sentido do comprimento, coloque-as na frigideira e deixe dourar um pouco.

Corte ao meio **650 g de tomates grandes**, adicione-os à frigideira, tampe e deixe cozinhar por uns 10–15 minutos, até eles ficarem macios e um pouco tostados aqui e ali. Tempere generosamente e pressione um pouco os tomates com uma colher para extrair o suco.

Agora que o bife descansou, corte a carne em fatias grossas e coloque os pedaços entre os tomates para amaciar um pouco. Cozinhe rapidamente e sirva.

Para 2–3 pessoas. Carne mal passada, tomates maduros, caldinho saboroso na frigideira.

Kebab de porco e manga

paleta suína, mostarda em grãos, manga, limão-siciliano

Corte **400 g de paleta suína** em cubos grandes, de uns 3 cm. Coloque a carne num prato e tempere-a com **1 colher de sopa de óleo** e **2 colheres de sopa de mostarda em grãos**, adicione uma pitada de pimenta-do-reino e bastante sal. Misture bem para cobrir todos os pedaços de carne com uma fina camada de mostarda.

Descasque **1 manga madura**. Corte pedaços da fruta, separando-os do caroço, e pique em cubos irregulares, mais ou menos do mesmo tamanho que a carne. Coloque os pedaços de carne e de manga intercalados em espetos de madeira ou de metal, deixando os pedaços bem próximos.

Pincele uma frigideira pesada e antiaderente ou de ferro fundido com uma fina camada de óleo e aqueça em fogo médio. Quando o óleo estiver quente, coloque os espetos na frigideira, deixe a carne pegar uma bela cor, vire-a e cozinhe do outro lado. Verifique se a carne está bem cozida no centro e sirva. (Você pode usar uma espátula para desgrudar a carne e a manga da frigideira.) Uma boa dose de **suco de limão-siciliano** por cima dá o toque final.

Para 2 pessoas. O calor da mostarda. A opulência da manga.

Algumas dicas
- A manga deve estar madura, mas não mole. Caso contrário, ela vai se soltar dos espetos.
- Se preferir, substitua a manga por ameixas, que caem muito bem com porco.
- Eu costumo usar paleta suína, mas você pode usar qualquer corte. Os cortes mais gordos soltam muita fumaça no forno elétrico.

Porco de lamber os beiços, iogurte refrescante salpicado com romã
Rale em tiras mais ou menos grossas meio pepino pequeno, coloque-o numa peneira e tempere generosamente com sal. Deixe por 20 minutos e esprema para retirar o excesso de água. Misture o pepino com 200 ml de iogurte, adicione um punhadinho de folhas frescas de hortelã, sementes de meia romã e uma pitada generosa de pimenta-do-reino. Coloque 200 g de carne de porco cortado em cubos em espetos de madeira ou de bambu. Usando um pilão, amasse meia colher de chá de sal marinho, um quarto de colher de chá de pimenta-do-reino em grãos e um dente de alho grande descascado, até formar uma pasta rústica. Passe o tempero por toda a carne de porco. Pingue um pouco de azeite e asse na grelha ou no forno elétrico, dourando bem em todos os lados. Coma com o iogurte de romã.

Kebab de porco e missô
Coloque 1 colher de sopa de missô branco numa panela pequena e leve ao fogo médio. Despeje 3 colheres de sopa de mirin e misture até dissolver o missô. Coloque os cubos de carne de porco na mistura, distribua a carne em espetos de madeira ou de bambu e asse na grelha ou no forno elétrico até as bordas ficarem com um tom marrom escuro e reluzente, virando de vez em quando.

Ameixas e mel
Pincele os cubos de carne de porco com um molho de mel e mostarda de Dijon e tempere generosamente com sal. Coloque-os em espetos de madeira ou de bambu, alternando pedaços de carne de porco com pedaços de ameixa firme. Asse como na receita.

Asinha de frango, molho katsu

asa de frango, cebola, gengibre fresco, alho, cenoura, tomate, mel, molho de soja, garam masala, curry em pó, pimenta vermelha, caldo de galinha

Num processador de alimentos, misture **1 cebola descascada**, **1 pedaço de gengibre fresco** descascado e cortado em pedaços do tamanho de uma rolha, **3 dentes de alho**, **250 g de cenouras**, **350 g de tomates**, **3 colheres de sopa de mel** e **3 colheres de sopa de molho de soja**. Misture **2 colheres de sopa de garam masala**, **2 colheres de sopa de curry suave em pó** e **1 pimenta vermelha pequena**. Bata até formar uma pasta e frite por 5 minutos. Adicione **12 asas de frango** e doure ligeiramente, acrescentando um pouco de óleo de soja ou de girassol, se necessário. Despeje **400 ml de caldo de galinha** e cozinhe em fogo baixo por 30 minutos. Passe as asinhas para uma frigideira antiaderente e frite-as em fogo médio até ficarem crocantes. Sirva com o molho.

Para 2 pessoas. Asinhas crocantes. Molho picante e adocicado.

Para acompanhar
Arroz branco, cozido no vapor. Sem tempero.

Frango, molho de soja light ou shoyu, pimenta vermelha defumada em flocos, o calor do xarope de bordo
Misture 2 colheres de sopa de xarope de bordo ou de mel com 1 colher de sopa de shoyu e 1 colher de sopa de suco de limão-siciliano. Adicione um pouco de pimenta-malagueta em flocos. Use esse molho para regar o frango enquanto cozinha.

Asinhas crocantes, maionese de alho, dedos para lamber
Polvilhe as asas de frango com farinha de trigo temperada e frite-as até ficarem crocantes por fora. Retire o excesso de gordura com papel toalha e sirva com maionese de alho.

Toque cítrico e picante, para os fãs de pimenta
Descasque uma tangerina, mas mantenha a pele. Bata-a num processador com pimenta habanero (cuidado, elas são muito, muito picantes), um pouco de mostarda suave, vinagre de vinho tinto e açúcar a gosto. Se achar que pôs pimenta demais, adicione outra tangerina. Despeje o molho numa panela, deixe levantar fervura e cozinhe até reduzir e engrossar. Use como uma marinada para temperar as asinhas de frango antes de grelhá-las ou assá-las.

Camarão na manteiga, pepino, endro e pão italiano

camarão miúdo, manteiga, noz-moscada, pimenta-caiena, pepino, endro, limão-siciliano e pão italiano

Numa frigideira antiaderente, frite **150 g de camarões miúdos** em **1 colher de sopa de manteiga**. Tempere com **meia colher de café de noz-moscada** e uma pitada de **pimenta-caiena**. Descasque **meio pepino**, corte-o em fatias bem finas com um descascador de legumes e misture-o com um punhado de **endro picado ou rasgado**. Adicione um pouco de **limão-siciliano**.

Toste **2 fatias grandes de pão italiano** e coloque os camarões e o pepino por cima. Para 2 pessoas.

Salmão defumado, creme azedo, pão de centeio
Misture quantidades iguais de creme azedo e de maionese e tempere com sal, pimenta e algumas alcaparras. Descasque 1 cebola roxa e corte em rodelas bem finas. Espalhe o creme em fatias de pão de centeio escuro, acrescente um pouco da cebola (tomando cuidado para não colocar demais) e cubra generosamente com salmão defumado. Feche com um segundo pedaço de pão de centeio ou sirva o sanduíche aberto.

Truta defumada, wasabi
Com um garfo, amasse um pouco de truta defumada para formar uma pasta rústica. Adicione mais ou menos metade do volume de cream cheese, misture uma quantidade generosa de wasabi, uma dose de suco de limão-siciliano e um pouco de sal. Vá provando e adicionando mais wasabi a gosto. Passe uma boa camada do patê em fatias de pão caseiro e cubra com uma camada de nabo japonês (daikon) ou rabanete cortado em fatias bem finas. Em seguida, passe a pasta de truta defumada. Eu gosto de usar um pão integral macio para essa receita.

Mexilhões defumados, pepino em conserva
Corte em fatias finas 1 ou 2 echalotes grandes e refogue-as na manteiga numa frigideira rasa. Quando elas estiverem macias, doces e ligeiramente douradas, adicione 1 ou 2 pepinos grandes em conserva, cortados em fatias mais ou menos grossas, e 1 lata de mexilhões defumados (mais ou menos 100 g), sem o óleo. Faça sanduíches com pãezinhos brancos e macios.

Bolinho de ricota e ervas

ricota, ovo, farinha de trigo, manteiga, cebolinha-francesa, cerefólio, salsa, abacate, limão-siciliano, semente germinada

Primeiro, faça um molho para os bolinhos. Descasque **1 abacate**, retire a semente e corte em pequenos cubos. Coloque-o numa tigela com **o suco de um limão-siciliano**, um pouco de pimenta-do-reino e um pouco de sopa de **azeite**. Cubra e reserve.

Para fazer os bolinhos de ricota, separe as gemas de **3 ovos**, colocando as claras numa tigela grande o suficiente para batê-las mais tarde. Adicione **250 g de ricota** às gemas e misture com **50 g de farinha de trigo** e **30 g de manteiga derretida**. Pique um punhado de **cebolinhas-francesas**, **cerefólio** e **salsa**, incorpore bem na massa e tempere com um pouco de sal.

Bata as claras em neve e coloque-as na massa de ricota. Derreta um pouco de **manteiga** numa frigideira antiaderente em fogo médio. Pegue um sexto da mistura de ricota e faça com delicadeza um bolinho achatado, com mais ou menos 10 cm de diâmetro, usando as costas de uma colher. Faça mais 2 bolinhos. Quando a manteiga começar a chiar, adicione os bolinhos. Quando eles ficarem ligeiramente dourados na base, vire-os com uma espátula (faça isso com rapidez e confiança para eles não quebrarem) e deixe o outro lado dourar um pouco. O tempo total de cozimento não deve passar de alguns poucos minutos. Repita com o restante da mistura.

Retire os bolinhos da frigideira com uma espátula, deixe-os descansar um pouco sobre papel toalha e transfira-os para um prato. Coloque sobre cada bolinho **1 colher de sopa cheia de ricota**, divida a mistura de abacate entre eles, adicione algumas **sementes germinadas** (como brotos de feijão) e sirva.

Rende 6 bolinhos. Pequenas panquecas salgadas, leves, macias e frescas.

Arroz temperado rápido

arroz basmati, pasta de curry vermelho tailandês, soja edamame, cenoura, caldo de legumes, ovo, coentro

Cozinhe **150 g de soja edamame sem casca** em água fervente, escorra e reserve. Despeje **400 ml de caldo de legumes** numa panela e adicione **2 colheres de pasta de curry vermelho tailandês** e **200 g de arroz basmati**. Espere levantar fervura, tampe e deixe cozinhando em fogo baixo por 10 minutos, até o arroz ficar quase tenro e a maior parte do líquido ser absorvida.

Derreta **2 colheres de sopa de manteiga** numa frigideira, coloque o arroz, **1 cenoura grande ralada em tiras mais ou menos grossas** e os grãos de soja edamame que ficaram reservados. Mexa regularmente até o arroz ficar úmido, mas não molhado, e adicione **3 ovos ligeiramente batidos**. Tempere. Continue cozinhando, parando de mexer o arroz por alguns minutos para deixar os ovos pegarem cor e então mexa com cuidado. Continue mexendo por alguns minutos até os ovos ficarem levemente cozidos, com pedaços visíveis espalhados pelo arroz. Adicione um punhado de **coentro**.

Para 2–3 pessoas. Um prato rápido do tipo salva-vidas.

Algumas dicas
Quando o arroz estiver macio, adicione os ovos ligeiramente batidos. O truque é parar de mexer por mais ou menos um minuto até os ovos endurecerem parcialmente antes de misturá-los com o arroz. Essa receita cozinha bem rápido, então, assim que os ovos começarem a firmar, mexa de vez em quando para distribui-los bem no arroz.

Arroz verde temperado
Use pasta de curry verde no lugar da de curry vermelho. Antes de adicionar a cenoura e o arroz à panela, frite na manteiga alguns champignons fatiados, deixando-os dourar um pouco. No final, misture com delicadeza um pouco de espinafre picado e refogado ou talvez um pouco de ervilhas cozidas. Se você não tiver soja edamame, pode usar favas.

Arroz limpa-geladeira
Embora eu não seja fã de misturar arroz com qualquer sobra que tenha na sua geladeira, este não deixa de ser um bom jeito de usar restos de linguiça, bacon e verduras bem picadas. O truque é nunca usar mais que um tipo de sobra de cada vez.

Bolinho de vegetais com molho de tomate condimentado

mandioquinha, cenoura, cebola, farinha de trigo, ovo, cardamomo, cominho, coentro em pó, pimenta-malagueta em flocos, semente de mostarda-preta, tomate em lata, alho

Junte **1 colher de chá rasa de cardamomo em pó, meia colher de chá de cominho em pó, meia colher de chá de coentro em pó,** uma generosa pitada de **pimenta-malagueta em flocos, 1 colher de chá de sementes de mostarda-preta** e **1 colher de sopa de óleo de soja.** Torre metade dessa mistura de temperos numa frigideira por alguns minutos. Coloque numa panela **1 dente de alho amassado, 1 lata de 400 g de tomates picados** e um pouco de sal. Cozinhe o molho em fogo baixo por 10 minutos e reserve.

Descasque e rale **250 g de mandioquinha** e **250 g de cenoura.** Rale bem **1 cebola pequena.** Misture a cebola com os vegetais ralados e com **2 colheres de sopa de farinha de trigo.** Bata ligeiramente **1 ovo** e incorpore à massa. Misture a metade restante dos temperos e faça 6–8 bolinhos bem achatados. Frite numa frigideira antiaderente rasa com um pouco de óleo em fogo médio, até os bolinhos ficarem levemente crocantes. Vire-os e frite rapidamente do outro lado. Sirva com o molho de tomate temperado.

Para 2 pessoas. Uma refeição nutritiva. Crocante e picante.

Na grelha

Eu tenho uma chapa de grelhar retangular, de ferro e com a superfície ondulada. Ela fica em cima do fogão e eu a uso para grelhar bifes, costeletas de cordeiro e frango desossado. Eu também a uso para dourar fatias de berinjela, cebolinha e alho-poró. A grelha produz espessas nuvens de fumaça, que exigem um bom um exaustor de cozinha para não disparar o alarme de incêndio. Mas a comida que ela faz é a mais deliciosa de todas: um pouquinho chamuscada, crepitante e reluzente, com o óleo e o açúcar caramelizados. É um dos utensílios mais usados na minha cozinha.

Tento não lavar muito a chapa ondulada e prefiro só passar um papel toalha. Se você deixar sua chapa ou panela de grelhar molhada, ela vai enferrujar. Se sua chapa for nova a comida vai grudar. Mas, com o uso, uma pátina (uma palavra chique para gordura queimada) vai se formando e protegendo o ferro. Mesmo assim, seque rapidamente sua chapa ou panela de grelhar para evitar manchas de ferrugem.

Eu também uso um forno elétrico. O efeito é diferente, já que a comida não entra em contato direto com o calor, mas é muito prático para fazer o jantar no dia a dia.

Eu preferiria grelhar a comida numa churrasqueira a carvão. Mas aí eu precisaria usar a churrasqueira do quintal e evito brigar com carvão e fósforos depois de um longo dia de trabalho. Devo dizer que uma panela de grelhar ou um forno elétrico jamais produzirão o mesmo sabor do que grelhar a comida no carvão. Mesmo assim, a comida grelhada na cozinha pode ser uma delícia. Eu gosto do calor direto da chapa – o tostado, a fumaça, os sabores primitivos.

Este capítulo voltado à comida grelhada é curto e saboroso: algumas receitas de costeletas de cordeiro, algumas ideias para fazer frango e uma bisteca de porco. São essas receitas que costumo fazer durante a semana. Carne grelhada, uma salada, uma taça de vinho. Não preciso de mais nada para o jantar.

Algumas receitas favoritas

Alho assado doce, manteiga, baguete

Enrole uma cabeça de alho com um pouco de óleo e tomilho em papel alumínio e deixe assando por uns 40 minutos. Coloque os dentes de alho numa tigela e amasse com um pouco de manteiga e sal (não precisa caprichar muito). Grelhe uma ou duas coxas ou sobrecoxas de frango desossadas e, quando estiverem quase prontas, passe a manteiga de alho assado. Sirva com uma baguete de crosta crocante, rasgada em pedaços irregulares, para não deixar sobrar nenhuma manteiga no prato.

Vieiras, pimenta vermelha

Misture vieiras com azeite, pimenta vermelha suave bem picadinha, um pouco de pimenta-do-reino e deixe de molho por mais ou menos meia hora. Enfie as vieiras em espetos de madeira, alternando com grandes pedaços de pepino descascado e sem sementes. Grelhe e sirva com folhas de rúcula, coentro e limão-siciliano.

Cordeiro com berberé. O mistério da pimenta-longa, cominho-preto, pimenta vermelha e manjericão
Passe azeite em costeletas de cordeiro e polvilhe com um mix de temperos berberé*. Grelhe e sirva com uma salada de laranja e hortelã.

Camarões graúdos grelhados, maionese de alho
Descasque e amasse um dente de alho com um pouco de sal, misture 2 gemas de ovo e um pouco de suco de limão. Com um batedor de arame, mexa e adicione aos poucos, gota a gota no começo, 125 ml de óleo de soja ou de girassol e 125 ml de azeite, para fazer uma maionese. Numa panela, coloque camarões graúdos inteiros, crus e com casca com um pouco de óleo de soja ou girassol e grelhe até ficarem rosados e crepitantes. Sirva com a maionese de alho.

Os aromas antigos do za'atar e azeitonas
Tempere filés ou costeletas de cordeiro com azeite, sal e pimenta. Enquanto a carne estiver grelhando, polvilhe com za'atar** e adicione um pouco mais de azeite. Deixe grelhando por alguns minutos, tomando o cuidado de não queimar o tempero. Espalhe azeitonas verdes e finalize com um pouquinho de limão.

Alho negro e azeitonas pretas. Uma brisa do sudoeste da França
Descasque uma cabeça de alho negro*** e misture com um pouco de azeite até formar uma pasta grossa. Adicione algumas azeitonas pretas bem picadas e folhas de tomilho, espalhe sobre filés ou costeletas de cordeiro e grelhe.

---

* O tempero berberé é um mix de temperos etíopes que pode ser encontrado pela internet. Você também pode improvisar misturando pimenta vermelha em pó, arruda, alho, gengibre, manjericão, cominho-preto, feno-grego, sementes de coentro e páprica. (N. T.)
** O za'atar é um mix de temperos feito com tomilho, segurelha, sumagre e, às vezes, gergelim; pode ser encontrado em empórios árabes. Costuma ser usado no tempero de pão sírio. (N. T.)
*** O alho negro é um alho fermentado doce, frutado e macio e pode ser encontrado pela internet em lojas especializadas. (N. T.)

Frango grelhado cítrico e apimentado

coxa e sobrecoxa de frango, limão, limão-siciliano, pimenta-malagueta em flocos

Desosse **2 coxas** e **2 sobrecoxas de frango** com uma faquinha afiada, enrole cada pedaço retangular de frango num filme de PVC e bata com um rolo de macarrão até a carne ficar uns cinquenta por cento maior que seu tamanho original.

Com a ponta de uma faca faça vários talhos na pele e na carne, mais ou menos até o meio, sem atravessá-las. Esfregue uma colher de chá rasa de sal marinho na pele, colocando um pouco dentro dos cortes, **raspas de um limão**, **raspas de um limão-siciliano** e uma pitada de **pimenta-malagueta em flocos**.

Coloque o frango com a pele para cima no forno elétrico, pincelando com um pouco de óleo se a carne parecer um pouco seca, e cozinhe por 6–9 minutos, até a carne ficar crepitante e dourada.

Esprema **suco de limão** e **suco de limão-siciliano** sobre o frango, tempere com sal e coma imediatamente. Sirva com pão macio e manteiga. Talvez um arroz pilaf.

Para 2 pessoas. Frango exuberante.

Uma dica
Acho que o melhor jeito de fazer frango grelhado é colocar uma coxa ou sobrecoxa numa chapa ondulada quente. Essas peças são fáceis de desossar. A sobrecoxa é ainda mais fácil. Coloque a peça numa tábua com o lado mais carnudo para baixo. Faça dois cortes profundos com uma faca pequena e afiada, acompanhando a extensão dos dois ossos. Com a faca, vá fazendo pequenos movimentos para separar a carne dos ossos, até ter dois ossos limpos e um pedaço mais ou menos retangular de frango. Não descarte a pele.

Frango com tomilho, sal marinho, manteiga e limão-siciliano
Derreta um pouco de manteiga e misture folhas picadas de tomilho fresco. Grelhe a coxa ou sobrecoxa desossada como na receita. Enquanto o frango está grelhando, pincele com a manteiga. Quando ele estiver dourado dos dois lados e a pele estiver crocante, polvilhe com sal marinho e finalize com uma boa dose de suco de limão-siciliano.

Soja escura e mel dourado, o calor da pimenta vermelha
Faça uma mistura de molho de soja envelhecido chinês ou shoyu e mel (use a mesma medida de cada), adicione uma pimenta vermelha picante bem picadinha e passe no frango enquanto grelha. Sirva com um limão cortado ao meio ou em quatro.

Frango com missô – talvez a minha receita de *fast food* favorita
É isso mesmo, eu admito. Numa panela pequena, aqueça 6 colheres de sopa de mirin, 2 colheres de sopa de missô branco e um pouco de óleo. Coloque as sobrecoxas desossadas de frango na mistura, mexa bem para recobrir toda a carne e asse no forno elétrico, regando regularmente até a pele ficar dourada e crocante.

Cordeiro grelhado com queijo feta e hortelã

costeleta de cordeiro, queijo feta, hortelã, iogurte, alho

Descasque e amasse **1 dente de alho** e misture em um prato raso com 6 colheres de sopa de azeite e uma pitada de sal e de pimenta. Coloque **6 costeletas de cordeiro** na mistura de azeite e mexa para cobrir bem as peças com o molho. Deixe em local fresco por uma hora ou mais.

Para fazer o creme de queijo com hortelã, coloque **200 g de queijo feta** num processador de alimentos e bata rapidamente. Adicione **4 colheres de sopa de iogurte**, **10 ou mais folhas de hortelã**, uma pitada de pimenta-do-reino e bata rapidamente por alguns segundos, até formar um creme espesso. Usando um pão-duro, retire o molho do processador, coloque numa tigela e leve à geladeira.

Grelhe as costeletas no forno elétrico até ficarem douradas por fora, os ossos ficarem um pouco chamuscados e o interior ficar rosado. Retire as costeletas do forno e coloque em pratos aquecidos, com generosas colheradas do creme de feta.

Para 2 pessoas. Tudo bem comer com as mãos.

Asinha de frango com chutney de cebola e umeboshi

asinha de frango, cebola, ameixa umeboshi, açúcar

Descasque e fatie **1 cebola grande** e refogue com **1 colher de sopa de óleo de soja ou de canola** até ficar macia, numa frigideira rasa em fogo médio. Enquanto a cebola refoga, retire e descarte as sementes de **200 g de ameixas umeboshi** e pique a fruta.

Quando a cebola começar a ficar cor de mel, adicione o umeboshi e 100 ml de água. Continue cozinhando por 10 minutos e adoce com **açúcar** a gosto. Comece com uma pitada e vá adicionando até o molho ficar salgado, azedo e doce. Cozinhe em fogo baixo para reduzir e formar um molho espesso e grudento. Desligue o fogo e reserve.

Com um pouco de óleo, frite **12 asinhas de frango grandes**, até ficarem douradas por inteiro, e misture-as no molho de ameixa e cebola deixando-as quase cobertas.

Aqueça um forno elétrico ou churrasqueira. Asse as asinhas, cobertas com um pouco do molho, numa chapa de grelhar até ficarem ligeiramente crocantes e douradas. Sirva com o que sobrou do molho de umeboshi e cebola.

Para 2–3 pessoas. Salgado, frutado, curiosamente viciante.

Algumas dicas

- As ameixas umeboshi são caras e não é algo que você vai encontrar no mercadinho da esquina, mas eu adoro essa receita. Você pode encontrá-las em lojas de produtos japoneses ou pela internet. Não se engane: essas ameixas são impiedosamente salgadas e azedas e é melhor não colocar nenhum sal no chutney. Comece com uma pequena quantidade de açúcar e vá adicionando mais a gosto, mas cuidado para não passar do ponto e perder o salgado e o azedo do umeboshi.
- Refogue as cebolas lentamente, para ficarem bem doces e macias antes de adicionar o umeboshi. Quanto mais tempo levar, melhor.
- Você também pode usar o chutney em costeletas de porco assadas.

Bisteca de porco com chutney de ameixa

bisteca de porco, ameixa, cebola, baga de zimbro, cravo, açúcar, pimenta-longa, vinagre de vinho tinto, alho, açúcar

Pique **1 cebola grande** em fatias grossas. Retire e descarte as sementes de **500 g de ameixas frescas**. Coloque as cebolas e as ameixas numa panela funda e adicione **4 bagas de zimbro amassadas**, **2 dentes de alho**, **3 colheres de sopa de açúcar**, **2 pimentas-longas** e uma generosa pitada de sal. Cozinhe em fogo baixo ou médio por uns de 15 minutos, adicione **3 colheres de sopa de vinagre de vinho tinto** e prove o tempero. Grelhe **4 bistecas de porco** e sirva com o chutney morno.
Para 4 pessoas. Carne adocicada, molho aromático de ameixa.

Algumas dicas
- A pimenta-longa é uma pimenta delicadamente aromática da família da pimenta-do-reino.
- As bagas de zimbro não são frutos, mas sim pinhas do zimbreiro. São usadas como tempero, dando um sabor agridoce acentuado e ligeiramente apimentado. Elas podem ser encontradas para vender pela internet.

Molho doce com alho
Cozinhe em fogo baixo uma pimenta vermelha ou caiena cortada em fatias bem finas, com azeite, alho e cebola roxa bem fatiada. Quanto mais tempo você deixar cozinhando, mais doce e pegajoso vai ficar. Finalize com manjericão e sirva com as costeletas.

Pera, nozes, echalote, vermute
Descasque 1 echalote grande, corte ao meio no sentido do comprimento, separe as camadas e cozinhe na manteiga, numa frigideira rasa. Enquanto as echalotes amolecem, corte e adicione à panela 1 pera cortada em fatias grossas. Coloque também algumas fatias mais finas de pera para elas formarem um molho espesso enquanto cozinham. Adicione algumas nozes. Por fim, despeje um pouco de vermute branco. Cozinhe por mais 5 minutos e sirva com as costeletas.

Um acompanhamento suculento
Refogue 1 echalote picada no azeite, acrescente alguns aliches picados. Cozinhe até as echalotes se desfazerem e adicione champignon cortado em fatias finas e salsa picada.

Costeleta de cordeiro com mostarda e coco

costeleta de cordeiro, creme de coco, coentro em pó, semente de mostarda-preta, pimenta-do-reino, alho, gengibre, couve

Coloque **160 ml de creme de coco** numa tigela rasa. Adicione **2 colheres de chá de coentro em pó**, **2 colheres de sopa de sementes de mostarda-preta** e uma pitada de **pimenta-do-reino**. Pique bem **2 dentes de alho**. Descasque **1 pedaço de uns 3 cm de gengibre fresco**, corte em finas fatias, do tamanho de palitos de fósforo, e misture-o com o alho ao creme de coco. Coloque **6 costeletas de cordeiro** no creme de coco e deixe por 15 minutos.

Aqueça uma panela de grelhar ou um forno elétrico e grelhe as costeletas até dourarem um pouco. Vai soltar um pouco de fumaça. Pique **300 g de couve-crespa** em tiras e refogue rapidamente com um pouco de manteiga ou óleo.

Para 2 pessoas. Costeletas crepitantes.

Algumas dicas
- As pequenas costeletas de cordeiro não precisam ficar muito tempo de molho – uns 15 minutos bastarão.
- Escolha costeletas mais magras para não soltar muita fumaça ao grelhar.
- Deixe os ossos ficarem marrons e até tostarem um pouco; eles são bons para pegar com a mão ao comer a carne.
- Você pode fazer o creme de coco deixando leite de coco por um dia na geladeira e tirando com uma colher a parte espessa que se forma na superfície – esse é o creme de coco.

Uma versão com carne de porco
Você pode substituir o cordeiro por carne de porco cortada em tiras mais ou menos na espessura de um dedo. Adicione cerca de uma colher de chá de sementes de cominho ao tempero. Inclua um pouco de cebolinha picada ou echalote bem picada. Use iogurte grego natural no lugar do creme de coco. Sirva com folhas de coentro picadas em pedaços irregulares.

Arenque defumado grelhado, purê de beterraba e wasabi

arenque defumado, beterraba, wasabi, manteiga

Esfregue a casca, mas sem retirá-la, de **4 beterrabas médias vermelhas ou douradas**. Ferva as beterrabas inteiras com bastante água levemente salgada por 30 minutos ou mais, dependendo do tamanho. Elas devem ficar bem macias. Retire a pele das beterrabas – você deve conseguir retirar a pele só esfregando o polegar –, pique-as e amasse-as com um espremedor de batatas antes de colocá-las de volta na panela. Misture **50 g de manteiga** e tempere com sal e um pouco de **wasabi**.

Enquanto as beterrabas cozinham, pegue uma chapa ondulada ou panela de grelhar quente, pincele **2 arenques defumados** com um pouco de óleo e grelhe por uns 3–4 minutos de cada lado. Você também pode fritá-los numa frigideira rasa com um pouco de **manteiga**. Sirva com o purê de beterraba e wasabi.

Para 2 pessoas. Peixe defumado, beterrabas doces, wasabi picante.

Uma dica
A beterraba dourada me parece menos doce que as variedades comuns, avermelhadas, mas pode ser coisa da minha cabeça. As duas variedades são boas para fazer o purê. O calor do wasabi cai muito bem com o sabor terroso e adocicado da beterraba.

Hadoque grelhado, molho de salsa, purê de limão com azeite
Um molho de salsa para acompanhar o hadoque grelhado na frigideira. Para fazê-lo, basta adicionar *crème fraîche* com um punhado de salsa fresca picada à frigideira, depois de fritar o peixe, e cozinhar em fogo baixo por um ou dois minutos. Sirva com purê de batatas com azeite e suco de limão (adicione o suco de limão ao azeite antes de misturá-lo às batatas).

Hadoque defumado, bacon, purê com couve
Grelhe ou asse o hadoque defumado. Frite o bacon e faça um purê batatas e com couve picada em pedaços médios.

Salmão, creme de ervilhas
Ferva e escorra ervilhas verdes e bata-as rapidamente num processador de alimentos com manteiga e algumas folhas de hortelã até formar um purê. Sirva com salmão assado ou grelhado.

Cuscuz, limões, amêndoas, lulas

cuscuz, limão, limão-siciliano em conserva, amêndoa salgada, lula, azeitona verde, salsa, pimenta-do-reino

Coloque **125 g de farinha de milho pré-cozida para cuscuz** com o **suco de um limão** de molho em água fervente ou em caldo de carne, até dobrar de volume. Adicione as metades amassadas do limão ao cuscuz, para dar sabor. Corte **1 limão-siciliano em conserva** em cubinhos, descartando a polpa. Misture com um punhado de **amêndoas tostadas**, um punhado de **azeitonas verdes sem caroço**, um pouco de **suco de limão** e bastante **salsa picada** e adicione ao cuscuz. Finalize com **pimenta-do-reino** e um pouquinho de **azeite de oliva** bem frutado.

Com uma faca afiada, faça talhos não muito profundos em **500 g de lulas limpas** e corte-as em pedaços grandes. Grelhe as lulas por alguns minutos até ficarem ligeiramente cozidas, com a superfície um pouco tostada aqui e ali. Coloque sobre o cuscuz.

Para 2 pessoas. Cuscuz quente. Lula grelhada. Uma dose refrescante de limão.

No fogão

Meu primeiro apartamento não tinha forno; eu tinha de preparar o jantar em um fogão elétrico com duas bocas. E algumas receitas ficavam excelentes: curry de legumes, guisado de cordeiro, frango salteado e infinitas massas. Os pratos preparados no fogão numa frigideira alta ou numa panela mais funda em geral levam mais tempo para ficar prontos que os pratos feitos na frigideira rasa. As panelas mais fundas permitem cozinhar a comida imersa em líquidos e em quantidades maiores. Você pode preparar um macarrão, cozinhar uma carne no molho, fazer arroz basmati no vapor ou preparar uma sopa.

    Esses pratos geralmente são feitos numa única panela, seja no fogão a gás ou elétrico, borbulhando pacientemente em fogo baixo ou cozinhando aos poucos até os ingredientes ficarem tenros. A maioria dos alimentos, mas não todos, pede algum tipo de tampa durante seu cozimento. Estamos falando de frango frito com molho, guisados lentos e cozidos no próprio suco, um risoto, moluscos preparados no vapor. E depois temos as massas, é claro: emaranhados de talharim com molho de tomate. Sem falar do cuscuz, das lentilhas e do feijão.

Tampamos a panela para impedir que o líquido evapore e cozinhar mais lentamente do que numa panela rasa e aberta, dando tempo para os ingredientes cozinharem por inteiro, até o centro. Em geral, começamos dourando ligeiramente a superfície do alimento e adicionando algum líquido antes de tampar a panela. Nem todas as minhas panelas têm tampa e, às vezes, eu tenho de usar um prato.

A tampa também permite que o alimento cozinhe no próprio vapor. Mexilhões e vôngoles, por exemplo, soltam caldo e cozinham em questão de segundos. Prendemos o vapor que esses ingredientes produzem para a comida cozinhar mais rápido. Às vezes tampamos bem a panela para não deixar nenhum vapor escapar; outras vezes, deixamos a panela entreaberta.

Eu tenho várias panelas diferentes, que têm me acompanhado pela vida como velhas amigas: uma panela de ferro fundido, cuja base espessa me permite cozinhar por inteiro uma peça de carne; um conjunto de panelas de aço inoxidável que comprei duas décadas atrás (o melhor investimento que já fiz); uma frigideira sauté de cobre, com as bordas arredondadas e uma tampa, para cozinhar pedaços de frango; e uma grande panela alta para a massa nadar livremente na água fervente. Não são muitas, admito, mas não costumo precisar de mais nada.

Muitas vezes o truque para cozinhar no fogão é saber controlar o fogo – fogo alto no começo para formar uma crosta e fogo médio a baixo para cozinhar por inteiro a carne, o peixe ou os legumes. Se deixarmos o fogo bem baixinho ou usarmos um difusor de calor, podemos deixar a comida cozinhando e fazer outras coisas. Em geral, precisamos cuidar de qualquer comida preparada no fogão, mesmo que seja só para mexer de vez em quando. A distração já me fez queimar muita sopa (e muito grão-de-bico). Leva um tempo aprendermos os meandros de um fogão a gás ou elétrico.

Eu tendo a pensar no fogão como o lar do jantar barato. Mais em conta que os pratos assados no forno, é no fogão que faço um macarrão, uma sopa nutritiva, um caldo de lamen ou uma grande panela de mexilhões. É lá que cozinho lentilhas para fazer um molho à bolonhesa, preparo frango para fazer uma salada ou faço um purê de batatas para comer com linguiça. Gosto de cozinhar no fogão porque normalmente eu saio mais satisfeito só de mexer o conteúdo da panela. Em vez de abrir a porta do forno, pegar um pano e tirar a assadeira, basta abrir a tampa da panela e você entra imediatamente em contato com a comida. É o tipo de comida que enche a casa de aromas enquanto cozinha, que nos atrai para a mesa. A alegria de mexer o alimento na panela enquanto bebemos e conversamos com a família ou os convidados. Cozinhar no fogão nos aproxima mais da comida do que assá-la no forno. No fogão, podemos cheirar, espiar, mexer, provar. É cozinhar com as mãos na massa.

Alguns pratos favoritos feitos no fogão

Purê de feijão-branco, manteiga e especiarias, pão sírio quentinho
Cozinhe feijão-branco e faça um purê. Torre algumas sementes de cominho, coentro em pó e pimenta vermelha em pó numa frigideira até ficarem bem aromáticos e adicione ao purê. Misture um pouco de manteiga derretida no purê de feijão e coma com pão sírio quentinho. Ou sirva acompanhando pernil de porco ou costeletas de cordeiro grelhadas.

Um estrogonofe de frango
Corte sobrecoxas e peitos de frango em pedaços irregulares (mais ou menos do tamanho de uma noz com casca) e passe-os numa mistura de páprica moída, sal e pimenta. Aqueça um pouco de manteiga e óleo numa frigideira rasa, adicione uma cebola em rodelas e refogue-as até amolecer. Acrescente um punhado de pequenos cogumelos cortados em quatro, deixe-os dourar e reserve numa tigela. Adicione um pouco mais de manteiga à frigideira. Quando começar a formar espuma, adicione o frango e espere pegar cor. Junte a cebola e os cogumelos ao frango, misture uma porção generosa de mostarda de Dijon, sal e pimenta e um pote de *crème fraîche*. Cozinhe em fogo baixo por 6–7 minutos. Coma com macarrão, pão ou arroz.

Feijão e bacon

bacon defumado, grão-de-bico, feijão-manteiga, cebola, alho, páprica, *crème fraîche*

Descasque **1 cebola média** e pique-a em pedaços médios. Aqueça uma fina camada de **azeite** numa frigideira funda e refogue a cebola em fogo médio, até ficar macia. Descasque e amasse **1 dente de alho grande** e adicione à frigideira. Coloque **250 g de grão-de-bico cozido e escorrido** e **250 g de feijão-manteiga cozido e escorrido** numa panela com **2 colheres de sopa de óleo** e deixe 5 minutos no fogo, até os grãos aquecerem por inteiro. Adicione a cebola e o alho refogados.

Tempere a cebola e as leguminosas com um pouco de **páprica moída**, sal e pimenta-do-reino. Bata tudo no processador de alimentos rapidamente e misture **2 colheres de sopa de *crème fraîche***. Frite **8 fatias de bacon defumado** até ficarem bem crocantes. Sirva com o purê de feijão.

Para 2 pessoas. Uma refeição leve. O sabor terroso do purê. O calor das especiarias. Bacon crocante.

Algumas dicas

- Você pode passar o purê numa fatia de pão italiano e colocar o bacon por cima.
- O feijão-manteiga e o feijão cannellini resultam num purê mais uniforme. O grão-de-bico produz uma textura um pouco mais granulada.
- Aqueça 250 g de feijão cozido e escorrido com um pouco de azeite e bata no processador para fazer uma pasta para servir com baguete ou pão italiano aquecidos.

Feijão ao creme, pão de alho, azeite

Pegue 250 g de feijão-manteiga, grão-de-bico ou feijão-branco quente, cozido e escorrido. Amasse com um espremedor de batatas, um garfo ou bata no processador com 1 ou 2 colheres de sopa de azeite e tempere com sal, pimenta-do-reino e suco de limão-siciliano. Misture 1 dente de alho amassado com um pouco de manteiga, passe num pedaço de baguete e espalhe uma generosa camada do purê de feijão. Regue com azeite, talvez um azeite intenso e frutado.

Feijão-manteiga, ervas verdes, azeite

Aqueça por alguns minutos uns 400 g de feijão-manteiga ou feijão-branco cozido e escorrido numa caçarola, com 2 colheres de sopa de azeite e um pouco de sal e pimenta. Amasse os feijões com um garfo ou espremedor de batatas (não precisa caprichar muito), passe numa baguete torrada e jogue por cima salsa picada, manjericão e algumas alcaparras. Regue com azeite e finalize com uma pitada de pimenta.

Pipoca de pele de frango

pele de frango, milho de pipoca, manteiga, alecrim

Preaqueça o forno a 180°C. Retire **a pele de 4 sobrecoxas de frango** com uma faca pequena, espalhe as peles numa assadeira e tempere levemente com sal grosso e pimenta-do-reino. Asse por 20–25 minutos até ficarem crocante e douradas. Retire do forno e deixe sobre um papel toalha para deixá-las ainda mais crocantes.

Derreta **50 g de manteiga** numa frigideira pequena, adicione **1 colher de sopa cheia de folhinhas de alecrim bem picadinhas** e frite-as rapidamente, até ficar aromático.

Desfaça a pele de frango em pedacinhos e tempere generosamente com sal marinho. (Só você sabe quanto sal prefere colocar na sua pipoca, mas comece com meia colher de sopa.)

Derreta mais **30 g de manteiga** numa panela funda. Adicione **150 g de milho de pipoca** e cubra com uma tampa. Aqueça a pipoca em fogo médio até começar a estourar, agitando vigorosamente a panela de tempos em tempos, para não queimar.

Assim que todo o milho estourar – alguns grãos mais teimosos podem se recusar –, despeje por cima a manteiga de alecrim derretida e adicione os pedaços de pele de galinha.

Para 4 pessoas. Um lanche saboroso. Uma pipoca apetitosa e escandalosamente salgada.

Mexilhões com vôngole e linguiça

mexilhão, vôngole, linguiça defumada, xerez seco

Limpe **500 g de mexilhões** e **500 g de vôngoles**, descartando os mariscos com conchas rachadas ou quebradas, que parecerem sem vida ou claros demais e os que estiverem abertos e se recusarem a se fechar quando batidos levemente em alguma superfície dura, como a borda da pia da cozinha. Puxe as barbas dos mexilhões e remova quaisquer cracas raspando com uma faca.

Retire a pele de **200 g de linguiça defumada** e corte-a em pedaços pequenos. Esquente um wok ou uma frigideira com **1 colher de sopa de óleo** e adicione a lingüiça. Deixe pegar um pouco de cor, sacudindo a panela para não queimar. Despeje **1 taça de xerez seco** e deixe ferver rapidamente (você quer o sabor, não o álcool). Coloque os mexilhões e os vôngoles lavados e deixe cozinhando por 1–2 minutos, até as conchas abrirem, descartando qualquer marisco que não abrir. Tempere levemente.

Sirva imediatamente, com o caldo e um pouco de pão para aproveitá-lo.

Para 2 pessoas. Mariscos, xerez e linguiça.

Uma dica
Para essa receita, eu gosto de usar uma linguiça defumada grossa, não muito dura nem muito macia. Um chouriço mais firme precisa ser cortado em fatias bem finas para não ficar borrachento, apesar do pouco tempo de cozimento. Também costumo escolher uma linguiça apimentada, que cai bem com os sucos do vôngole, mas você pode usar uma mais suave, se preferir. Eu, particularmente, gosto de usar uma linguiça ao mesmo tempo apimentada e adocicada.

Mexilhões adocicados, bacon defumado crocante
Corte 200 g de bacon defumado em cubos grandes e frite-os numa frigideira rasa. Assim que começarem a ficar crocantes e transparentes, adicione 750 g de mexilhões pequenos, com concha e tudo. Sacuda a panela para misturar o bacon e os sucos dos mexilhões. Adicione uma taça de vermute e um punhado de salsa picada.

Enrolado de cavala com bacon
Tempere filés de cavala fresca com pimenta-do-reino e enrole-as em uma ou até duas fatias de bacon. Cozinhe no forno elétrico até o peixe ficar macio e o bacon, crocante. Coma com uma salada de bulbos de erva-doce cortados em fatias finas, endro e suco de limão-siciliano.

Pancetta, salmão, baguete crocante
Corte fatias finas de pancetta em pedaços do tamanho de um selo e frite-os numa frigideira antiaderente por alguns minutos. Adicione pedaços frios de salmão cozido e cozinhe sacudindo a frigideira de vez em quando, para não grudar. Tente não quebrar o salmão. Abra fatias de baguete crocante e passe uma generosa camada de maionese. Coloque o salmão e a pancetta por cima da maionese e esprema um pouco de suco de limão-siciliano.

Bolonhesa de lentilha

lentilha, cenoura, cebola, caldo de legumes, *crème fraîche*, vinagre balsâmico, talharim

Corte **2 cenouras** em cubos pequenos, descascando-as se preferir, e refogue-as numa panela funda em fogo médio, com **3 colheres de sopa de azeite**. Descasque e corte **1 cebola** em fatias finas, adicione-a à panela e cozinhe por uns bons 15 minutos, até dourar bem a cebola e a cenoura ficar ligeiramente dourada.

Adicione **200 g de lentilhas** cozidas e escorridas à panela, despeje **1 litro de caldo de legumes** e deixe levantar fervura. Abaixe o fogo e cozinhe até as lentilhas ficarem macias, o que deve levar uns 25–40 minutos. Tempere com sal ao final do cozimento.

Para fazer o macarrão, coloque uma panela grande de água para ferver e salgue generosamente. Cozinhe **300 g de talharim** até ficar *al dente*.

Enquanto o macarrão cozinha, retire metade das lentilhas e um pouco do caldo e bata rapidamente no processador de alimentos ou no liquidificador, até formar um purê rústico. Coloque o purê de volta à panela e mexa. Misture **2 colheres de sopa de** *crème fraîche* e **1 colher de sopa de vinagre balsâmico** e prove o tempero. Leve ao fogo até quase ferver.

Escorra o macarrão, divida entre tigelas aquecidas e coloque o ragu de lentilha por cima.

Para 4 pessoas. Simples, frugal e farto.

Para acompanhar
Qualquer macarrão em formato de fita combina com o ragu de lentilhas, ou algum formato menor que retém o molho, como o orecchiette.

Lentilhas e cebolas douradas, bacon defumado, *crème fraîche*
Cozinhe lentilhas em água fervente até ficarem macias e escorra-as. Refogue 1 cebola cortada em fatias finas com azeite ou manteiga até dourar um pouquinho. Adicione 4 fatias picadas de bacon defumado e deixe cozinhar até o bacon chiar e a cebola dourar. Misture as lentilhas, um pouco de salsa picada e 1 ou 2 colheres de sopa de *crème fraîche*. Coma com arroz, macarrão ou como acompanhamento.

Lentilhas, ervilhas e salmão grelhado
Ferva lentilhas, escorra-as e misture com favas cozidas quentes sem casca, ervilhas cozidas e cebolinhas bem picadas. Adicione 2 ou 3 colheres de sopa de azeite e pedaços grandes de salmão grelhado. Pode servir como uma guarnição.

Queijo de cabra, lentilhas, azeite
Cozinhe as lentilhas em fogo baixo com um caldo de legumes, até ficarem macias, e escorra. Misture com um pouco de azeite de oliva, sal e pimenta. Sirva quente, com grossas fatias de queijo de cabra por cima. Ou asse, no papel alumínio, queijo feta com folhas de tomilho e um pouco de azeite e coloque-o sobre as lentilhas cozidas.

Orecchiette com ricota e fava

orecchiette, ricota, fava

Adicione **400 g de favas** em água fervente com um pouco de sal, cozinhe-as por 7–8 minutos, dependendo do tamanho das favas, e escorra numa peneira. Cozinhe **250 g de orecchiette** ou outro macarrão de tamanho médio em bastante água fervente generosamente salgada, até ficar *al dente*. Enquanto o macarrão cozinha, descasque as favas. Descarte as cascas e misture as favas com um pouco de azeite. Escorra o macarrão, coloque-o numa tigela grande e adicione as favas.

Misture **1 ou 2 colheres de sopa de azeite** com **200 g de ricota** – a mistura pode talhar um pouco – e tempere com pimenta-do-reino. Coloque generosas colheradas da mistura de ricota por cima do macarrão e sirva.

Para 3 pessoas. Sabores delicados. O casamento do quente com o frio.

Uma variação

Estragão, hortelã e cerefólio ou salsa picados são ervas que combinam com essa receita. Para uma explosão de sabores, espalhe parmesão ralado, pedacinhos de queijo pecorino ou lascas de ricota. Ervilhas sem casca darão um toque adocicado, enquanto champignon fatiado e refogado em um pouco de manteiga dá um toque terroso. A receita é suave, então não é interessante acrescentar nada robusto ou intenso demais.

Outros sabores delicados para massas de verão

- Adicione vagens ligeiramente cozidas ao talharim com um pouco de *crème fraîche*, parmesão e raspas de limão.
- Aqueça creme de leite fresco numa panela pequena, adicione pimenta-do-reino, pedaços de salmão cozido e endro picado. Misture com o macarrão.
- Ferva e escorra ervilhas congeladas sem casca, misture-as com um pouco de macarrão, agrião, manjericão e *crème fraîche* morno.
- Escorra o óleo de alcachofras em conserva, fatie-as e aqueça-as com salsa picada, suco de limão-siciliano e pedaços de presunto cru. Sirva com qualquer macarrão em formato de fita, como o talharim.
- Pique alguns punhados de ervas frescas mistas, como manjericão, estragão, endro, salsa e cebolinha. Misture-as com manteiga amolecida (mas não derretida) e um pouco de sal e pimenta-do-reino. Escorra macarrão cozido – a receita fica perfeita com fettuccine ou talharim – e misture com a manteiga temperada.

Ragu de frango light

frango, alho, cebolinha, tomilho-limão, salsa, farinha de trigo, limão-siciliano, caldo de galinha, talharim ou fettuccine

Corte **400 g de filé de peito de frango** em cubos bem pequenos. Descasque e corte em fatias finas **2 dentes de alho** e pique **1 cebolinha**. Doure ligeiramente o frango com um pouco de **óleo** ou **manteiga**. Quando começar a pegar cor, adicione o alho e a cebolinha. Misture **1 colher de sopa de tomilho-limão**, **2 colheres de sopa de salsa picada**, um pouco de sal e pimenta e **2 colheres de sopa de farinha de trigo**. Cozinhe por 1–2 minutos e despeje **400 ml de caldo de galinha quente**. Deixe em fogo baixo por 15 minutos, mexendo regularmente. Prove o tempero e finalize com um pouco de **suco de limão-siciliano**.

Cozinhe **125 g de talharim ou fettuccine** em água generosamente salgada, escorra e misture com o molho ragu, sacudindo a panela.

Para 2 pessoas. Leve, cremoso e fresco. Uma variação do molho ragu tradicional, escuro.

Ragu de fígado e bacon. Profundidade incrível para um ragu de cozimento rápido.
Corte em cubos 8 fatias grossas de bacon defumado e cozinhe-os em fogo baixo numa frigideira antiaderente. Descasque uma cebola roxa e corte-a em cubos. Quando a gordura do bacon começar a sair, coloque a cebola e refogue por 5 minutos. Pique 6 cogumelos Portobello, misture com o bacon e a cebola e continue cozinhando até os cogumelos ficarem reluzentes e macios. Empurre tudo para um lado da frigideira, adicione 250 g de fígado de cordeiro cortado em cubinhos e cozinhe por 2–3 minutos. Corte 12 tomates-cereja e acrescente. Deixe os tomates cozinharem por alguns minutos e adicione cerca de 1 xícara de caldo de carne. Cozinhe em fogo baixo por 5–10 minutos, raspando o que ficar grudado na frigideira para misturar ao molho. Faça isso até o molho reduzir um pouco – ele não deve engrossar muito.

Cozinhe 125 g de fettuccine em água fervente generosamente salgada. Escorra o macarrão e sacuda a panela para misturá-lo delicadamente com o molho.

Uma versão vegetariana. Ragu de alho-poró e queijo Caerphilly
Corte 2 alhos-porós grandes em fitas longas e finas no sentido do comprimento, como um talharim. Cozinhe-os na manteiga, sem deixar pegar cor, até ficarem macios. Adicione 1 ou 2 dentes de alho picados em fatias finas, uma colher de sopa de estragão picado, um pouco de creme de leite fresco e 150 g queijo Caerphilly em pedaços. Sacuda a panela para misturar com o talharim cozido. Rale uns 100 g de queijo Caerphilly por cima.

Frango e espelta com *ras el hanout*

asinhas de frango, espelta sem casca, *ras el hanout**, couve, manteiga

Frite **8 asinhas de frango** numa caçarola de vidro refratário com **3 colheres de sopa de óleo**. Quando começar a dourar, acrescente **2 colheres de sopa de *ras el hanout***. Adicione **200 g de espelta sem casca** e despeje 400 ml de água fervente. Deixe levantar fervura, tampe, leve ao forno aquecido a 180°C e asse por 35–40 minutos, até o líquido ser absorvido. Pique em tiras **4 folhas de couve**, coloque na panela com **30 g de manteiga** e refogue rapidamente antes de servir.

Para 2–3 pessoas. Grãos tenros. O calor das especiarias marroquinas.

Com *prosciutto*, *crème fraîche* e estragão

Refogue 2 filés grandes de peito de frango com um pouco de azeite em fogo baixo ou médio, virando regularmente e regando à medida que cozinham. Retire da frigideira assim que começarem a soltar um caldo quando furados com um palito na parte mais grossa. Rasgue 4 fatias finas de *prosciutto* e pique um punhado de estragão. Adicione um pouco de manteiga à frigideira, seguida do *prosciutto* e do estragão. Misture 1 ou 2 colheres de sopa de *crème fraîche* e acrescente o frango reservado e quaisquer sucos que ele tiver soltado. Esse prato cai bem com vagens. Para 2 pessoas.

Com molho de tomate e muçarela

Corte 1 ou 2 dentes de alho, aqueça-o no azeite, adicione 1 lata de tomates picados, um punhado de folhas de manjericão rasgadas e um pouco de sal e pimenta-do-reino. Cozinhe em fogo baixo por 6–7 minutos. Doure 4 filés de frango com um pouco de óleo, coloque-os numa assadeira, despeje o molho e cubra com fatias grossas de muçarela. Espalhe parmesão ralado por cima e leve ao forno a 180°C por 25 minutos. Para 4 pessoas.

Frango, condimentos terrosos, damascos agridoces

Doure 6 sobrecoxas de frango numa frigideira funda com óleo, adicione 1 cebola cortada em fatias finas e 1 ou 2 dentes de alho fatiados, seguidos de 2 colheres de sopa de *ras el hanout*. Acrescente um punhado de damascos secos, 2 tomates picados e 800 ml de caldo de galinha. Deixe levantar fervura, tempere, tampe e cozinhe lentamente em fogo baixo por mais ou menos uma hora. Para 3 pessoas.

---

* O *ras el hanout* é uma mistura marroquina de especiarias e pode ser encontrado na internet ou empórios especializados. Caso não encontre, você pode improvisar o seu fazendo uma mistura de sal, cardamomo, cravo, canela, pimenta, coentro, cominho, cúrcuma e noz-moscada em pó. (N. T.)

Hadoque defumado com lentilha

hadoque defumado, lentilha verde, cenoura, cebola, caldo de legumes, creme de leite fresco, salsa, louro, pimenta-do-reino em grãos

Coloque **250 ml de creme de leite fresco** numa panela rasa. Adicione à panela um pedaço de uns **350 g de hadoque defumado sem pele**, **6 grãos de pimenta-do-reino** e **3 folhas de louro**. Deixe levantar fervura, desligue o fogo e tampe. O peixe vai continuar cozinhando no calor residual.

Corte em cubos pequenos **1 ou 2 cenouras médias** e **1 cebola**. Refogue com umas **3 colheres de sopa de manteiga** em fogo médio por 5 minutos, adicione **150 g de lentilhas verdes** e **400 ml de caldo de legumes**. Deixe levantar fervura, abaixe o fogo e cozinhe em fogo baixo por 20 minutos, até as lentilhas ficarem quase macias, e misture o creme do peixe. Deixe cozinhar até o líquido reduzir o suficiente para só cobrir as lentilhas. Adicione um bom punhado de **salsa picada** e tempere com sal e pimenta, misturando com cuidado. Divida entre 2 pratos, colocando o hadoque por cima das lentilhas.

Para 2 pessoas. O aconchego do peixe defumado e do creme de leite.

Hadoque defumado, o aconchego dos cogumelos e do creme

Corte em fatias finas um punhado de champignons e cozinhe-os numa frigideira antiaderente rasa, com um pouco de manteiga, até ficarem macios e ligeiramente dourados. Adicione 250 g de feijão-branco cozido e escorrido e leve ao fogo para aquecê-lo, mexendo de vez em quando. Em outra panela, coloque 1 ou 2 filés de hadoque defumado, de mais ou menos 200 g cada, com 400 ml de creme de leite fresco. Adicione 1 ou 2 folhas de louro, 6 grãos de pimenta-do-reino e cozinhe em fogo baixo por uns 12 minutos, até o peixe ficar macio. Coloque o peixe nos pratos. Despeje o creme no feijão e nos cogumelos passando por uma peneira, cozinhe rapidamente (se tiver, pode acrescentar um pouco de salsa picada) e coloque colheradas do molho sobre o peixe.

Arenque defumado, feijão-manteiga e creme

Coloque 1 ou 2 filés de arenque defumado numa panela rasa. Adicione creme de leite fresco, o suficiente para cobrir os filés, 6 grãos de pimenta-do-reino, 1 folha de louro e deixe levantar fervura. Abaixe imediatamente o fogo. Cozinhe o creme em fogo baixo por 10 minutos e desligue. Tampe a panela e deixe o creme lá por mais 10 minutos, para pegar o sabor dos arenques, do louro e da pimenta. Escorra 250 g de feijão-manteiga cozido. Quebre o peixe em pedaços e vá retirando os espinhos. Aqueça o feijão em fogo médio com creme suficiente para cobri-lo. Adicione os pedaços de peixe, um pouco de sal, suco de limão-siciliano e, se quiser, um pouquinho de wasabi.

Arenque defumado e vagem

arenque defumado, vagem, creme de leite fresco, louro, pimenta-do-reino em grãos, salsa

Despeje **450 ml de creme de leite fresco** numa panela, tempere com **grãos de pimenta-do-reino** meio moídos e **1 ou 2 folhas de louro**. Cozinhe em fogo médio. Quando o creme quase chegar ao ponto de fervura, quebre **350 g de arenque defumado** em pedaços grandes e adicione à panela. Cozinhe em fogo baixo por 1–2 minutos, desligue o fogo e reserve, para o creme absorver os sabores do arenque.

Retire as pontas de **250 g de vagens** e escalde-as com água salgada. Escorra e misture com o creme e o peixe. Aqueça, tempere e sirva com **salsa picada**.

O suficiente para 2 pessoas. O arenque defumado é um excelente coringa. Tenha sempre na sua despensa.

Uma dica
O arenque defumado inteiro é menos seco e sua carne é mais tenra que os filés. Mas use o que você tiver. Eu gosto de usar pedaços grandes de peixe e aquecê-los no creme de leite, mexendo o mínimo possível para não desfazer os pedaços.

Para variar
- Acrescente outros sabores ao creme, como alguns ramos de tomilho ou 1 ou 2 colheres de sopa de estragão, salsa ou endro picados. Pode ser uma boa ideia acrescentar mostarda, especialmente do tipo granulado. Um pouco de limão-siciliano também cai bem.
- Você pode adicionar tiras levemente salteadas de abobrinha no lugar das vagens.

Espinafre, arenque defumado, fitas de macarrão
Cozinhe o arenque no creme de leite, como na receita. Cozinhe talharim suficiente para 2 pessoas em bastante água salgada. Lave 4 punhados de espinafre e, sem tirar a água, coloque-o numa panela com tampa. Deixe as folhas cozinharem no vapor até murcharem um pouco. Escorra-as numa peneira e enxágue com água corrente fria. Esprema as folhas com as mãos e distribua uns punhados no meio do macarrão com pedaços de arenque defumado. Despeje o creme temperado por cima.

Bagel macio e reluzente. Peixe defumado com creme
Quebre um filé de arenque defumado em pedaços, amasse-o com um garfo (não precisa caprichar muito) e misture com delicadeza um pouco de mostarda em grãos, pimenta-do-reino e creme. Passe em bagels, com algumas fatias de pepino, se quiser.

Ovos mexidos com especiarias

ovo, curry em pó, semente de cominho, pimenta-malagueta em flocos, tomate, cebolinha, coentro

Num processador de alimentos, bata rapidamente **1 tomate grande**, **1 colher de chá de curry em pó**, **1 colher de chá de sementes de cominho** e **1 colher de chá de pimenta-malagueta em flocos**. Coloque a pasta numa frigideira rasa com um pouco de **manteiga** e frite-a levemente em fogo médio, por 4–5 minutos, mexendo regularmente. Pique bem **2 cebolinhas** e adicione-as à pasta de especiarias. Quebre **5 ovos** diretamente na frigideira e mexa rapidamente para misturá-los com a pasta de tomate temperada. Acrescente um pouco de **coentro**. Este é um prato rápido, então chame todo mundo à mesa primeiro e prepare a receita rapidinho. Sirva assim que sair da panela. Para 2 pessoas.

Algumas dicas
- Você pode adicionar nesses ovos de inspiração espanhola camarão refogado, bacon e presunto, ou ainda verduras cozidas e picadas, como espinafre ou couve.
- Cogumelos picados podem ser acrescentados à panela antes da pasta de especiarias, bem como pedaços de linguiça defumada, pimentões ou fatias de lula. Você pode adaptar a receita de acordo com a sua inspiração.

Ovos mexidos, aspargos e camarões graúdos
Esquente manteiga numa panela, adicione algumas tiras de aspargo (eu costumo usar um descascador de legumes), deixe amolecer por um minuto e coloque um punhado de camarões graúdos. Assim que estiverem quentes, adicione os ovos e mexa. Se tiver à mão, pode ser interessante incluir um punhado de estragão.

Ovos mexidos com molho picante
Refogue um tomate bem picado, um pouco de pimenta-malagueta picadinha e cebolinha fatiada com um pouco de manteiga. Misture metade de um abacate em pedaços, um pouco de suco de limão e um pouco de coentro. Use metade desse molho como base para os ovos mexidos, adicionando-os quando o molho estiver quente. Sirva a outra metade como acompanhamento para os ovos.

Ovos mexidos com bacon
Refogue bacon picado em um pouco de manteiga, adicione um punhado de croûtons e frite-os até ficarem crocantes. Despeje os ovos levemente batidos, acrescente um punhado de salsa picada e misture como na receita.

Espinafre e parmesão
Cozinhe espinafre no vapor e pique-o em pedaços médios. Misture-o aos ovos batidos com pimenta-do-reino moída e 1 ou 2 colheres de sopa de parmesão. Frite tudo com manteiga derretida, mexendo sempre, e siga a receita principal para fazer ovos mexidos bem soltinhos.

Macarrão com tomate e manjericão

manjericão, tomate, macarrão conchiglione, azeite

Cozinhe **150 g de conchiglione ou outro macarrão** em bastante água salgada, até ficar macio. Faça um molho colocando no processador de alimentos ou no liquidificador **150 ml de azeite, 20 g de folhas de manjericão, 1 ou 2 tomates grandes e bem vermelhos** e um pouco de sal e pimenta. Bata rapidamente até obter um molho não muito homogêneo. Escorra o macarrão, coloque-o de volta na panela, adicione o molho e sacuda gentilmente a panela para misturar.

Para 2 pessoas. Massa quente. Molho frio e aromático.

Gorgonzola, macarrão, um pouco de azeite
Cozinhe o macarrão em bastante água fervente, generosamente salgada. Aqueça o gorgonzola em banho-maria e misture um pouco de creme e azeite. Escorra o macarrão e sacuda a panela para misturá-lo com o molho de queijo derretido.

Macarrão com abobrinha e limão-siciliano
Corte em cubos 1 ou 2 abobrinhas médias e refogue-as na manteiga numa frigideira rasa, até ficarem macias e douradas. Pique bem 2 dentes grandes de alho e doure-os com a abobrinha. Acrescente um punhado de folhas de hortelã picadas, um pouco de raspas de limão-siciliano e um pouco mais de manteiga. Cozinhe algum macarrão curto, como penne ou rigatoni, o suficiente para 2 pessoas, em bastante água salgada fervente. Escorra o macarrão e sacuda a panela para misturá-lo com o molho de abobrinha e o limão-siciliano.

Colcannon de presunto e couve

presunto, couve, batata, alho-poró, leite

Descasque **500 g de batatas grandes**, corte-as em pedaços grandes e cozinhe-as em água fervente. Fatie **250 g de alho-poró** e refogue-o na **manteiga**, até eles ficarem macios, mas sem pegar cor. Cozinhe **2 punhados de couve** no vapor e escorra. Quando as batatas estiverem macias o suficiente para amassar, escorra-as e bata-as com um espremedor de batatas e uma colher de pau ou na batedeira, até aerar bem. Misture no purê uns **150 ml de leite quente** e umas **3 colheres de sopa de manteiga**.

Corte cerca de **250 g de presunto cozido** em fatias grossas, pique a couve e misture delicadamente com as batatas. Junte também o alho-poró refogado. Tempere com sal e pimenta-do-reino e sirva.

Para 3–4 pessoas. Uma comida para a alma, da melhor qualidade.

Algumas dicas
- Batatas molhadas não dão um bom purê. Cozinhe as batatas com casca e tudo no vapor para obter um purê sequinho e aerado.
- Para deixar o purê de batatas especialmente leve, bata ainda mais a mistura depois de preparar o purê, usando uma colher de pau ou uma batedeira elétrica.
- O colcannon, uma receita irlandesa que usa sobras guardadas na geladeira, costuma ser feito com uma base de batata, couve e leite. Você pode prepará-lo com sobras de outros tipos de presunto, sempre seguindo a receita principal.
- Use *crème fraîche* no lugar do leite ou adicione um punhado de queijo ralado.
- Frite a mistura com um pouco de manteiga ou gratine até dourar, se preferir. Mas saiba que, se fizer isso, o prato resultante não será mais um colcannon.

Purê de queijo e cebola
Na receita de colcannon, substitua o alho-poró por cebolinha. No lugar do presunto, misture com delicadeza cubos de queijo Taleggio, Camembert ou outro queijo macio, deixando-o amolecer na batata quente. Você vai precisar de uns 100 g de queijo para 350 g de batatas cozidas.

Rumbledethumps, um prato escocês robusto e delicioso
Refogue fatias de cebola com manteiga e um pouco de azeite até ficarem macias, bem douradas e reluzentes. Isso deve levar uns bons 20 minutos, se não mais. Misture a cebola no purê de batata com couve, coloque tudo num refratário e leve ao forno para gratinar.

Bolinho de colcannon
Pegue o colcannon da receita e faça bolinhos achatados. Recubra-os levemente com farinha e frite-os em manteiga e óleo até formar uma crosta crocante por baixo. Vire-os com cuidado e frite do outro lado. Sirva-os sozinhos ou com um ovo frito por cima.

Cavala com triguilho e tomate

cavala, triguilho, tomate, caldo de legumes, vinagre de vinho tinto

Aqueça **400 ml de caldo de legumes** numa panela, verta o caldo sobre **150 g de triguilho** e reserve por 15 minutos ou mais, até a maior parte do líquido ter sido absorvida pelo trigo.

Corte **8 tomates médios** ao meio e leve-os ao forno elétrico até ficarem macios e a pele começar a escurecer. Retire a pele, despeje **1 colher de sopa de vinagre de vinho tinto** e tempere com pimenta-do-reino. Esmague os tomates com um garfo para formar um molho espesso e rústico e mantenha-o aquecido.

Pincele **4 filés de cavala** com um pouco de **óleo**, tempere-os com sal e pimenta e leve-os ao forno elétrico por alguns minutos, com a pele para baixo, até o peixe ficar opaco e a pele começar a se soltar. Eu gosto de virar os filés e deixar mais ou menos 1 minuto para a pele, que agora está em cima, ficar ligeiramente crocante. Divida o triguilho em 2 pratos, coloque os filés de cavala por cima e, com uma colher, regue-os com o molho de tomate.

Para 2 pessoas. Um prato rústico e despretensioso. A alegria adocicada e contundente dos tomates.

Bolinho de hadoque defumado com alho-poró

hadoque defumado, alho-poró, batata, leite, louro, pimenta-do-reino em grãos

Lave bem **400 g de batatas** e corte-as em pedaços grandes. Cozinhe-as numa panela funda com bastante água fervente salgada por 10–15 minutos, até os pedaços ficarem macios o suficiente para serem amassados. Escorra as batatas e amasse-as com um espremedor de batatas ou um garfo, mantendo uma textura irregular. Pique bem **400 g de alho-poró** e refogue-os com **2 colheres de sopa de manteiga** em fogo médio, até amolecerem completamente.

Coloque **300 g de hadoque defumado**, **250 ml de leite**, uma folha de louro e **6 grãos de pimenta-do-reino** numa panela. Leve o leite até o ponto de fervura, apague o fogo, tampe e deixe por 10 minutos, até o peixe ficar opaco (você não vai precisar cozinhar mais do que isso). Quando o peixe ficar opaco, retire-o da panela, descarte a pele, quebre a carne em pedaços grandes e misture-o com as batatas amassadas e metade do alho-poró refogado. Faça 6 bolinhos achatados, frite-os com um pouco de **óleo** e **manteiga** até ficarem crocantes e dourados e sirva com o alho-poró restante.

Rende 6 bolinhos. O suficiente para 3 pessoas. Uma versão moderna e rústica do clássico bolinho de peixe.

Algumas dicas
- Use outro tipo de peixe, se preferir.
- Para obter um resultado mais clássico, você pode descascar as batatas antes de cozinhá-las e pode amassá-las até formar um purê cremoso.
- No lugar do alho-poró, use um pouco de espinafre cozido, bem escorrido e espremido, para tirar todo o excesso de água.
- Adicione algumas alcaparras.
- Faça um molho *hollandaise* para acompanhar.

Bolinho de arenque defumado, abobrinha, endro
À mistura básica de batatas, adicione arenque defumado grelhado repartido em pedaços médios e um pouco de abobrinha ralada e refogada rapidamente com manteiga e endro. Misture com delicadeza na mistura de batata, enrole bolinhos e frite.

Acrescente as favas e **10 g de cebolinha-francesa**, cortadas em tiras curtas. Pique um punhado de **salsa** em pedaços médios e misture na sopa. Tempere e sirva com **parmesão ralado** à parte. Para 4–6 pessoas.

Algumas dicas
- Use os vegetais que tiver à mão. A ideia é usar ingredientes frescos e verdes. Uma opção é usar vagens fatiadas em pedaços curtos ou couve cortada em tiras médias.
- Para deixar a sopa mais robusta, adicione espaguete quebrado em pedacinhos ou um macarrão pequeno, como o de estrelinhas. Considerando que essa é uma variação do minestrone tradicional, à base de tomate, nada o impede de experimentar outras versões. Adicione ou subtraia ingredientes de acordo com o que tiver em casa. E pode incluir alguns pedaços de pancetta picada também. Cozinhe com o alho-poró e a cebola.

Creme de couve-flor com mexilhões

Lave e limpe bem 800 g de mexilhões, descartando qualquer marisco que estiver aberto, que não fechar quando batido na beirada da pia ou que estiver com a concha quebrada. Coloque-os em uma panela com 6 grãos de pimenta-do-reino, 1 ou 2 folhas de louro e 200 ml de água. Espere levantar fervura, tampe e deixe cozinhar no vapor por alguns minutos, até todas as conchas abrirem. Descarte os mariscos que permanecerem fechados.

Retire os mexilhões da panela, mantendo o caldo. Tire os moluscos da concha e coloque-os numa tigela.

Quebre uma couve-flor média em floretes grandes, cozinhe-a no caldo de mexilhões por 10–15 minutos, até ficar macia, e coe o líquido do cozimento.

Doure 2 colheres de sopa de avelãs numa frigideira. Bata rapidamente a couve-flor e o caldo coado de mexilhões no liquidificador para obter uma mistura uniforme. Misture 225 ml de creme de leite fresco, prove o tempero e volte a aquecer se necessário (provavelmente não será preciso). Adicione os mexilhões, um pouco de salsa picada e as avelãs tostadas. Para 3–4 pessoas.

Goujons de frango com páprica e mostarda

filé de frango, páprica defumada, mostarda de Dijon, farinha de rosca

Misture **3 colheres de sopa cheias de mostarda de Dijon** com **2 colheres de chá de páprica defumada picante** e um pouco de sal e pimenta. Tempere **400 g de filés de frango**.
  Coloque **25 g de farinha de rosca grossa ou farinha de tempurá panko** num prato. Pressione os filés primeiro na pasta de mostarda e páprica e depois na farinha de rosca. Frite rapidamente em **óleo de girassol** quente e deixe por um tempo sobre um papel toalha, para absorver o excesso de óleo. Sirva com maionese e gomos de limão.
  Para 2 pessoas. Frango fumegante e crocante.

Frango com alho negro e amêndoas
Esprema o miolo macio de uma cabeça de alho negro, misture com algumas colheres de sopa de azeite até formar uma pasta homogênea e passe filés de frango nessa pasta. Grelhe por alguns minutos numa frigideira antiaderente rasa. Quando o frango estiver quase pronto, sacuda a panela para misturá-lo com amêndoas salgadas.

Um satay improvisado
Faça uma pasta rústica, misturando pasta de amendoim crocante, vinagre de vinho branco, pimenta-malagueta em flocos e um pouco de mostarda em grãos. Espalhe sobre o frango e grelhe numa panela antiaderente rasa, com um pouco de azeite.

Cenoura com harissa

cenoura, harissa, alho, ovo, vinagre de vinho branco, mostarda de Dijon

Escalde **650 g de cenouras inteiras** numa panela funda com água fervente levemente salgada, até ficarem tenras. Descasque e amasse **2 dentes de alho** com um pilão ou no liquidificador, misture com **1 gema de ovo, 4 colheres de sopa de azeite, 1 colher de sopa de vinagre de vinho branco, 1 colher de sopa de mostarda de Dijon** e **1 ou 2 colheres de sopa de harissa**.

Escorra bem as cenouras e coloque-as numa travessa. Despeje o molho por cima, com as cenouras ainda quentes e sirva com arroz integral.

Para 4 pessoas. A doçura da cenoura. O equilíbrio das especiarias.

Almoço rápido de domingo

sobrecoxa de frango, batata, miolo de pão fresco, creme de leite fresco, leite, manteiga, tomilho, sálvia, caldo de legumes ou de galinha

Você só vai precisar de uma panela grande e rasa para esta receita. Aqueça um pouco de **óleo** e doure **4 sobrecoxas de frango** em fogo médio a alto, retire da panela e reserve. Corte **400 g de batatas** em pedaços grandes e doure na panela que usou para fritar o frango, adicionando mais óleo se necessário. Coloque o frango de volta à panela e despeje **400 ml de caldo de legumes ou de galinha quente**. Abaixe o fogo, tampe e deixe cozinhando por uns 20 minutos.

Retire o frango e as batatas da panela. Despeje **300 ml de leite** e **100 ml de creme de leite fresco**, raspando com uma colher de pau quaisquer pedaços crocantes e tostados de frango que ficaram no fundo da panela. Eles vão dar sabor ao molho. Adicione **150 g de miolo de pão fresco esfarelado, 2 colheres de sopa de tomilho-limão ou tomilho comum** e **1 colher de sopa de folhas de sálvia picadas**. Tempere com sal e pimenta, ponha **40 g de manteiga** e misture bem, até obter um molho uniforme e cremoso. Recoloque o frango e as batatas na panela para aquecer e sirva.

Para 2 pessoas. Um almoço de domingo feito numa panela só, para os fãs de molho de pão.

Nabo com cogumelos e risoni

nabo, risoni, cogumelo, echalote, rúcula

Cozinhe **100 g de risoni** com bastante água salgada por uns 9 minutos, até ficar macio. Descasque e corte em fatias finas **1 echalote grande ou 1 cebola pequena** e frite com um pouco de **manteiga** ou **óleo** até dourar um pouco. Retire da panela e reserve.

Corte **200 g de nabos brancos** em rodelas de mais ou menos 3 mm. Fatie **100 g de champignons ou de cogumelos Portobello pequenos**. Refogue os nabos e os cogumelos com um pouco de **manteiga** e **óleo** até dourar. Volte a echalote refogada à panela e adicione **2 punhados de rúcula**.

Escorra o macarrão cozido, coloque-o na panela e sacuda para misturar com a echalote, os nabos, a rúcula e os cogumelos.

Para 2 pessoas. Simples, frugal e suave.

Berinjela, risoni e manjericão
Corte 1 berinjela grande em pequenos cubos e refogue em azeite, até os pedaços ficarem macios e dourarem um pouco. Adicione um dente de alho amassado, frite-o por um minuto, mais ou menos, e tempere com manjericão picado, um pouco de suco de limão-siciliano e um pouco de sal. Cozinhe 150 g de risoni como na receita e misture à berinjela. Saboreie com um punhado de parmesão ralado.

Porco assado, macarrão
Adicione o risoni cozido e escorrido ao caldo de carne de porco assada. Mexa delicadamente e sirva com a carne do porco. O macarrão absorverá o caldo que ficar na assadeira.

Um prato cura-tudo
Leve caldo de galinha caseiro ao fogo até levantar fervura. Adicione o risoni cozido e escorrido, sal marinho, o suco de um limão-siciliano e finalize com hortelã picada. Cura quase tudo para mim.

Bacalhau com limão-siciliano, estragão e *crème fraîche*

bacalhau, limão-siciliano, estragão, *crème fraîche*, alcaparra, louro, manteiga, pimenta-do-reino em grãos

Coloque **350 g de filés de bacalhau**, retirados da parte mais grossa do peixe, numa panela grande e rasa com o **suco de 2 limões-sicilianos** e **40 g de manteiga**. Pique meio punhadinho de **estragão** e adicione à panela com **1 folha de louro** e **6 grãos de pimenta-do-reino**. Deixe levantar fervura, abaixe o fogo, tampe e cozinhe em fogo baixo por uns 10 minutos, até o peixe ficar opaco. Retire o bacalhau com uma espátula e mantenha-o aquecido.

Pique mais meio punhado de **estragão** e adicione à panela com **1 colher de chá de alcaparras** e **3 colheres de sopa de** *crème fraîche*. O *crème fraîche* vai talhar um pouco em contato com o suco de limão. Não tem problema. Desfaça o peixe em pedaços médios e, com uma colher, despeje o molho por cima.

Para 2 pessoas. Peixe macio, branco, cítrico.

Para acompanhar
- Um punhado de espinafre.
- Vagens cozidas no vapor, misturadas com salsa picada.
- Um purê de batata tão amanteigado que quase desliza para fora do prato.

Merluza, salsa, creme
Grelhe 1 filé de merluza na manteiga até dourar um pouco, vire e grelhe do outro lado. Adicione 1 pequena taça de vinho branco, bastante salsa picada e, em seguida, creme de leite fresco. Sacuda a panela até obter um molho rústico, de improviso.

Peixe rosado, molho picante
Use salmão. Troque o estragão e as alcaparras por uma colher de sopa de grãos de pimenta-do-reino verde conservados na salmoura e um pouco de alecrim picado.

O aroma do cardamomo, o luxo do creme
Leve 300 ml de creme de leite fresco ao ponto de fervura, adicione cerca de 10 bagas de cardamomo ligeiramente esmagadas, retire do fogo e deixe em infusão. Frite filés de pescada em um pouco de manteiga, numa frigideira antiaderente e despeje o creme reservado (passe-o antes por uma peneira para retirar o cardamomo). Finalize com sal, pimenta-do-reino e folhas de coentro. Sirva com arroz branco.

Berinjela e grão-de-bico

berinjela, grão-de-bico, alecrim, alho

Fatie **1 berinjela grande** em rodelas grossas e disponha-as em uma camada numa chapa de grelhar ou numa assadeira. Pincele com **azeite**, espalhe **1 colher de sopa de folhinhas de alecrim picado**, sal, pimenta-do-reino e **2 dentes de alho bem amassados**. Cozinhe no forno elétrico, adicionando um pouco mais de óleo, se necessário, por 10 minutos ou mais, até a berinjela ficar bem dourada e macia por inteiro. Vire os pedaços para dourar um pouco do outro lado.

Escorra **250 g de grão-de-bico cozido** e aqueça a metade numa panela pequena com um pouco de **azeite**, sal e uma pitada de pimenta-do-reino. Bata rapidamente no liquidificador ou no processador de alimentos a metade aquecida do grão de bico com metade da berinjela grelhada até formar um purê leve, mais ou menos homogêneo. Refogue a outra metade do grão-de-bico por alguns minutos, com um pouco de óleo numa frigideira rasa até esquentar e misture com o purê. Prove o tempero e sirva com a berinjela grelhada quente e com pedaços de pão com gergelim.

Para 2 pessoas. Um prato cheio de texturas.

Cogumelos picantes com pão sírio

cogumelo, curry em pó, pão sírio, tomate em lata, cebolinha, pimenta vermelha, iogurte, hortelã

Aqueça algumas colheres de **óleo** ou um pouco de **manteiga com óleo** numa panela funda, em fogo médio, e adicione **3 cebolinhas picadas** e **1 pimenta vermelha cortada em fatias bem finas**. Cozinhe até a cebolinha ficar macia, corte **200 g de cogumelos Portobello** no meio ou em quatro, dependendo do tamanho, e acrescente à panela. Assim que os cogumelos começarem a dourar, misture **1 colher de sopa do seu curry em pó favorito**, frite rapidamente e adicione **1 lata de 400 g de tomates** esmagados **e** com o líquido. Tempere generosamente e cozinhe em fogo baixo por uns 20 minutos, ficando de olho na panela. Sirva com **pão sírio** quente e, se quiser, com um pouco de **iogurte** e **hortelã picada**.

Para 2 pessoas. A nutrição do pão quente. O calor das especiarias.

Algumas dicas
- O curry pronto pode apresentar variações de sabor e ser mais ou menos picante. Use um curry de qualidade conhecida ou faça a sua própria mistura.
- Se quiser um molho cremoso, misture duas colheres de sopa de iogurte pouco antes de servir. Quando adicionar o iogurte, retire do fogo para não talhar.

Para variar
Use queijo paneer ou berinjela no lugar dos cogumelos.
Faça uma versão mais demorada e complexa, começando com echalotes picadas e gengibre ralado e deixando-os amolecer na panela antes de adicionar os cogumelos. Coloque mais caldo, água ou outra lata de tomate e deixe cozinhar por mais tempo para um resultado suave e delicado. Acrescente algumas ervas, como coentro e hortelã, ao final do tempo de cozimento para acentuar o sabor.

Camarão picante com melancia

camarão graúdo, melancia, pimenta-malagueta em flocos, molho de peixe, limão, açúcar, farinha de trigo, hortelã, coentro

Misture **50 g de farinha de trigo** numa tigela com **1 colher de chá de pimenta-malagueta em flocos** e uma pitada de pimenta-do-reino. Acrescente **4 colheres de sopa de molho de peixe tailandês ou vietnamita**, uma pitada de **açúcar** – não mais que isso –, **400 g de camarões graúdos crus e sem casca** (seria melhor camarões frescos, mas tudo bem usar camarões descongelados) e reserve por 15 minutos.

Aqueça uma fina película de **óleo** numa frigideira ou num wok, ponha os camarões e grelhe, mexendo-os na panela por alguns minutos até ficarem crocantes e adocicados. Retire do fogo.

Descasque uma generosa fatia de **melancia** e tire o maior número de sementes que conseguir. Corte a fruta em pedaços grandes e misture numa tigela com o **suco de um limão**, **algumas folhas picadas de hortelã** e **um pouco de coentro rasgado**. Sirva junto com os camarões.

Para 2 pessoas. Uma explosão de sabor. Melancia refrescante.

Risoto

arroz arbóreo, caldo de galinha, echalote, pancetta, parmesão

Descasque e pique **1 echalote** e corte **150 g de pancetta** em cubos pequenos. Derreta um pouco de **manteiga** numa panela grande e rasa e adicione a pancetta. Em seguida, coloque a echalote e refogue até ela ficar macia, mas sem pegar cor, mexendo regularmente para não dourar. Adicione **300 g de arroz arbóreo**, mexendo para cobrir os grãos com a manteiga e a gordura da pancetta e adicione **600-700 ml de caldo de galinha quente**, uma concha por vez, mexendo quase sem parar. O arroz leva uns 20 minutos para cozinhar. A consistência deve ser espessa e cremosa.

Quando o arroz estiver pronto, ajuste o tempero, adicionando **3 colheres de sopa cheias de parmesão ralado**, um pouco de sal (se precisar) e pimenta-do-reino. Distribua pelos pratos. Para 4 pessoas.

Algumas dicas

Um bom risoto é especial não só pelo sabor, mas por sua essência. O ideal é que ele não fique pastoso nem duro. Ele deve deslizar lenta e graciosamente pela colher de pau, em vez de cair da colher com tudo ou precisar ser agitado para cair. A qualidade cremosa é resultado tanto do arroz quanto do caldo – prefira o arroz arbóreo e um caldo de galinha caseiro. Você pode dar uma mãozinha para o risoto ficar com a textura desejada misturando um pouco de sopa de manteiga ao final do tempo de cozimento. O risoto perfeito é uma combinação do arroz certo, com grãos arredondados, um bom e robusto caldo de legumes, de galinha ou de carne e mexer sempre.

Pedaços de frango assado, tomilho, parmesão

Às vezes, ao fim de um longo dia de trabalho, eu adoro encostar no fogão e ficar mexendo o conteúdo de uma panela.

Desfie a carne que sobrou de um frango assado. Faça um risoto clássico com 200 g de arroz arbóreo e mais ou menos 1 litro de caldo de carne. Quando o risoto estiver quase no ponto, misture 2 colheres de chá de folhas de tomilho picadas, os pedaços de frango e um punhado de parmesão ralado. Finalize com um pouco de manteiga e o que tiver sobrado na assadeira do frango.

Arroz assado vegetariano

cebola roxa, berinjela, limão-siciliano, orégano, alho, hortelã, arroz basmati

Corte **1 cebola roxa** média em rodelas bem finas e disponha em uma camada numa assadeira. Faça outra camada com **1 berinjela** cortada em rodelas grossas, esprema por cima todo o **suco de um limão-siciliano** e distribua **4 ou 5 dentes de alho descascados** entre as rodelas de cebola e berinjela. Umedeça com umas **4 colheres de sopa de azeite**. Polvilhe com **orégano seco** e leve ao forno por 25 minutos a 180°C.

Cozinhe **200 g de arroz basmati** em 400 ml de água. Escorra, adicione **3 colheres de sopa de hortelã** e misture com a berinjela e a cebola assadas.

Para 3 pessoas. Uma boa refeição caseira. Aromático. A alegria dos vegetais.

Aliche, penne, migalhas de pão

aliche em conserva, penne, manteiga, migalha de pão seco, pimenta vermelha, limão-siciliano, salsa

Cozinhe **150 g de penne** em água fervente e escorra.

Numa panela antiaderente grande, frite um ou dois punhados de **migalhas de pão seco** em um pouco de **óleo** até dourar e retire. Adicione **50 g de manteiga** e **uma pimenta vermelha picada**. Depois de uns 30 segundos, adicione o **suco de meio limão-siciliano**, **100 g de aliche em conserva**, um grande punhado de **salsinha picada** em pedaços irregulares e o penne. Sacuda um pouco a panela para misturar os ingredientes.

Para 2 pessoas. Suave, picante, crocante e quente.

Aliche, azeitonas, manjericão e croûtons, uma salada refrescante para o verão
Bata rapidamente um ou dois punhados grandes de folhas de manjericão com 4 colheres de sopa de azeite e aqueça numa frigideira. Adicione pedacinhos de *ciabatta* ou de baguete, deixando-os absorver o óleo temperado enquanto ficam crocantes. Despeje a mistura sobre uma salada feita com aliche em conserva, azeitonas pretas, tomates-cereja vermelhos e amarelos, muçarela e alface-romana. Tempere com azeite.

Uma lata de aliche. Algumas dicas
Sempre tenha na sua despensa uma lata de aliche no óleo (eu como direto da lata).

- Escorra o aliche e amasse com manteiga para fazer um molho rápido e saboroso que pode ser usado para temperar costeletas de cordeiro grelhadas.
- Passe em um pãozinho macio ou em uma *ciabatta* e coloque algumas fatias de tomate.
- Cave um buraco numa batata assada tirando o miolo, escorra e pique o aliche, misture com delicadeza aos pedaços de batata retirados com 2 colheres de sopa de manteiga e uma pitada de pimenta-do-reino. Recheie a batata e deixe um tempinho no forno.
- Escorra e pique o aliche, amasse com manteiga e um pouco de pimenta-do-reino preta, passe a mistura numa peça de cordeiro e asse a carne como de costume.

Macarrão com salmão defumado e pimenta-do-reino verde

salmão defumado, macarrão, grãos de pimenta-do-reino verde em conserva, manteiga

Cozinhe **150 g de algum macarrão curto** em água fervente com sal. Desfaça **100 g de salmão defumado** em pedaços. Derreta **50 g de manteiga** numa panela pequena e adicione **2 colheres de chá de grãos enxaguados de pimenta-do--reino verde em conserva na salmoura**. Escorra o macarrão numa peneira e devolva-o à panela. Acrescente a manteiga morna com pimenta morna e, logo antes de comer, o salmão defumado.

Para 2 pessoas. Um almoço leve. Suave, delicado e um pouco picante.

Um sanduíche de salmão defumado
Pão de centeio do tipo light, tostado, com uma camada de maionese e generosos pedaços de salmão defumado, fatias crocantes de bacon e folhas crocantes de alface por cima. Se quiser misturar um pouco de endro picado na maionese, melhor ainda.

Ovos mexidos com salmão defumado
Desfaça o salmão em tiras finas e misture o peixe a ovos mexidos feitos na hora, com uma pitada de pimenta-do-reino. Um clássico.

Também pode ser interessante adicionar alguns grãos de pimenta-do-reino verde em conserva aos ovos. Você também pode incluir cebolinha-francesa picada ou um pouco de tomates-cereja bem picados, para formar uma mistura rústica.

Arenque defumado com ovos benedict
filé de arenque defumado, gema de ovo, manteiga, espinafre, muffin inglês, limão-siciliano

Coloque água para ferver. Ponha **500 g de filés de arenque defumado** num refratário e despeje a água fervente sobre eles. Deixe por 10 minutos, até conseguir desossá-lo sem muita dificuldade. Retire cuidadosamente todos os espinhos.

Faça um molho *hollandaise*. Amoleça **100 g de manteiga** numa panela pequena. Coloque **2 gemas** em banho-maria com água fervente. Com um batedor de arame, vá batendo delicadamente enquanto verte a manteiga aos poucos sobre as gemas. Tempere com **suco de um limão-siciliano** e sal e retire do fogo. Mexa regularmente com um fuê para não talhar.

Cozinhe rapidamente no vapor um punhado de **folhas de espinafre**. Corte ao meio **4 muffins ingleses**, esquente-os e, com uma colher, coloque um pouco do molho *hollandaise* por cima. Divida o espinafre e os pedaços de arenque defumado entre os muffins, coloque um pouco mais de molho *hollandaise*, gratine por 1–2 minutos até dourar e coma imediatamente.

Para 2 pessoas. Uma releitura de um clássico do café da manhã.

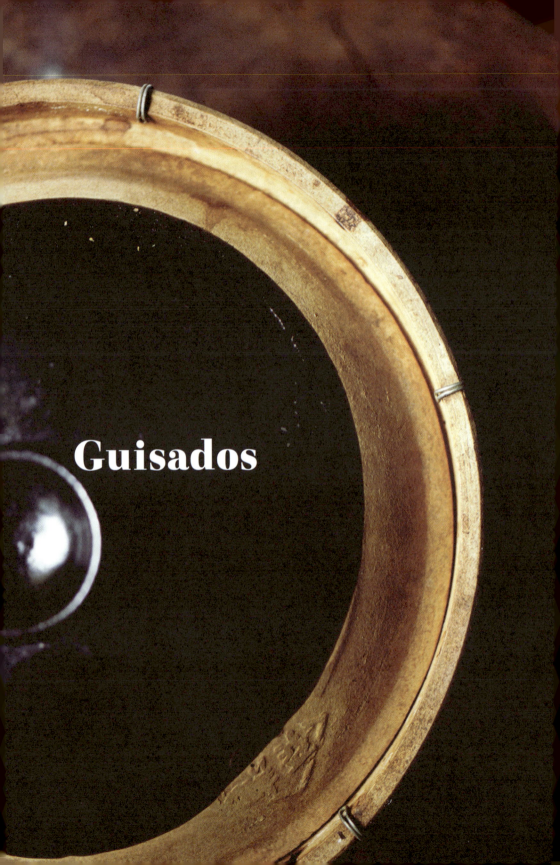

Guisados

Cozinhe em fogo baixo. Bem devagar. Combine sabores em algum tipo de líquido. Caldo nutritivo e saboroso. Carne mais tenra a cada hora que passa. Reconfortante. Curativa. Confiável. Sim, tudo isso e muito mais. E, melhor ainda, dá para fazer um guisado até num dia de semana, com o tempo curto, mesmo quando isso requer repensar um pouco o conceito.

Eu faço um guisado rápido e delicioso, um tipo de fricassê, por assim dizer, com coelho e estragão; outro com cebolas cozidas macias e feijão-preto; e ainda outro com berinjelas. Todos esses pratos se beneficiam das qualidades de uma comida feita bem devagar, apesar de levarem menos de uma hora para ficarem prontos. Justiça seja feita, poucas dessas receitas usam os cortes de carne baratos e cheios de ossos para o qual esse método de cozimento foi inventado, mas a essência do guisado continua lá. Os sabores profundos, o caldo aromático, a carne tenra e os legumes macios. A única diferença é que você não precisa esperar horas para comer.

É claro que nada supera o tradicional guisado irlandês que leva algumas horas para ser preparado no forno, em fogo baixo. Mas nada nos impede de ter na mesa um cozido de carneiro com bastante caldo e tubérculos em mais ou menos uma hora. Também podemos cozinhar um frango com osso e tudo numa mistura de vegetais que se desfazem e formam um caldo intenso, contrastando com a pele crocante.

A comida feita na caçarola é muito reconfortante. Em geral, os guisados são pratos de inverno, uma comida para aquecer a alma. Inconformado por nunca ter podido incluir um guisado num livro de receitas rápidas, queimei as pestanas tentando descobrir um jeito de ajustar as receitas na premissa de ter uma boa comida na mesa em mais ou menos uma hora depois de chegar em casa após um dia de trabalho. O resultado são as receitas que você encontrará a seguir: um cozido de cordeiro com aspargo; um fricassê de frango cremoso e picante; um guisado de repolho roxo e queijo azul; e um ensopado sedoso de legumes. Jantares rápidos e quentes para dias frios.

Algumas receitas favoritas

Cordeiro, alho, páprica e tomate

Amasse 2 dentes de alho grandes e suculentos e misture com 2 colheres de sopa de azeite e uma boa pitada de sal. Adicione 450 g de carne de cordeiro em cubos, mexendo até a carne ficar bem envolvida com a pasta. Descasque e pique em pedaços médios uma cebola média e refogue com um pouco de óleo, em fogo médio, até amolecer e dourar um pouco. Adicione a carne à panela, deixando dourar aqui e ali e sacudindo a panela de vez em quando. Misture 2 latas de 400 g de tomates picados e meia colher de chá de páprica defumada. Cozinhe em fogo baixo por 25 minutos. Pouco antes de comer, misture uns 120 g de folhas de espinafre, um punhado de coentro picado e prove o tempero. Deixe as folhas murcharem um pouco e sirva. Grandes pedaços de pão caem muito bem como acompanhamento.

Frango, folhas de erva-doce, creme de leite fresco, vinagre com estragão

Corte 4 peitos de frango em tiras grossas e grelhe numa panela com manteiga. Quando dourar, adicione as folhas de 8 ramos de estragão e, 1 minuto depois, 250 ml de creme de leite fresco. Acrescente 2–3 colheres de chá de vinagre com estragão, para dar vida ao prato.

Sobrecoxas de frango douradas, ervas, um toque de limão-siciliano
Grelhe 4 sobrecoxas de frango, com pele e tudo, bem temperadas, numa panela rasa com umas 2 colheres de sopa de manteiga até a pele ficar crocante e dourada. Despeje uma taça de vinho branco, talvez um Riesling meio-seco, e vá raspando com uma colher de pau as crostas que ficaram no fundo da panela, misturando-as ao vinho borbulhante.

Finalize com ervas picadas, como salsa, cerefólio, estragão ou endro – só uma ou duas dessas opções. Adicione o suco de um limão-siciliano e mais um pouco de manteiga.

Cozido de coelho com ervas

coelho, alecrim, tomilho, estragão, cebola, cerveja de trigo, creme de leite fresco

Você vai precisar de **500 g de coelho** com osso e tudo, cortado em pedaços. Descasque **2 cebolas**, pique-as em pedaços médios e refogue-as com umas **3 colheres de sopa de manteiga** em fogo médio, até ficarem transparentes e dourarem um pouquinho. Tempere os pedaços de coelho com sal e pimenta-do-reino.

Empurre as cebolas para um lado da panela, se tiver espaço, ou coloque-as numa tigela, e adicione os pedaços de coelho à panela. Refogue por 5 minutos, até pegar um tom dourado, virando conforme o necessário, e misture as cebolas.

Acrescente à panela as folhas de **2 raminhos de alecrim** bem picadinhas, **4 ramos de tomilho**, **1 litro de cerveja de trigo** e um pouco de sal e pimenta. Espere levantar fervura e abaixe o fogo. Tampe parcialmente a panela e deixe cozinhando em fogo bem baixo até o coelho ficar tenro. O tempo exato vai depender da idade e da procedência do coelho, mas ele estará pronto quando você conseguir separar a carne dos ossos apenas com uma boa faca de mesa.

Se o caldo na panela ainda estiver um pouco ralo e abundante, aumente o fogo por alguns minutos até reduzi-lo pela metade (não deve chegar a formar um molho espesso, mas sim uma espécie de caldo para sorver com colher).

Despeje **100 ml de creme de leite fresco** e adicione as folhas de **4 ramos viçosos de estragão** – picadas se forem muito compridas. Cozinhe em fogo baixo por mais 5-10 minutos e prove o tempero. Para 2 pessoas.

Uma dica
Não é exatamente uma receita que possa ser feita em poucos minutos, mas é um dos jantares mais simples de fazer. O tempo de preparo é mínimo.

Coelho, aspargos, macarrão, estragão e creme. Um jantar tranquilo
Corte em pedaços pequenos 400 g de carne de coelho desossada. Aqueça 40 g de manteiga numa panela rasa e grelhe o coelho em fogo médio, até a carne ficar um pouco dourada. Adicione um punhado de aspargos cortados em pedaços pequenos e um punhadinho de estragão picado. Despeje uma taça de vermute branco ou de vinho branco e continue cozinhando por alguns minutos, até os aspargos ficarem macios. Cozinhe cerca de 250 g de macarrão largo (tagliatelle) em água salgada e escorra. Adicione um pouco de creme de leite ou de *crème fraîche* ao coelho, prove o tempero, acrescente o macarrão e sacuda delicadamente a panela para misturar. Para 2–3 pessoas.

Cozido de coelho com cenouras e risoni. Uma tigela de tranquilidade
Para uma refeição simples, eu gosto de fazer um cozido com 1 ou 2 coxas de coelho no caldo de legumes e algumas cenouras, fatiadas no sentido do comprimento, as menores batatinhas que eu conseguir encontrar, 1 raminho de alecrim, 1 ou 2 de ramos de tomilho, louro e pimenta-do-reino. Deixo cozinhar em fogo baixo pelo tempo que eu tiver disponível (no mínimo uns 30–40 minutos) e espalho 1 ou 2 colheres de sopa cheias de risoni no caldo. Dez minutos mais tarde, tenho um prato incrivelmente calmante, soporífero até. Prove o tempero – normalmente é necessário adicionar um pouco de sal – e sirva em tigelas rasas.

Cordeiro com aspargo

cubos de carne de cordeiro, aspargo, cebola ou echalote, vinho branco, caldo de carne, farinha de trigo

Derreta **40 g de manteiga** numa caçarola funda, adicione **450 g de carne de cordeiro cortado em cubos** (uma peça macia, como a perna ou o filé) e deixe dourar por alguns minutos em fogo médio a alto. Sacuda a panela para dourar a carne, uniformemente. Retire a carne da panela e reserve num prato.

Descasque **250 g de cebolas pequenas ou de echalotes grandes**, mantendo-as inteiras e cortando ao meio as que forem maiores que uma noz sem casca. Adicione-as à panela e doure por igual, sacudindo a panela de vez em quando.

Coloque o cordeiro e seu caldo de volta na panela. Polvilhe a carne e as cebolas com **2 colheres de sopa de farinha de trigo** e cozinhe por 1–2 minutos, mexendo de vez em quando. Aumente o fogo e despeje **150 ml de vinho branco**. Deixe o vinho borbulhar até reduzir pela metade e raspe os pedaços crocantes que ficarem no fundo da panela com uma colher de pau. Despeje **800 ml de caldo quente** (pode ser de legumes, de cordeiro ou até de galinha) e deixe levantar fervura. Em seguida, abaixe o fogo e cozinhe em fogo baixo, com a panela parcialmente tampada, por uns 30 minutos, até a carne ficar tenra, porém firme.

Acrescente **300 g de aspargos** cortados em 2 ou 3 tiras curtas com sal e pimenta. Continue cozinhando por uns 5 minutos, até os aspargos ficarem macios. Prove o tempero e sirva.

Para 4 pessoas. Um prato para ser feito tranquilamente num dia de primavera.

Uma dica
Você pode incluir outros ingredientes nessa receita, se quiser. Eu gosto bastante de usar cogumelos. Refogue-os à parte, na manteiga. Quando estiverem pegajosos por fora, adicione-os ao cordeiro, junto com seu caldo fúngico e amanteigado.

Cordeiro, alecrim e *crème fraîche*
Tempere 450 g de carne de cordeiro cortada em cubos, doure numa panela com um pouco de óleo e reserve. Frite ligeiramente um pouco de bacon não defumado e picado em pedaços médios. Adicione 1 dente de alho amassado, um pouco de alecrim picado e um pouco de caldo de legumes. Volte o cordeiro à panela, tampe parcialmente e deixe cozinhando em fogo baixo até a carne ficar bem tenra. Adicione *crème fraîche* suficiente para formar um caldo ralo e profundamente saboroso.

Frango com creme azedo e pepino em conserva

coxa e sobrecoxa de frango, creme azedo, pepino em conserva, vinho Riesling, champignon, echalote

Coloque **12 echalotes pequenas** numa tigela e despeje água fervente sobre elas. Reserve por 10 minutos para amolecer a pele e para a casca soltar com mais facilidade. Tempere **2 coxas e 2 sobrecoxas grandes de galinha caipira**, doure um pouco dos dois lados com um pouco de **manteiga** em fogo médio. Descasque as echalotes, adicione à panela e doure bem por inteiro.

Corte ao meio **250 g de champignons** e adicione ao frango e às echalotes, deixando pegar um pouco de cor. Corte **6 pepinos em conserva** em fatias grossas e adicione à panela junto com **500 ml de vinho Riesling**. Deixe o vinho borbulhar vigorosamente por 3–4 minutos, abaixe o fogo e cozinhe por uns 20 minutos.

Adicione **150 ml de creme azedo**, mantendo o fogo baixo. Deixe aquecer por inteiro. Prove o tempero e sirva com batatas, macarrão ou arroz.

Para 2 pessoas. Leve e um pouco picante.

Uma dica

Eu costumo usar coxas e sobrecoxas grandes de galinha caipira para essa receita. Você também pode usar peito ou coxas de frango, se quiser.

Frango assado, maionese de ervas

Asse 4 sobrecoxas de frango temperadas com azeite, limão-siciliano, tomilho e alguns dentes de alho inteiros a 200°C. Deixe a pele escurecer e caramelizar bem. Faça uma maionese de ervas, batendo 2 gemas de ovo, um pouco de suco de limão-siciliano, 150 ml de óleo de soja e 100 ml de azeite, ou use uma boa maionese pronta. Pique e misture um punhado de estragão, algumas folhas de manjericão e uma ou duas cebolinhas. Desosse a carne, desmanche-a em pedaços irregulares e distribua os pedaços entre folhas de agrião e pequenas folhas de alface crocante. Coma com uma baguete e a maionese de ervas. Você pode incrementar a maionese de ervas acrescentando alho espremido, se quiser.

Frango e salada de batatas

Cozinhe na água ou no vapor 500 g de batatinhas com ou sem a casca, como preferir. Misture 4 colheres de sopa de *crème fraîche*, uma colher de sopa de suco de limão-siciliano e 2 colheres de chá de mostarda de Dijon. Adicione 4 sobrecoxas de frango assadas desossadas, da receita acima, e sacuda a tigela com cuidado para misturar. Escorra as batatas, corte ao meio e misture com o frango e o molho. Coma assim mesmo ou recheie uma baguete.

Curry de berinjela

berinjela, cebola, tomate, alho, curry em pó, garam masala, gengibre, coentro, iogurte

Descasque **2 cebolas médias** e pique em pedaços médios. Corte **2 berinjelas médias** em fatias grossas. Refogue as cebolas e as berinjelas numa panela grande e funda com **6 colheres de sopa de óleo**. Enquanto elas amolecem, descasque e corte **2 dentes de alho** em fatias finas e adicione à panela, com **1 colher de sopa de gengibre fresco** bem picado.

Misture **2 colheres de sopa de curry em pó** e frite rapidamente. Acrescente **700 g de tomates** picados e cozinhe em fogo baixo por 25 minutos, até o curry engrossar.

Tempere com sal, pimenta e **1 colher de sopa de garam masala**. Finalize com um pouco de **coentro fresco** e deixe uma porção de **iogurte** na mesa para quem quiser. Coma com arroz branco ou pão sírio aquecido.

Para 4–6 pessoas. Curiosamente refrescante.

Algumas dicas

Você pode fazer o seu próprio garam masala, torrando e moendo as especiarias que preferir, ou pode usar qualquer mix de especiarias ou curry em pó disponíveis no mercado. Quando estou de bom humor, torro sementes de cominho e de coentro e adiciono pimenta vermelha em pó e açafrão. Gosto de usar pimenta-caiena e pimenta-do-reino e, às vezes, incluo também um pouco de cravo moído. Muitas vezes finalizo um prato com garam masala. Mas durante a semana, quando quero fazer um curry rápido para o jantar, uso o meu curry em pó pronto favorito.

Curry de grão-de-bico e berinjela. A qualidade terrosa do grão-de-bico

O grão-de-bico pode ser usado para reforçar o curry. Adicione uns 250 g ou 500 g de grão-de-bico cozido e escorrido à receita principal. Inclua-os depois dos tomates. Você também pode cozinhar e servir o grão-de-bico separadamente: despeje um pouco de óleo numa panela rasa, frite uma colher de chá de sementes de cominho e adicione uma cebola descascada e bem picada. Refogue até a cebola ficar macia e adicione um pouco de gengibre ralado, 1 colher de chá de coentro em pó e uma pitada de açafrão. Misture 250 g de grão-de-bico cozido e escorrido. Finalize com um pouco de garam masala, sal e um pouco de suco de limão-siciliano.

Berinjelas com a vivacidade dos tomates

Aqueça 2 colheres de sopa de óleo numa panela, adicione a cebola picada e refogue até ela ficar macia. Misture meia colher de chá de açafrão e meia colher de chá de garam masala, um pouco de pimenta vermelha em pó e 1 ou 2 dentes de alho amassados. Adicione 4 tomates picados em pedaços médios, 2 pimentas vermelhas e água suficiente para fazer um molho ralo. Em outra panela, cozinhe a berinjela como na receita anterior, dourando ligeiramente no óleo. Junte-a aos tomates e continue cozinhando por mais 20 minutos. Aumente o fogo para evaporar qualquer excesso de líquido e misture um punhado de folhas de coentro. Coma com arroz.

Cozido de feijão com cebola

feijão-fradinho, pancetta, cebola, alecrim, caldo de legumes, manjericão

Pique **1 cebola grande** em pedaços médios. Derreta um pouco de **manteiga** numa panela funda e refogue a cebola até ficar macia e corada. Corte **1 fatia grossa de pancetta (cerca de 100 g)** em cubos e adicione à cebola, cozinhando-a até a gordura ficar translúcida.

Adicione **250 g de feijão-fradinho cozido e escorrido, um ramo grande de alecrim, 800 ml de caldo de legumes** e cozinhe em fogo baixo por 15–20 minutos. Tempere bem, acrescente um punhado de **folhas de manjericão inteiras** e sirva.

Para 4 pessoas. Adocicado. Delicado. Restaurador.

Endívia com uva, mel e mostarda

endívia, uva, mel, mostarda em grãos, manteiga

Prepare **3 endívias** e corte-as da ponta à raiz. Corte ao meio **200 g de uvas** e retire as sementes. Derreta **40 g de manteiga** numa panela grande e rasa, adicione as endívias com o lado cortado para baixo e cozinhe em fogo médio por uns 3–4 minutos, com a panela tampada, até corarem um pouco por baixo e as folhas ficarem um pouco translúcidas. Depois, vire as endívias. Adicione as uvas à panela, continue cozinhando até amolecerem e transfira as endívias e as uvas para uma travessa. Misture com a manteiga que sobrou na panela **1 colher de sopa de mostarda em grãos** e **2 colheres de sopa de mel**, aqueça o caldo por mais ou menos 1 minuto e despeje sobre as endívias e as uvas.

Para 2 pessoas. Folhas macias e ligeiramente amargas. Mel doce. Um almoço leve. Um bom acompanhamento para presunto curado.

Abóbora com pimenta e laranja

Descasque 1 kg de abóbora, corte em cubos grandes e cozinhe no vapor por 15 minutos até ficarem macios (quando a ponta da faca entra com facilidade). Pique bem uma pimenta vermelha não muito picante, sem retirar as sementes. Numa tigela, misture a pimenta, as raspas da casca de uma laranja, um pouco de sal, pimenta-do-reino, 5 colheres de sopa de farinha de rosca e a abóbora. Sacuda a tigela para misturar bem e refogue as abóboras preparadas com óleo numa panela antiaderente. Quando a farinha dourar, retire e sirva. Acrescente um pouco de molho de tomate, se tiver uma sobra. Para 4 pessoas.

Tomate, alcachofra, croûtons com manjericão. Para quando os tomates estão em sua melhor forma

Preaqueça o forno a 180°C. Bata rapidamente no liquidificador 7 colheres de sopa de azeite, 20 g de manjericão, até formar um purê verde e homogêneo. Corte 100 g de um bom pão de casca dura em cubos grandes, coloque numa assadeira e regue com o azeite de manjericão. Sacuda a tigela para misturar o pão e recobri-lo com o azeite de manjericão e leve ao forno por 15 minutos até o pão ficar ligeiramente crocante por fora, mas continuar macio por dentro.

Corte ao meio 400 g de tomates de várias cores, suculentos e perfeitamente maduros, e misture com 150 g de alcachofras em conserva (do tipo que se compra em vidros no supermercado) cortadas em fatias. Distribua entre os croûtons e coma enquanto ainda estiverem quentes. Para 2 pessoas.

Cordeiro com cenoura e mandioquinha

canela de cordeiro, cenoura, mandioquinha, caldo de carne, tomilho

Descasque e pique **500 g de cenouras grandes** e **500 g de mandioquinha**. Doure-as levemente por inteiro com um pouco de azeite num refratário, em fogo médio. Coloque **2 canelas de cordeiro pequenas** por cima dos legumes, despeje **500 ml de caldo de carne** (pode ser caldo de galinha ou de legumes), adicione **1 ramo de tomilho**, tempere com sal e pimenta e tampe bem. Asse no forno a 180°C por uma hora e meia. Retire o cordeiro, o tomilho e a maior parte do líquido e reserve num local aquecido.

Usando o líquido que sobrar no refratário, amasse um pouco os legumes com um espremedor de batatas ou um garfo e sirva com o cordeiro e o caldo que ficou reservado.

Para 2 pessoas. Porções bem generosas. Um cozido saudável e descomplicado.

Algumas dicas
- Peças de cordeiro com osso demoram para cozinhar, mas não precisam de muito preparo (por isso que as incluí neste livro). Basta picá-las, mexer um pouco, e o fogão faz todo o trabalho. Escolha peças pequenas; elas vão cozinhar em mais ou menos uma hora e meia. Reserve as peças maiores e de cordeiros mais velhos para o fim de semana. Não é necessário dourar a carne antes de adicionar o caldo de carne ou de legumes, mas se você fizer isso o guisado ficará ainda mais saboroso.
- Use cenouras grandes para não desmanchar no caldo.
- Faça um purê rústico e rápido.

Uma versão provençal
Substitua o caldo de carne por um vinho tinto leve e frutado. Adicione alecrim ou 1 tira de casca de laranja à panela. Retire as cenouras com uma escumadeira e amasse-as para fazer um purê homogêneo, misturando com um pouco do caldo do cozimento.

Porto saboroso
Use uma medida de vinho do Porto e uma medida de caldo de carne. Adicione ameixas secas e algumas passas. Sirva com repolho roxo cozido numa panela tampada com sementes de coentro, vinagre de vinho tinto, uma pimenta vermelha bem picada e um pouco de caldo de carne.

Sobrecoxas de frango ao vinho branco

sobrecoxa de frango, espumante branco, cogumelo Portobello, cebola, batata, alecrim, pimenta-do-reino em grãos, folhas de louro

Retire e reserve a pele de **6 sobrecoxas de frango grandes** e frite as coxas numa panela grande e rasa, com um pouco de **óleo**. Corte ao meio **100 g de cogumelos Portobello**. Descasque e pique **2 cebolas médias** em pedaços médios e coloque na panela com os cogumelos. Corte **2 batatas grandes** em 4 pedaços cada e adicione à panela.

Adicione **as folhas de 2 ramos de alecrim, 6 grãos inteiros de pimenta-do-reino, 1 ou 2 folhas de louro** e despeje **750 ml de espumante branco seco**. Deixe levantar fervura, abaixe o fogo e cozinhe em fogo baixo por 40 minutos.

Tempere a pele reservada do frango com sal e pimenta e asse num forno elétrico até ficar bem crocante. Com um garfo, amasse a metade das batatas e misture com o molho, deixando a outra metade em pedaços inteiros. Sirva a carne, o molho e as batatas numa tigela rasa, cobertos com a pele de frango crocante e com uma colher do purê. Um bom acompanhamento pode ser repolho cortado em tiras e ligeiramente refogado.

Para 3 pessoas. Pele crocante, vinho espumante, frango roliço.

Peito de frango, alho, tomilho, um molho doce de vinho moscatel

Pique um pouco de cebola, cenoura e aipo em cubos de mais ou menos 1 cm e misture numa tigela com 4 dentes de alho amassados, as folhas de 3 ou 4 ramos de tomilho e 1 ou 2 taças de vinho moscatel doce. Adicione 4 peitos ou coxas de frango e deixe de molho por uma hora ou mais. Coloque o frango num forno elétrico preaquecido, a 10–12 cm da fonte de calor, regando com uma colher do tempero enquanto assa. O frango estará pronto quando o caldo que sair da carne ao ser perfurada com um espeto não estiver mais avermelhado ou rosado.

A pele dourada e crocante do frango, folhas verdes macias, flocos de sal

Retire a pele de 4 coxas ou sobrecoxas de frango. Disponha as peças numa assadeira, tempere levemente e asse até o frango ficar crocante e bem dourado. Escorra em papel toalha, desosse e corte a carne em pedaços pequenos. Tempere 2 punhados de alface-manteiga com azeite, mostarda de Dijon e limão-siciliano. Tempere bem a pele crocante do frango com sal marinho e distribua entre as folhas macias. Baguete. Manteiga gelada.

Repolho roxo com queijo azul e maçã

repolho roxo, queijo azul, maçã Fuji, vinagre de vinho branco, pão italiano

Corte **250 g de repolho roxo** em tiras finas. Fatie **2 maçãs Fuji** em gomos. Aqueça **2 colheres de sopa de óleo de soja** numa panela funda, adicione o repolho e as maçãs e cozinhe, mexendo de vez em quando, até o repolho começar a murchar e as maçãs amolecerem um pouco. Despeje **100 ml de vinagre de vinho branco** e deixe até chiar.

Corte **uma fatia grossa de pão italiano em croûtons** de tamanho variado e frite com um pouco de **óleo** ou **manteiga**, até ficarem dourados e crocantes. Deixe escorrer um pouco em papel toalha.

Divida o repolho e a maçã em 2 pratos. Corte **175 g de queijo azul** em cubos e adicione aos pratos, junto com os croûtons de pão italiano.

Para 2 pessoas. Picante, crocante. A exuberância do queijo azul.

Muffin inglês com queijo azul
Corte ao meio e toste levemente um muffin inglês. Misture um pouco de queijo azul macio (pode ser gorgonzola, Roquefort ou o que você preferir) com algumas colheres de manteiga. Espalhe uma porção generosa nos muffins e leve-os ao forno elétrico até começar a chiar um pouco.

Queijo azul com batatas
Cozinhe batatinhas com bastante água levemente salgada e escorra. Enquanto ainda estiverem quentes, corte-as ao meio e disponha-as num refratário. Pontilhe com pedaços de queijo azul e leve ao forno (elétrico ou convencional) até o queijo derreter.

Queijo azul, figos e uma baguete
Figos maduros, queijo azul suave. Esta receita produz um casamento mágico de sabores e texturas. Ainda mais se você incluir alguns pedaços de baguete bem crocantes e ligeiramente tostados.

Frango com erva-doce e alho-poró

sobrecoxa de frango, bulbo de erva-doce, alho-poró, caldo de galinha ou de legumes, limão-siciliano, salsa, farinha de trigo

Tempere **6 sobrecoxas de frango inteiras** com sal e pimenta e doure ligeiramente numa panela rasa com um pouco de **óleo** e **manteiga** derretida. Corte **2 alhos-porós médios** em pedaços do tamanho de uma rolha, lave bem e adicione à panela. Separe **2 bulbos de erva-doce** em camadas, adicione ao frango e ao alho-poró e deixe amolecer por uns 10 minutos na panela tampada. Inclua **raspas de 1 limão-siciliano** e continue cozinhando por cerca de um minuto.

Polvilhe com **2 colheres de sopa de farinha** e cozinhe por mais alguns minutos antes de despejar **um litro de caldo de galinha ou de legumes**. Deixe levantar fervura, tempere e cozinhe em fogo baixo por 35 minutos, com a panela tampada, mexendo de vez em quando.

Finalize com **suco de um limão-siciliano** e um punhado de **salsa picada**. Fica bom com batatas cozidas com a pele, para absorver o caldo do frango salpicado de salsa.

Para 3 pessoas. Sabores caseiros. Uma refeição nutritiva.

No forno

O forno se encarrega de assar os alimentos sem que a gente precise ficar o tempo todo de olho. Nada de agitar, mexer ou chacoalhar a panela. Nada de ficar controlando o fogo, virando ou cutucando a comida. Basta colocar a assadeira no forno e deixar que ele se encarregue do trabalho. Isso não quer dizer que não vale a pena regar um assado de vez em quando ou que você pode esquecer uma torta no forno, mas essa técnica nos dá tempo para nos ocuparmos com outras coisas enquanto o jantar é preparado.

Muitos pratos deste capítulo levam meia hora ou até uma hora ou mais no forno. Mas as receitas entraram neste livro porque o tempo de preparo é mínimo e, uma vez que estiverem no forno, ficamos livres para fazer outras coisas. Eu gosto da ideia de botar a mão na massa por quinze minutos e deixar a comida uma hora no forno. Tudo que leva muito tempo para preparar ficou de fora deste livro.

Qualquer pessoa que queira preparar um almoço tradicional de domingo precisa ter no mínimo uma assadeira, mas não é só. Uma travessa de cerâmica esmaltada, porcelana ou de vidro refratário pode ser usada para fazer uma massa em camadas, uma torta e também para assar legumes e linguiças. Comprei os meus pratos de cerâmica esmaltada usados e não abro mão deles por nada deste mundo. Travessas de cerâmica podem ficar lindamente desgastadas com o tempo, e até aquelas de vidro refratário, talvez o menos romântico de todos os utensílios de cozinha, têm uma agradável simplicidade inerente. Você não precisa de muitas, talvez só um conjunto de refratários de tamanhos diferentes.

Neste livro, separamos o frango em peças – principalmente as coxas e sobrecoxas – para reduzir o tempo do prato mais simples preparado no forno: o frango assado. Num caso, usamos a ave aberta. Eu até poderia ter colocado neste livro de pratos rápidos um frango assado inteiro com manteiga e tomilho ou limão, mas achei mais interessante incluir receitas de pedaços de frango que levam a metade do tempo de uma ave inteira. Você vai encontrar receitas de frango assado com Taleggio, peito recheado com queijo defumado e coxas de frango com geleia picante de laranja ou de tangerina. E você também poderá impressionar seus convidados com um prato rápido de lulas recheadas com feijão, que vão achar que você passou horas assando no forno.

A essência dos pratos assados não é apenas sua simplicidade e bonomia, mas também o que acontece com a comida. Os sucos saem da carne e se caramelizam na assadeira, a casca fica crocante, os sabores se concentram. Os pedaços de frango, mesmo quando assados por pouco tempo, ficam com a pele crocante e saborosa; o recheio derrete deliciosamente dentro do peito de frango; a carne do cordeiro fica macia. Mas não é só isso. O macarrão com molho adquire uma crosta dourada, legumes cozidos no molho de queijo ficarão com um irresistível tom dourado. A batata assada oferece um aconchego que poucas outras coisas conseguem.

Peixes como robalo e tainha com alho-poró ficam especialmente saborosos quando assados no forno. Neste livro, pratos em camadas como a lasanha foram simplificados, substituindo o molho ragu por camadas de carne de linguiça com cheiro-verde. Também incluí uma série de assados simples, inclusive filés de cordeiro com migalhas de pão temperadas e satay de coxas de frango com brotos de feijão e pasta de curry. Esse tipo de comida requer pouca interferência da nossa parte depois que nos encarregamos do preparo inicial. É uma refeição que praticamente se faz sozinha.

Alguns favoritos feitos no forno

Limão e mel

Coloque coxas de frango numa assadeira. Misture mel, suco de limão a gosto, um pouco de sal e pimenta e despeje sobre o frango. Deixe-o com a pele para cima e asse no forno a 200°C até a pele ficar dourada e o suco que sair da carne ao ser perfurada com um espeto não estiver mais avermelhado ou rosado. Acrescente sal enquanto come.

Carne de porco com maçã e xarope de bordo

Pique 1 ou 2 maçãs em pedaços médios, descartando o miolo. Descasque uma cebola e pique também em pedaços médios. Misture os dois e asse com um pouco de óleo no forno a 200°C, por 15 minutos. Tempere um lombo de porco com sal, pimenta e sementes de erva-doce e sele-o numa frigideira, dourando rapidamente em óleo quente. Coloque a carne na assadeira com a maçã e a cebola, acrescente xarope de bordo ou mel por cima e asse por uns 30 minutos, dependendo do peso da peça, e deixe descansar.

Frango com molho de soja. Maravilhosamente pegajoso

Misture 150 ml de molho de ostra, 2 colheres de sopa de molho de soja, 2 colheres de sopa de açúcar mascavo, meia colher de chá de pimenta-malagueta em flocos, 2 cebolinhas picadas e 2 dentes de alho picados. Coloque 4 pedaços de frango numa assadeira, despeje o molho e sacuda a assadeira com delicadeza, para revestir a carne por inteiro. Asse no forno a 200°C por 20 minutos, regue com o molho e asse por mais 15–20 minutos, sem descuidar, pois o frango pode queimar. Sirva com brotos de feijão, alface ou agrião. Para 2 pessoas.

Batata com especiarias e espinafre

batata, pimenta-caiena, pimenta-malagueta em flocos, açafrão, cominho, alho, espinafre, echalote, iogurte, coentro

Corte **800 g de batatas grandes** em pedaços e cozinhe-os com bastante água salgada por uns 15 minutos, até os pedaços começarem a ficar macios. Descasque **5 echalotes** e corte-as ao meio, no sentido do comprimento. Escorra as batatas, coloque-as numa tigela, acrescente as echalotes e misture com **meia colher de chá de pimenta-caiena, 1 colher de chá de pimenta-malagueta em flocos, 1 colher de chá de alho amassado, 1 colher de chá de cominho** e **1 colher de chá de açafrão**, sacudindo a tigela. Adicione 2 colheres de chá de sal marinho e **4 colheres de sopa de óleo de soja**, coloque tudo numa assadeira e leve ao forno a 200°C até ficar crocante. Lave dois punhados grandes de **espinafre**, coloque-o numa panela em fogo médio, tampe e deixe por 1–2 minutos para murchar. Misture o espinafre com as batatas crocantes e um pouco de **iogurte** e **coentro picado**.

O suficiente para 2–3 pessoas. Quente, fresco, crocante e macio.

Bacon à boulangère

batata, bacon defumado, caldo de legumes

Lave **350 g de batatas grandes** e corte-as em fatias finas de mais ou menos 3 mm. Retire a casca de **10 fatias de bacon defumado** e corte o bacon em três tiras, no sentido do comprimento.

Num refratário, disponha as batatas e o bacon em camadas e vá temperando com sal e pimenta. Despeje **500 ml de caldo de legumes**, cubra o refratário com papel alumínio e leve ao forno por uma hora a 200°C. Retire o papel alumínio e continue assando por mais 15 minutos, até as batatas ficarem douradas.

Sirva com uma salada de alface crocante e agrião picante.

Para 4 pessoas. Frugal, puro e simples. O amido tranquilizador e o caldo calmante com um toque fumegante.

Linguiça defumada e folhas verdes
Substitua o bacon por mais ou menos 400 g de linguiça defumada. É sempre uma boa surpresa encontrar pedacinhos de salsa picada.

Cogumelos porcini terrosos e macios, a vivacidade do limão-siciliano
Despeje água fervente em mais ou menos 10 g de cogumelos porcini e deixe por alguns minutos. Quando os cogumelos estiverem macios, disponha-os em camadas com as batatas. Adicione ao caldo de legumes o suco de meio limão-siciliano e um punhado de salsa. Você pode acrescentar a água na qual o porcini ficou de molho no caldo de legumes, dando um sabor mais intenso e profundo.

Rabanetes refrescantes, endro verde e um pouco de peixe
Descasque e fatie um rabanete. Refogue rodelas bem finas de cebola num pouco de manteiga ou óleo. Disponha o rabanete e a cebola em camadas alternadas, acrescentando aliche e endro bem picados.

Confit de pato com inhame
Descasque e corte em fatias finas um inhame ou um cará. Passe banha de pato ou de porco numa assadeira, disponha o inhame em camadas com o confit de canard (em lata ou em conserva) sem os ossos e um pouco de tomilho picado. Eu gosto de dourar um pouco o confit numa frigideira antiaderente antes e dispô-lo em camadas com as fatias de inhame. Asse como na receita. O inhame também pode ser usado na versão com bacon.

Gratinado de abóbora-moranga

abóbora-moranga, cogumelos, manjericão, muçarela, molho branco, parmesão

Preaqueça o forno a 200°C. Descasque **750 g de abóbora-moranga**, descarte as sementes e as fibras e corte em fatias de mais ou menos 3 mm. Aqueça um pouco de manteiga e óleo numa frigideira rasa. Quando começar a borbulhar, disponha algumas das fatias de abóbora numa camada e deixe-as corar um pouco por baixo. Vire-as e deixe cozinhar do outro lado – elas devem ficar translúcidas e macias. Retire da frigideira e escorra em papel toalha. Faça o mesmo com o restante das fatias de abóbora.

Enquanto a abóbora cozinha, corte **300 g de cogumelos** em fatias grossas. Quando terminar de cozinhar toda a abóbora, adicione os cogumelos à frigideira, acrescente mais manteiga se necessário, tempere com sal e pimenta. Quando estiverem quase cozidos, junte **15 g de folhas de manjericão**, espere elas murcharem e retire a frigideira do fogo.

Disponha um pouco da mistura de abóbora e cogumelos em uma assadeira grande e rasa. Pique **200 g de muçarela** e polvilhe os pedaços sobre a camada de abóbora e cogumelos. Com uma colher, coloque **500 ml de molho branco** (pode ser molho pronto) por cima, adicione outra camada de abóbora com cogumelos e vá temperando. Por fim, polvilhe com uma generosa camada de **parmesão ralado**. Leve ao forno por uns 40 minutos até o molho borbulhar e uma casquinha ligeiramente dourada se formar por cima.

Para 4–6 pessoas. Uma receita deliciosa, especialmente se você tiver uma abóbora-moranga sobrando na sua cozinha.

Cordeiro assado, mostarda e migalhas de pão

filé de cordeiro, farinha de rosca grossa, semente de cominho, kümmel, mostarda de Dijon

Separe **1 ou 2 filés de cordeiro, de uns 300 g cada**. Misture **50 g de farinha de rosca grossa**, **1 colher de sopa de sementes de cominho**, **1 colher de sopa** de kümmel e reserve. Tempere os filés com sal e pimenta. Aqueça uma película de **óleo** em uma panela antiaderente rasa e doure os filés. Retire-os da panela e passe **mostarda de Dijon**. Eu gosto de usar bastante mostarda, mas a quantidade é opcional.

Polvilhe os filés com a farinha de rosca temperada. Unte uma forma com um pouco de azeite e leve os filés ao forno pré-aquecido a 200°C por uns 10 minutos. Retire do forno e deixe descansar por 5–10 minutos. Fatie e sirva. Cai bem acompanhado de vagens, espinafre e batatas gratinadas ou cozidas.

Para 4 pessoas. Carne rosada. Migalhas douradas.

Algumas dicas
- O filé é um corte magro, então seja generoso no azeite.
- Use migalhas de pão, de preferência farinha de tempurá panko, se tiver. Polvilhe as migalhas que sobrarem no prato e sirva como acompanhamento.
- O tapenade é uma pasta da cozinha provençal. Para fazê-lo, bata no processador de alimentos azeitonas pretas, aliche e alcaparras, até formar uma pasta.

Pesto
Em vez de mostarda, espalhe molho pesto sobre o cordeiro e substitua o cominho e o kümmel por ervas como segurelha, manjericão, tomilho e lavanda. Asse como na receita. Sirva vagens para acompanhar.

Wasabi e farinha de tempurá
Passe wasabi no cordeiro dourado e cubra a carne em farinha de tempurá panko. Asse como na receita.

Tapenade de pistache e azeitonas pretas
Espalhe tapenade de azeitonas pretas no filé de cordeiro selado e quente, passe o filé em pistache triturado e asse como na receita.

Harissa e gergelim
Espalhe uma camada de harissa sobre o cordeiro dourado, passe a carne com delicadeza em sementes de gergelim e asse como na receita.

Mostarda
Espalhe mostarda de Dijon numa bisteca de porco e passe em farinha de rosca grossa. Dobre o tempo no forno e regue durante o cozimento. Sirva com purê de maçã e salada de erva-doce e agrião.

Frango com geleia
coxa de frango, geleia de laranja ou tangerina, mostarda em grãos

Coloque **6 coxas de frango grandes** numa assadeira forrada com papel alumínio. Misture **6 colheres de sopa cheias de geleia de laranja ou tangerina**, **3 colheres de sopa de mostarda em grãos** e uma pitada de **pimenta-do-reino**.

Passe a geleia temperada no frango e leve-o ao forno a 200°C por uns 30 minutos, ficando de olho para não queimar.

Para 2–3 pessoas. Doce, picante, suculento.

Para variar
Para uma versão mais quente (embora longe de ser apimentada), adicione uma pitada de pimenta-malagueta em flocos à geleia de laranja ou tangerina ou um pouco de echalote ou cebola picadinha. Com uma faca afiada, faça talhos por todo o frango, massageie-o e espalhe a geleia, inclusive nas fendas.

Mostarda, chutney de manga, molho inglês, um sanduíche de frango picante
Misture uma colher de sopa de mostarda de Dijon, 2 dentes de alho amassado, 1 ou 2 colheres de sopa de chutney de manga e uma colher de sopa de molho inglês. Corte fendas profundas em 1 ou 2 coxas e sobrecoxas de frango cozidas e frias, passe a pasta na carne e leve ao forno elétrico até deixá-la crepitante. Desosse a carne e recheie pãezinhos brancos e macios.

Um molho doce e delicioso
Faça um molho com mel, molho tarê, mostarda em grãos e ketchup. O resultado deve ser doce, com o toque apimentado dos grãos de mostarda. Sacuda a tigela para misturar o molho com as coxas de frango, até ficarem bem recobertas, e asse como na receita, ficando de olho no forno. Se a carne começar a dourar rápido demais, cubra com papel alumínio.

Peito de frango com queijo defumado e pancetta

peito de frango, pancetta, cebolinha, queijo defumado

Abra uma fenda profunda no meio de **2 peitos de frango grossos**, no sentido do comprimento, para formar uma espécie de bolsão. Pique em cubinhos **100 g de pancetta** e frite-a numa frigideira rasa até ficar crocante. Adicione **2 cebolinhas picadas** e continue fritando até a gordura ficar dourada. Transfira para uma tigela. Acrescente **100 g de queijo defumado em cubos** na pancetta e tempere com sal e pimenta-do-reino.

Recheie os peitos de frango com essa mistura e feche os bolsões com um ou dois palitos ou espetos de madeira. Asse no forno a 180°C por 25–30 minutos até dourar. Retire os espetos e sirva.

Para 2 pessoas. Frango dourado. Queijo defumado derretido.

Alho, echalote, manteiga e farinha de rosca
Misture 75 g de manteiga, um punhado de farinha de rosca grossa, 2 echalotes bem picadas, 2 dentes de alho e um punhadinho de salsa picada num processador de alimentos ou manualmente. Grelhe parcialmente, no forno elétrico não muito quente, 1 ou 2 sobrecoxas de frango desossadas ou peitos de frango. Antes de a carne ficar pronta, passe a pasta de farinha de rosca e continue grelhando, regando de vez em quando até dourar.

Pancetta e mostarda
Bata rapidamente algumas fatias de pancetta ou de bacon no processador de alimentos e misture com farinha de rosca, manteiga derretida e um pouco de mostarda de Dijon para dar liga. Espalhe a mistura nos peitos de frango e grelhe no forno elétrico não muito quente.

Salmonete assado com erva-doce e alho-poró

salmonete*, bulbo de erva-doce, alho-poró, salsinha, limão-siciliano

Preaqueça o forno a 180°C. Apare e corte ao meio **150 g de bulbos de erva-doce**. Se estiver usando bulbos maiores e mais velhos, pique-os bem. Apare **150 g de alho-poró**, deixando-os inteiros se forem finos e pequenos; caso contrário, corte-os ao meio no sentido do comprimento. Sacuda a tigela para misturar a erva-doce e a cebola com **4 colheres de sopa de azeite**.

Adicione um pouco de **salsa picada** e **o suco de um limão-siciliano**. Coloque a mistura numa assadeira. Disponha **2 salmonetes lavados e preparados** por cima dos vegetais. Pincele com o azeite que ficou na assadeira e leve ao forno por mais ou menos 20 minutos.

Para 2 pessoas. A vivacidade do alho-poró, a doçura do peixe.

Robalo com batatas

Disponha numa assadeira uma camada de rodelas de batata. Sacuda a assadeira para misturá-las com azeite, pedaços de bacon e um pouco de alecrim picado. Coloque um robalo inteiro e limpo por cima, regue com azeite e alecrim e asse como na receita.

Peixe inteiro assado com berinjela

Corte 1 ou 2 berinjelas em cubinhos de mais ou menos 1 cm. Misture-as com bastante azeite, sal e tomilho picado. Leve ao forno por uns 30 minutos a 180°C, sacudindo a assadeira de vez em quando para as berinjelas assarem por igual. Quando elas estiverem douradas e macias, coloque um peixe inteiro, limpo e preparado (como tainha ou sardinha), por cima, regue com bastante azeite, o suco de meio limão-siciliano e tempere com bastante sal e pimenta. Asse até a carne do peixe ficar firme. O tempo exato no forno vai depender do peso e do tipo de peixe que você usar, mas deixe por mais ou menos 20–40 minutos. Sirva com mais azeite e limão.

* O salmonete pode ser substituído por tainha. (N. E.)

Tomate com aliche crocante

tomate, aliche, pão branco, manjericão, coentro, salsa, cebolinha

Preaqueça o forno a 180°C. Coloque **4 colheres de sopa de azeite** numa frigideira funda em fogo médio e **6 cebolinhas picadas**. Corte **1 kg de tomates** ao meio, na horizontal, e adicione à frigideira. Tampe e cozinhe por mais ou menos 5 minutos, até os tomates amolecerem sem se desfazerem. Acrescente **1 tomate picado**, um punhado de **manjericão**, um punhado de **folhas de coentro**, uma pitada de pimenta-do-reino, um pouquinho de sal e desligue o fogo.

Bata rapidamente **60 g de pão branco** no processador de alimentos até obter migalhas macias, não muito homogêneas. Adicione um punhado de **salsa**, **5 aliches** e um pouco de pimenta-do-reino e bata rapidamente mais uma vez. Transfira os tomates e o caldo que se formou na frigideira para um refratário, polvilhe com as migalhas e leve ao forno por 30 minutos, até os tomates ficarem crepitantes e a crosta, dourada.

Para 4 pessoas. Uma brisa de Provença!

Frango aberto, rúcula, cuscuz

frango, rúcula, cuscuz, limão-siciliano, alho, caldo de galinha, tomilho

Preaqueça o forno a 200°C. Coloque **1 frango médio** numa tábua de cortar e, com uma faca grande e afiada ou uma tesoura de trinchar, corte a espinha dorsal dos dois lados, do pescoço à cauda, para retirá-la e abra o frango como a um livro, para que fique achatado na assadeira. Coloque o frango com o lado da pele para cima numa assadeira. Numa tigela pequena, misture **4 colheres de sopa de azeite** e **o suco de um limão-siciliano** (não jogue a casca fora). Tempere com sal, pimenta e as folhas de **3 ou 4 raminhos de tomilho**. Com uma colher, coloque o azeite temperado sobre o frango e adicione mais **8 ramos de tomilho**. Corte ao meio os dentes de **1 cabeça de alho** e disponha as metades ao redor da carne, junto com a casca do limão que você usou para fazer o suco.

Asse o frango por 45 minutos, até a pele estar dourada e o suco que sair da carne ao ser perfurada com um espeto não estar mais avermelhado ou rosado.

Retire a assadeira do forno, coloque o frango num prato aquecido coberto com papel alumínio e deixe-o descansar. Despeje **500 ml de caldo de galinha** na assadeira e raspe delicadamente qualquer crosta que tiver sobrado no fundo, deixando dissolver no caldo. Polvilhe com **250 g de farinha de milho pré-cozida para cuscuz**, distribuindo bem. Cubra com papel alumínio ou um pano e deixe a farinha absorver o caldo por 10 minutos.

Lave **100 g de folhas de rúcula**, misture-as ao cuscuz com um garfo, afofando a farinha de milho à medida que adiciona as folhas. Tempere com um pouco de sal e pimenta a gosto e, se quiser, um pouco de **suco de limão-siciliano**. Corte o frango em pedaços e sirva com o cuscuz de rúcula.

Para 4 pessoas. Cuscuz reforçado com o caldo do assado e as crostas da assadeira. Nenhum sabor é desperdiçado.

Uma dica
Você vai precisar de uma boa faca para destrinchar o frango, mas o seu açougueiro pode fazer isso por você. A receita também pode ser feita com peças inteiras. O melhor é usar sobrecoxas ou cortes inteiros de coxa e sobrecoxa.

Gergelim e mirin
Passe manteiga, sal e pimenta em coxas de frango e leve ao forno. Quando o frango ficar dourado e estiver quase pronto, regue-o com uma mistura de óleo de gergelim e mirin, polvilhe com algumas sementes de gergelim e continue assando.

Laranja e vinagre de xerez
Misture um pouco de vinagre de xerez, suco de laranja espremido na hora e manteiga derretida e despeje sobre coxas de frango ou um frango aberto. Coloque as cascas das laranjas usadas para fazer o suco por baixo do frango e asse como na receita principal.

Robalo com feijão e estragão

robalo, feijão-manteiga, estragão, manteiga, limão-siciliano

Misture **150 g de manteiga** em temperatura ambiente, um bom punhado de **folhas picadas de estragão** e **1 colher de sopa de suco de limão-siciliano**. Tempere com sal e pimenta e reserve.

Preaqueça o forno a 200°C. Tempere por dentro e por fora **1 robalo grande ou 2 pequenos**. Coloque a metade da manteiga de estragão na barriga do peixe, feche com um palito de madeira e ponha-o numa assadeira.

Escorra **400 g de feijão-manteiga cozido**. Distribua o feijão ao redor do peixe e, com uma colher pequena, regue o restante da manteiga com estragão por cima do feijão. Cubra com papel alumínio e leve ao forno por uns 40 minutos, dependendo do tamanho do peixe. Nos últimos 15 minutos, regue ou pincele o peixe com o caldo amanteigado e devolva ao forno sem o papel alumínio. Quebre o peixe em 4 pedaços e sirva com o feijão e o caldo por cima.

Para 4 pessoas. Peixe tenro, feijão macio.

Uma ceia rápida de sardinha

Escorra 200 g de feijão-branco cozido, coloque-o numa panela e adicione um pouco de manteiga e azeite. Aqueça em fogo médio. Abra uma boa lata de sardinha conservada no óleo, desfaça o peixe em pedaços grandes e acrescente ao feijão. Tempere com sal, pimenta e um pouco de vinagre de vinho tinto. Não é um banquete gourmet, mas é sempre uma boa pedida para quando você volta para casa à noite exausto e faminto.

Lentilhas com bacalhau. Um clássico que não tem erro

Aqueça 200 g de lentilhas cozidas e escorridas em uma quantidade generosa de azeite. Adicione 1 dente de alho amassado, um pouco de sal e pimenta, algumas folhas de tomilho e talvez 1 ou 2 folhas de louro. Cozinhe em fogo baixo, mexendo regularmente. Numa panela rasa, frite na manteiga bem quente meia dúzia de vieiras ou um pedaço de bacalhau. Coloque um punhado de salsa picada, um pouco de vinagre de vinho tinto e sirva com as lentilhas.

Satay de coxa de frango

coxa de frango, pasta de amendoim, curry tailandês vermelho, vinagre de arroz, óleo de gergelim, pasta de tamarindo, açúcar, broto de feijão

Preaqueça o forno a 200°C. Misture **250 g de pasta de amendoim crocante**, **2 colheres de sopa de pasta de curry tailandês vermelho**, **2 colheres de sopa de vinagre de arroz**, **2 colheres de sopa de óleo de gergelim**, **2 colheres de sopa de pasta de tamarindo**, **3 colheres de sopa de açúcar** e **400 ml de água**. Mexa bem, despeje a mistura sobre **8 coxas de frango grandes** e leve-as ao forno por uns 45 minutos. Retire o frango e reserve num prato aquecido. Sacuda a assadeira para misturar **150 g de brotos de feijão** no molho que sobrou e sirva com a carne.

Para 4 pessoas. Sabores explodindo na boca. Picante. De lamber os dedos.

Lula recheada com feijão-branco e molho de tomate

lula, feijão-branco ou feijão-manteiga, tomate, alho, alecrim, xerez seco

Descasque e pique bem **4 dentes de alho**, frite-os em uma fina camada de **azeite** numa frigideira funda, até corar um pouco. Corte **8 tomates** em mais ou menos 8 pedaços cada e adicione ao alho com folhas picadas de **1 ramo de alecrim**. Cozinhe por 6–7 minutos, até a mistura ficar tenra, aromática e bem suculenta. Tempere com sal e pimenta-do-reino.

Escorra **650 g de feijão-branco ou feijão-manteiga cozido**, misture delicadamente no molho de tomate e continue cozinhando em fogo médio por 5 minutos.

Preaqueça o forno a 200°C. Prepare **4 lulas médias**, lavando bem e descartando as cartilagens transparentes (a pluma). Reserve os tentáculos. Com uma colher de sopa, recheie-as com o máximo de molho de tomate com feijão que conseguir, dispondo-as na assadeira e deixando um pouco de espaço entre elas. Coloque o recheio que sobrar diretamente na assadeira.

Despeje **300 ml de xerez seco** ao redor das lulas, coloque mais **1 ou 2 raminhos de alecrim** e leve ao forno por 20–25 minutos, regando as lulas de vez em quando com o xerez. No meio do processo, disponha os tentáculos na assadeira, ao redor das lulas.

Sirva as lulas e os tentáculos em tigelas rasas ou em pratos fundos, com o caldo que ficar na assadeira.

Para 4 pessoas. Um prato de aquecer o coração. Vermelho e branco, com alho e tomate.

Pernil de cordeiro assado

pernil de cordeiro desossado, alecrim, semente de mostarda amarela, sal, alho, semente de aipo, tomilho

Preaqueça o forno a 170°C. Coloque na assadeira **1 barriga de cordeiro de aproximadamente 700 g ou 1 pernil de cordeiro desossado** com o lado da gordura para cima e, com uma faca afiada, faça talhos em intervalos de 1 cm. Misture **4 colheres de sopa de alecrim picado, 3 colheres de sopa de sementes de mostarda amarela, 1 dente de alho amassado, 2 colheres de sopa de sal, 3 colheres de sopa de sementes de aipo, as folhas de 6 raminhos de tomilho** e esfregue essa mistura no cordeiro. Pingue um fio de **azeite** na carne, para a superfície ficar bem úmida, e asse por 1 hora e 15 minutos. Deixe a carne descansar um pouco e sirva em fatias grossas.

Para 4 pessoas. Suculento e tenro. Frugal e aromático.

Algumas dicas
- Sirva acompanhado de batatas assadas, um purê de batata bem cremoso e macio, espinafre refogado ou um punhado de rúcula temperada com suco de limão.
- O pernil de cordeiro tem bastante gordura, o que mantém a carne suculenta enquanto assa. É uma carne que exige uma quantidade generosa de tempero.

Um molho de especiarias alternativo
Faça um molho com 3 colheres de sopa de páprica defumada, 3 colheres de sopa de sementes de cominho, 1 dente de alho grande amassado e 3 colheres de sopa de sal. Com uma faca afiada, faça talhos na peça de cordeiro. Depois, passe o molho na carne, despeje um fio de óleo e asse seguindo a receita principal.

Pão dinamarquês com linguiça

linguiça, massa folhada, semente de erva-doce, ovo

Preaqueça o forno a 200°C. Polvilhe uma superfície (como uma pia) com um pouco de farinha e abra **375 g de massa folhada amanteigada** num retângulo de mais ou menos 30 × 20 cm.

Retire a pele de **400 g de linguiças** (com uma faquinha, abra a pele de uma extremidade à outra para tirar o recheio da linguiça). Espalhe o recheio da linguiça sobre a massa, deixando um espacinho nas bordas. Polvilhe **2 colheres de sopa de sementes de erva-doce**. Pincele as bordas com **1 ovo batido**.

Com o lado mais longo voltado para você, enrole as laterais mais curtas da massa, à direita e à esquerda, até os rolinhos se encontrarem no meio. Pincele um pouco mais com ovo batido e pressione levemente os rolos um contra o outro. Corte a massa em fatias da largura de um dedo, coloque-as numa assadeira e pincele novamente. Asse por 10–15 minutos até ficarem crocantes e dourados.

Faz 8–10 pãezinhos. Massa folhada para carnívoros.

Cebolas caramelizadas, parmesão, alcaparras

Descasque algumas cebolas, corte-as em rodelas finas e refogue-as na manteiga em fogo médio, até ficarem macias e douradas. Elas devem ficar tenras o suficiente para você poder esmagá-las entre o indicador e o polegar. Misture parmesão ralado, pimenta-do-reino e algumas alcaparras. Espalhe sobre a massa como na receita anterior, enrole e leve ao forno.

Arenque defumado, *crème fraîche*

Esmague arenque defumado com um garfo, retirando meticulosamente todos os ossinhos. Tempere com pimenta, suco de limão-siciliano e talvez uma ou duas alcaparras e misture um pouco de *crème fraîche* até formar uma pasta homogênea, mas não líquida. Espalhe o arenque temperado no retângulo de massa, enrole e leve ao forno.

Linguiça, purê e molho de tomate

linguiça, batata, tomate, echalote ou cebola, caldo de galinha, creme de leite fresco, manteiga

Preaqueça o forno a 180°C. Descasque **2 echalotes ou cebolas pequenas**, corte--as em quatro no sentido do comprimento e coloque-as numa assadeira com **6 linguiças frescas** de primeira. Corte **2 tomates grandes bem vermelhos** em 4 e adicione à assadeira, com **4 colheres de sopa de azeite**. Leve ao forno por

1 hora até dourar. Corte **2 batatas grandes** em 6 pedaços cada, sem descascar, e cozinhe-as em bastante água salgada até ficarem macias.

Retire a assadeira do forno, coloque sobre o fogão e verta **500 ml de caldo de galinha**. Cozinhe em fogo baixo, mexendo regularmente.

Escorra as batatas e volte-as à panela. Adicione **50 g de manteiga** e amasse as batatas com um espremedor. Junte **4 colheres de sopa de creme de leite**, bata com uma colher de pau e tempere, tomando cuidado para não passar do ponto. Deixe em fogo baixo e mexa regularmente.

Amasse os tomates no molho com um garfo, até dissolver as crostas que sobraram no fundo da assadeira. Sirva as linguiças e o molho por cima do purê.

Para 2 pessoas. Uma refeição fortificante para uma noite fria.

Algumas dicas
- Cozinhar as linguiças lentamente impede que a pele se rompa e forma uma boa cobertura úmida sobre a pele.
- Quando as linguiças estiverem douradas, você pode terminar de cozinhá-las no caldo de carne.
- Depois de amassar as batatas com um espremedor, bata o purê com uma colher de pau para aerá-lo um pouco e deixá-lo mais leve.
- No final, misture no molho um pouco de mostarda de Dijon ou de mostarda em grãos.
- Substitua o caldo de carne por vinho Madeira ou marsala seco.
- Adicione 1 ou 2 folhas de sálvia ao molho.
- Você também pode misturar ao molho cogumelos cortados em quatro e refogados com um pouco de manteiga ou um pouquinho de wasabi, se quiser.

Uma receitinha clássica de linguiça com purê

Doure ligeiramente 6 boas linguiças frescas com um pouco de óleo numa panela pesada. Empurre-as para um canto e, no outro lado da panela, refogue 2 cebolas descascadas e cortadas em 4, com as camadas desfeitas. Quando a cebola estiver bem dourada e caramelizada, polvilhe-a com uma camada generosa de farinha e deixe dourar um pouquinho. Despeje 250 ml de caldo de carne, espere levantar fervura, tempere e cozinhe em fogo baixo por uns 20 minutos. Para fazer o purê, descasque 2 ou 3 batatas grandes, corte-as em pedaços grandes e deixe-as ferver em água levemente salgada ou cozinhe-as no vapor, até ficarem macias o suficiente para serem amassadas. Adicione umas 3 colheres de sopa de manteiga e bata até formar um purê leve e aerado. Sirva com as linguiças e o molho de cebola.

Batata assada com couve-flor e molho de queijo

batata, couve-flor, leite, folha de louro, parmesão

Fure **4 batatas grandes** com um garfo ou palito para não estourarem com o calor e leve ao forno a 200°C por 50–60 minutos, até a pele ficar crocante.

Corte **1 couve-flor pequena** em floretes grandes, coloque-a numa panela com **750 ml de leite** e **1 ou 2 folhas de louro** e deixe levantar fervura. Salgue ligeiramente e cozinhe em fogo baixo até a couve-flor ficar macia. Retire do fogo, separe a couve-flor do molho e reserve.

Corte a "tampa" das batatas no sentido do comprimento e descarte. Com uma colher, tire o miolo das batatas, mas pare um pouco antes de chegar na casca, para que a base fique firme. Amasse a polpa da batata com um garfo e misture com o leite que está na panela e com **150 g de parmesão ralado**. Tempere generosamente e mexa bem. Volte a couve-flor ao molho, recheie as batatas com a mistura, polvilhe com mais parmesão ralado e leve ao forno por mais ou menos 15 minutos, até o recheio ficar quente por inteiro e a parte de cima dourar um pouco.

Para 4 pessoas. Uma comida reconfortante, frugal. Êxtase absoluto.

Batata assada com linguiça calabresa

batata, linguiça calabresa, queijo manchego

Lave **2 batatas grandes**, salgue-as por inteiro, faça alguns furos com um garfo e leve-as ao forno a 200°C por uns 45 minutos, até elas ficarem ligeiramente crocantes e cozidas no centro.

No processador de alimentos, bata rapidamente **250 g de linguiça calabresa**, deixando pedaços irregulares. Coloque a linguiça numa panela antiaderente rasa e frite até ficar crepitante e um pouco dourada. Corte a "tampa" das batatas no sentido do comprimento, retire o miolo e coloque-o na panela com a linguiça, reservando as batatas vazias. Continue cozinhando até o miolo das batatas corar um pouco – não precisa temperar.

Pique **100 g de queijo manchego ou outro queijo firme e maturado** e adicione à mistura de batata e linguiça. Recheie as batatas com a mistura, polvilhe-as com mais **25 g de queijo manchego ralado** e leve-as ao forno por 10–15 minutos.

Para 2 pessoas. Batatas assadas para uma noite fria.

Canelone de aspargo

aspargo, massa de lasanha, molho branco, parmesão

Preaqueça o forno a 180°C. Apare **12 aspargos**. Cozinhe **4 folhas de massa de lasanha**, medindo aproximadamente 20 × 10 cm, com bastante água fervente por 5 minutos. Escorra-as e pincele-as com um pouco de azeite.

Coloque uma folha de lasanha em uma superfície limpa, disponha 3 aspargos crus por cima e enrole, deixando a massa meio frouxa. Faça o mesmo com o restante da massa e distribua os rolos numa assadeira. Despeje **500 ml de molho branco** (pode usar molho pronto, se quiser) bem temperado.

Leve ao forno por 30 minutos, polvilhe **50 g de parmesão ralado** e volte ao forno por mais 10 minutos, até o molho ficar borbulhando e o parmesão corar um pouco.

Para 2 pessoas. Aspargos cheios de sabor. Pede uma salada crocante para acompanhar.

Aspargos, bacon, parmesão

Ferva um pacote de aspargos e escorra. Fatie cada talo em 3 ou 4 pedaços. Corte 4 fatias de bacon ou de pancetta em tiras curtas e frite-as numa panela rasa até ficarem crocantes. Coloque os aspargos cozidos na panela, polvilhe um pouco de parmesão ralado e, assim que o queijo começar a derreter, divida a mistura em 2 pratos.

Aspargos, alho, soja

Misture 2 colheres de sopa de molho de soja envelhecido chinês ou shoyu, 2 colheres de sopa de mirin, uma pitada de açúcar e um pouco de sal. Refogue um punhado de aspargos finos com um pouco de óleo num wok, até ficarem macios. Doure 1 dente de alho cortado em fatias finas, adicione o molho, deixe ferver rapidamente e sirva.

Linguiça calabresa e batata

linguiça calabresa, batata, echalote, cenoura

Coloque **200 g de batatas** em água fervente e cozinhe até ficarem macias. Escorra-as e corte-as em fatias da espessura de uma moeda grossa. Preaqueça o forno a 180°C.

Corte **4 linguiças calabresas pequenas** ao meio. Com uma faca afiada, faça talhos nos lados cortados e coloque-as numa assadeira com **1 ou 2 echalotes grandes**, descascadas e cortadas ao meio, com as camadas desfeitas. Adicione as batatas cozidas e **150 g de cenouras pequenas** cortadas em fatias finas. Acrescente um fio de óleo e leve ao forno por 20 minutos, até as linguiças ficarem crepitantes.

Para 2 pessoas. Defumado, doce e picante.

Linguiça picante, pãezinhos macios

Corte linguiças defumadas no meio no sentido do comprimento. Com uma faca, faça talhos nos lados cortados e grelhe-as até ficarem macias e crepitantes. Abra um pão para cada linguiça, passe maionese e coloque a linguiça quente com um pouco de salada de folhas crocantes, como alface americana e agrião.

Batata-doce, linguiça picante

Descasque 1 ou 2 batatas-doces e pique-as em pedaços grandes. Misture com 1 cebola descascada e picada e 2 colheres de sopa de azeite. Asse no forno a 200°C por uns 30–35 minutos. Adicione 4 linguiças defumadas cortadas em fatias mais ou menos grossas e sacuda bem a assadeira para misturar tudo. Volte ao forno por 15–20 minutos até tudo ficar dourado e crepitante. Sirva com maionese à parte.

Lasanha de linguiça

linguiça fresca, massa de lasanha, tomate-cereja, tomate, mostarda de Dijon, creme de leite fresco, parmesão

Abra ao meio **750 g de linguiças frescas, roliças e saborosas**, retire a pele e coloque o recheio numa tigela. Unte o fundo de uma pequena travessa refratária com um pouco de **azeite** e coloque **folhas de massa seca de lasanha**, quebradas em pedaços para caber no refratário. Pique em pedaços médios **350 g de tomates-cereja** e distribua a metade sobre a massa. Cubra com metade da linguiça e outra camada de massa. Adicione o restante do tomate-cereja e disponha o que sobrou da linguiça e outra camada de massa. Fatie **2 tomates grandes** e distribua as fatias por cima da última camada.

Misture **1 colher de sopa de mostarda de Dijon, 250 ml de creme de leite fresco**, tempere levemente e despeje por cima. Polvilhe com **parmesão ralado**. Asse no forno a 200°C por 45 minutos.

Para 4 pessoas. Saboroso, sedutor e farto. Um prato para proteger do frio.

Lasanha cremosa de restos de frango e cebola

Refogue 1 ou 2 cebolas na manteiga derretida em fogo médio até ficarem macias. Acrescente sobras de frango (ou do peru de Natal), inclusive toda a carne tostada e o molho que sobrou na assadeira. Adicione folhas de tomilho ou estragão, creme de leite fresco ou *crème fraîche* e bastante tempero. Disponha em camadas entre as folhas de lasanha como na receita. Finalize com parmesão ralado e leve ao forno.

Espaguete ao forno

espaguete ou bucatini, bacon ou pancetta em fatias, alho, creme de leite fresco, caldo de legumes, parmesão

Cozinhe **500 g de espaguete ou bucatini** em água fervente até ficar *al dente*. Escorra-o, resfrie-o numa peneira em água corrente e reserve. Corte **12 fatias de bacon defumado ou de pancetta** em pedaços da grossura de um dedo. Descasque e corte em fatias finas **4 dentes de alho** e frite-os com o bacon numa panela antiaderente rasa até o bacon ficar crocante.

Coloque o macarrão escorrido numa tigela com **400 ml de creme de leite fresco**, **200 ml de caldo de legumes**, o bacon, o alho e tempere com sal e pimenta-do-reino. Sacuda a tigela para misturar tudo e transfira para uma assadeira. Polvilhe com um bom punhado de **parmesão ralado** e leve ao forno a 180°C por uns 30 minutos, até a superfície dourar um pouco.

Para 4 pessoas. Um emaranhado suculento.

Uma dica
Use a massa que tiver na sua despensa. Tirando, talvez, as massas menores utilizadas para sopa, como o risoni, praticamente qualquer variedade cai bem com essa receita.

Macarrão bucatini com cogumelos porcini
Deixe um punhado de cogumelos porcini secos de molho em água morna por 10 minutos, até eles incharem e ficarem macios. Misture delicadamente o porcini com o molho e o macarrão substituindo o bacon ou, se preferir, junto com o bacon.

Com cogumelos frescos
Fatie cogumelos Portobello pequenos e frite-os com um pouco de manteiga e óleo, até ficarem dourados e um pouco pegajosos. Tempere com folhas de tomilho, sal e pimenta. Use no lugar do bacon. Adicione um pouco de salsa também (não precisa picar bem). A salsa combina com os cogumelos.

Porco com laranja sanguínea

bisteca de porco, laranja sanguínea, molho de ostra, molho de soja envelhecido chinês ou shoyu, açúcar, molho de pimenta, alho, laranja, rabanete

Preaqueça o forno a 180°C. Misture **2 colheres de sopa de molho de ostra, 1 colher de sopa de molho de soja envelhecido chinês ou shoyu, 1 colher de sopa de açúcar, 1 colher de sopa de molho de pimenta, 2 dentes de alho amassado** e **raspas da casca de uma laranja sanguínea** ou qualquer outra laranja suculenta que você tiver na sua cozinha. Coloque **300 g de bistecas de porco** na marinada e deixe pelo tempo que puder antes de assar – uma hora, se possível, ou no mínimo 5 minutos.

Coloque a carne numa grelha sobre uma assadeira, acrescentando à marinada que ficou no fundo da assadeira 300 ml de água. Leve ao forno por 25–30 minutos, até a carne ficar brilhante. Retire do forno, deixe descansar por um tempo e tire a carne da assadeira.

Coloque a assadeira no fogão, em fogo médio, acrescente o **suco de uma laranja**, deixe levantar fervura e reduza o caldo até formar um molho grosso e reluzente. Corte **2 laranjas** em rodelas finas e **6 rabanetes** em rodelas ou ao meio. Fatie as bistecas e sirva com as laranjas e os rabanetes.

Para 2 pessoas. Porco adocicado, aromático, de lamber os dedos. O brilho das laranjas.

Lombo de porco, molho ponzu

Aqueça uma fina película de óleo e doure um lombo de porco temperado com sal e pimenta. Asse como na receita anterior até o centro da carne acabar de cozinhar e deixe descansar. Enquanto isso, faça um molho misturando molho de soja, açúcar, vinagre de arroz, pimentas vermelhas bem picadas e um pouco de molho ponzu. Alguns brotos de feijão dão um toque especial. Corte a carne de porco em fatias grossas e mergulhe os pedaços no molho para comer.

Cogumelos acebolados na massa

echalote, cogumelo porcini seco, queijo Caerphilly, ovo, farinha de trigo, leite, mostarda em grãos, óleo de soja, queijo parmesão

Descasque e corte ao meio **6 echalotes**. Refogue-as em fogo médio numa panela rasa com um pouco de **manteiga** e **óleo**, começando com o lado do corte para baixo. Deixe por uns 20 minutos, virando-as e deixando-as amolecer até ficarem bem douradas e pegajosas.

Corte **165 g de queijo Caerphilly** em cubos. Deixe **15 g de cogumelos porcini** de molho na água fria por 10 minutos e escorra. Faça uma massa batendo **2 ovos**, **150 ml de leite**, **150 ml de água**, **125 g de farinha de trigo**, **1 colher de sopa de grãos de mostarda** e um pouco de sal e pimenta.

Despeje uma fina camada de **óleo de soja** numa assadeira rasa de uns 30 × 24 cm e aqueça no forno a 220°C, até começar a sair fumaça do óleo. Adicione as echalotes refogadas, o porcini, o Caerphilly e despeje a massa por cima. Acrescente um punhado de **parmesão ralado** e leve ao forno por uns 25 minutos até crescer.

Para 4 pessoas. Uma explosão de sabores. Absolutamente maravilhoso.

Um molho rápido

Deixe cogumelos porcini de molho em 250 ml de água. Descasque 2 cebolas médias, corte-as em rodelas finas e refogue-as na manteiga até amolecer. Adicione 2 colheres de sopa de farinha, cozinhe por alguns minutos, despeje 250 ml de caldo de legumes, a água do molho dos cogumelos e 150 ml de vinho Marsala. Cozinhe em fogo baixo por 15–20 minutos e adicione 1 ou 2 pitadas de açúcar, sal e pimenta a gosto. Sirva com os cogumelos.

Uma versão de berinjela e queijo feta

Sacuda uma tigela para misturar berinjelas fatiadas e uma dose generosa de azeite, tomilho picado, um pouco de hortelã seca, se tiver, e 1 ou 2 dentes de alho amassado. Asse até a berinjela ficar crepitante e macia, adicione um pedaço de queijo feta esfarelado em pedaços grandes e sacuda delicadamente a assadeira para misturar. Despeje a massa da receita e asse.

Batata com molho de gorgonzola

batata, gorgonzola, bacon defumado em fatias, pimenta-malagueta em flocos, páprica defumada, creme de leite fresco

Lave bem **1 kg de batatas médias** com casca. Corte as batatas ao meio, no sentido do comprimento e em gomos, uns 3 ou 4 para cada metade. Cozinhe-as em água fervente salgada por 15 minutos, até elas ficarem quase macias. Escorra-as e coloque-as numa assadeira. Preaqueça o forno a 200°C.

Frite **8 fatias de bacon defumado** numa panela rasa com um pouco de óleo, até ficarem bem crocantes. Coloque o bacon no processador de alimentos com **1 colher de sopa de pimenta-malagueta em flocos, 4 colheres de sopa de óleo de soja, 1 colher de sopa de páprica defumada** e bata rapidamente até a mistura ficar parecendo migalhas bem fininhas. Polvilhe as batatas com as migalhas e sacuda delicadamente a assadeira para cobrir as batatas por inteiro. Leve ao forno por mais ou menos uma hora, até as batatas ficarem crocantes e crepitantes.

Para fazer o molho, aqueça **250 ml de creme de leite fresco** numa panelinha antiaderente, acrescente **150 g de gorgonzola em cubos ou esfarelado** e mexa delicadamente até o queijo derreter. Despeje um fio do molho quente nas batatas ou sirva separamente.

Para 4 pessoas. Alegre, crocante, acolhedor e lúdico.

Emaranhado de raízes

batata, mandioquinha, cenoura, cebola, alecrim, semente de abóbora

Preaqueça o forno a 200°C. Com um descascador de legumes, corte em tiras **250 g de batatas, 2 mandioquinhas grandes** e **2 cenouras grandes**. Descasque e corte **uma cebola** em anéis. Coloque tudo em uma grande tigela com **1 colher de sopa cheia de folhas de alecrim, 5 colheres de sopa de azeite** e **2 colheres de sopa de sementes de abóbora**. Espalhe tudo numa assadeira, formando uma camada rasa. Leve ao forno por 20 minutos, até as raízes ficarem macias e um pouco crocantes nas bordas.

Para 2 pessoas. Uma refeição leve. Ou um bom acompanhamento para qualquer carne grelhada.

Peito de frango com queijo Taleggio

peito de frango, queijo Taleggio ou muçarela, presunto cru, sálvia

Preaqueça o forno a 180°C. Corte **2 peitos de frango grandes** ao meio na horizontal. Disponha as fatias confortavelmente numa assadeira untada com óleo e tempere com sal e pimenta-do-reino. Fatie grosseiramente **80 g de queijo Taleggio** e distribua sobre os pedaços de frango. Depois, coloque algumas **folhas de salvia** sobre cada pedaço e envolva cada um deles com **1 ou 2 fatias de presunto cru**.

Leve ao forno por 10–15 minutos, até o queijo começar a derreter e o frango cozinhar por inteiro. Retire cuidadosamente da assadeira com uma espátula para servir.

Para 4 pessoas. Um prato de improviso. E um bom prato.

Frango salteado, cogumelos porcini e vinho Marsala

Corte um punhado de batatinhas ao meio, no sentido do comprimento. Aqueça um pouco de azeite numa panela grande, adicione 4 pedaços de frango temperado e as batatas e deixe cozinhar até ficarem dourados e levemente crocantes. Deixe um punhado de cogumelos porcini de molho na água até incharem. Acrescente 1 ou 2 dentes de alho na panela com o frango e as batatas, depois ponha os cogumelos porcini e um pouco de alecrim picado. Despeje numa taça pequena de vinho Marsala seco e cozinhe em fogo baixo, com a panela meio tampada, por uns 20 minutos, até o frango cozinhar. Para 2 pessoas.

Frango de panela ao forno, xerez e amêndoa

sobrecoxa de frango, batata, amêndoa salgada, xerez seco, cerefólio ou salsa

Preaqueça o forno a 200°C. Tempere **4 sobrecoxas grandes de frango**, doure da maneira mais uniforme possível com um pouco de **óleo** em fogo médio, numa caçarola de cerâmica ou de vidro refratário. Fatie **200 g de batatas** em rodelas e adicione à panela, deixando-as corar um pouco. Acrescente **80 g de amêndoas salgadas**, frite-as até ficarem bem douradas e despeje **100 ml de xerez fino**. Deixe borbulhar por alguns segundos para o álcool evaporar, despeje 100 ml de água, tampe bem e leve a caçarola ao forno por 25 minutos. Retire a tampa, adicione um punhadinho de **cerefólio ou salsa** e sirva.

Para 2 pessoas. Carne barata com sabores profundos. Amêndoas salgadas, xerez seco.

Uma dica

Eu uso amêndoas de Marcona*, roliças e meio arredondadas, para essa receita. Gostosas e adocicadas, elas contribuem com muito sabor. Independente de qual semente oleaginosa você vai usar, não deixe de torrá-la até ficar bem dourada antes de adicionar o xerez.

Uma carne de panela básica ao forno

É muito simples fazer uma carne de panela ao forno: coloque em uma caçarola um frango ou alguns pedaços de frango (pode até ser um faisão ou uma galinha-d'angola), algumas cebolas picadas ou alho-poró, algumas ervas como tomilho, sálvia ou alecrim, talvez alguns pedaços de batata e algum líquido, como sidra ou vermute branco. Tempere, acrescente um pouco de alho, se quiser, e mantenha a tampa bem fechada. Deixe no forno por 1–2 horas, enquanto você faz outras coisas. Um jeito descolado de cozinhar.

---

* Você também pode usar amêndoas torradas, castanha-de-caju ou qualquer outra semente oleaginosa. (N. T.)

Barriga de porco, pistache e figo

barriga de porco, linguiça fresca, pistache, figo

Você vai precisar de **1 pedaço de barriga de porco, de mais ou menos 2 kg**, desossado e com talhos abertos na pele. Coloque a peça com a pele para cima numa tábua de cortar, divida-a 6 pedaços iguais e corte cada um deles ao meio, na horizontal. Disponha metade da barriga de porco numa assadeira e reserve a outra metade.

Ponha o recheio de **500 g de uma boa linguiça fresca** numa tigela. Pique **100 g de pistaches sem casca** em pedaços médios, **4 figos** e adicione-os à carne da linguiça. Tempere a mistura com sal e pimenta, espalhe-a sobre os pedaços de barriga de porco que estão na assadeira. Coloque as metades reservadas por cima, pressione-as com firmeza e leve ao forno a 200°C por 20 minutos.

Abaixe o forno para 160°C, adicione mais **6 figos** cortados ao meio e continue assando por 1 hora, até tudo ficar macio e suculento.

Para 6 pessoas. Saboroso, adocicado e frutado. Um assado para um dia de outono.

Bolinho assado de grão-de-bico

grão-de-bico, feijão-branco ou feijão-rajadinho, páprica, garam masala, pimenta-malagueta em flocos, cebolinha-francesa, salsa, iogurte, tangerina ou laranja, hortelã, agrião

Espalhe **250 g de grão-de-bico cozido e escorrido** numa assadeira e polvilhe com **1 colher de chá de páprica** e **1 colher de chá de garam masala**. Asse no forno a 180°C até aquecer e ficar ligeiramente crocante e aromático – deve levar uns 10 minutos. Reserve.

Escorra mais **250 g de grão-de-bico cozido** e **250 g de feijão-branco ou feijão-rajadinho cozido** e, com um espremedor de batatas, amasse os dois para formar um purê não muito homogêneo. Misture uma pitada de **pimenta-malagueta em flocos, 1 colher de sopa de cebolinha-francesa, 1 colher de sopa de salsa picada**, uma pitada de sal e de pimenta e o grão-de-bico tostado.

Faça 8 bolinhos com a mistura. Unte uma assadeira com óleo, coloque os bolinhos e pincele com um pouco de óleo. Asse no forno a 200°C por 20 minutos, até ficarem crocantes por fora.

Faça um molho rápido misturando **raspas de 1 tangerina ou laranja pequena, 1 colher de sopa de hortelã picada e 200 ml de iogurte**. Sirva numa tigela com os bolinhos de grão-de-bico e salada de **agrião**.

Para 4 pessoas. Bolinhos crocantes por fora e macios por dentro. Simples e caseiro.

Uma dica
É a textura interessante que torna esses bolinhos de grão-de-bico tão especiais.

Creme de legumes, grão-de-bico e manjericão: uma sopa para o verão
Pique 1 cebola, 1 caule de aipo, 1 alho-poró pequeno e 1 cenoura e refogue tudo com 1 ou 2 colheres de sopa de azeite em fogo médio, até os vegetais ficarem macios. Não deixe corar. Adicione 1 dente de alho amassado e 1 abobrinha picada. Despeje 1 litro de caldo de legumes, adicione 1 ou 2 folhas de louro, 400 g de grão-de-bico cozido e escorrido e cozinhe em fogo baixo por uns 30 minutos.

No processador de alimentos, misture um punhado de folhas de manjericão, uns 50 g de parmesão ralado e 2 colheres de sopa de azeite. Quando os vegetais da sopa estiverem macios, sirva em tigelas rasas com a pasta de manjericão e parmesão.

Grão-de-bico, tomates, especiarias e espinafre.
Uma sopa ao mesmo tempo robusta e leve
Pique uma cebola em pedaços médios e refogue-a com azeite, até ficar macia. Adicione 1 ou 2 dentes de alho cortado em fatias finas, 1 pimenta vermelha picadinha e 2 colheres de chá de garam masala. Continue cozinhando por alguns minutos e acrescente 1 lata de 400 g de tomates picados e 250 g de grão-de-bico cozido e escorrido. Despeje cerca de 300 ml de caldo de legumes, tempere com sal e pimenta e deixe cozinhando em fogo baixo por uns 20 minutos até dar uma sopa robusta e espessa.

Lave dois punhados de espinafre, rasgue-os e misture na sopa. Quando o espinafre murchar, sirva a sopa em tigelas fundas, com pedaços de pão com casca crocante.

Com uma casquinha

Pique, mexa, cozinhe em fogo baixo, resfrie, enrole, molde, corte, misture, dobre, amasse, pincele e asse. Eu adoro uma torta feita em casa, mas é demais para um dia da semana. Você até pode gratinar um purê de batatas, mas ainda terá que descascar, picar, cozinhar e amassar. É demais. E, mesmo assim, tudo o que você quer é uma torta.

E, mesmo usando atalhos, o recheio deve ficar à altura da casquinha crocante. É por isso que um pastelão de massa folhada recheado com queijo e cebola é tão perfeito, bem como uma torta de frutas feita com uma massa macia por dentro e crocante por fora ou uma fina camada de parmesão sobre um creme gratinando no forno. E você nem precisa fazer uma massa ou usar batatas. Sim, a casquinha da sua torta pode ser um simples pedaço de massa folhada congelada cobrindo a travessa inteira, como um edredom um pouco grande demais para a cama, mas também pode ser feita de tubérculos crocantes ralados e amanteigados. Ou ainda, fatias bem finas de batata cobrindo a comida ou até uma generosa camada de migalhas de pão bem temperadas. O importante é o contraste entre a casquinha e o recheio.

Eu não tenho vergonha de usar massa folhada congelada, que me rende uma torta de carne bem crocante por fora em mais ou menos uma hora. Se você precisar usar esse atalho, o truque é tirar a massa do congelador e passar para a geladeira assim que sair para o trabalho de manhã. Também é interessante usar migalhas de pão temperadas, que você pode fazer no processador de alimentos ou no liquidificador, com o simples apertar de um botão. Cozinheiros mais organizados do que eu devem ter um pouco de migalhas temperadas no congelador. Elas são perfeitas para uma torta de milho cremosa, uma massa ou bolinhos de caranguejo. Uma casquinha crocante pronta em segundos. Você também pode usar tortilha esfarelada com recheios como algum tipo de guisado de feijão.

As tortas deste capítulo possuem casquinhas de queijo, pão, massa, tubérculos e tortilha com recheios de peixe, carne, legumes, leguminosas e macarrão. Mas você também pode usar os restos que estão na geladeira e transformá-los numa torta. O que sobrou de um guisado de legumes, como um *ratatouille*, pode ganhar uma camada de farelo de pão ou um cozido da noite anterior pode receber uma cobertura de massa. A crosta aumenta a longevidade das sobras, lhes dando exuberância e uma nova vida.

Sim, leva um pouco mais de tempo do que sacudir pedaços de frango num wok, mas, como eu disse, às vezes tudo o que queremos é uma torta.

Algumas receitas favoritas

Uma crosta de batatas raladas
Rale uma batata grande em tiras grossas e descasque e corte uma cebola em fatias finas. Derreta umas 3 colheres de sopa de manteiga numa panela rasa, adicione a batata e a cebola e refogue por mais ou menos 10 minutos, até corar um pouco. Use para polvilhar em um guisado de frango ou carne e leve ao forno até a crosta ficar dourada e crocante.

Uma crosta de Cheddar e croûtons
Corte fatias de pão em cubos grandes, descartando a casca, e misture em uma tigela com uma quantidade generosa de azeite. Corte em pedaços

Cheddar, Gruyère ou outro queijo firme e intenso e sacuda a tigela para misturá-los com o pão. Espalhe uma camada dessa mistura por cima de algum recheio e leve ao forno para dourar. O resultado será croûtons crocantes flutuando em pequenas bolas de queijo derretido. Cai muito bem com uma torta de legumes.

Crosta de mandioquinha e wasabi
Descasque e rale em tiras grossas 300 g de mandioquinha e adicione um pouco de wasabi. Derreta 50 g de manteiga numa panela rasa e sacuda a panela para misturar com a mandioquinha, até deixá-la macia. Espalhe sobre um guisado de carne e leve ao forno por 2 horas a 160°C.

Uma nuvem amarela de purê
Descasque algumas mandioquinhas e cozinhe na água fervente. Depois, amasse-as com manteiga e um pouco de noz-moscada moída e pimenta-do-reino. Coloque por cima de algum recheio em grandes colheradas afofadas. Evite a tentação de alisar a superfície.

Guisado de carne ao forno com crosta de rösti de inhame

carne bovina em cubos, minicenoura, mandioquinha, alho, farinha de trigo, manteiga, caldo de carne ou de legumes, inhame ou cará, wasabi

Tempere e doure **500 g de carne bovina cortada em cubos médios** numa panela com um pouco de **óleo** em fogo médio. Adicione **200 g de minicenouras inteiras** e **100 g de mandioquinhas bem pequenas e inteiras** e deixe dourar um pouco. Descasque e amasse levemente **6 dentes de alho**, ponha na panela e, quando o alho corar, adicione **2 colheres de sopa de farinha de trigo**. Continue cozinhando até a farinha escurecer um pouco, despeje **500 ml de caldo de carne ou de legumes** e cozinhe em fogo baixo por 10 minutos. Coloque a mistura num refratário pequeno para tortas.

Descasque e rale em tiras grossas **300 g de inhame ou cará**, acrescente um pouco de **wasabi** e **50 g de manteiga derretida**. Sacuda delicadamente a tigela para misturar tudo, coloque sobre a carne e asse por 1 hora e 15 minutos a 2 horas no forno a 160°C. Sirva com couve refogada.

Para 4–6 pessoas. Uma torta com uma crosta crocante de legumes ralados. Um prato simples, leve, autêntico.

Torta de salmão e pepino

salmão, bacalhau, camarão graúdo, pepino, creme de leite fresco, alcaparra, pão, manteiga, endro, limão-siciliano

Preaqueça o forno a 180°C. Bata rapidamente no processador de alimentos **85 g de pão branco** com um punhado de **endro** e **raspas de 1 limão-siciliano**. Descasque, tire as sementes e pique **1 pepino médio**.

Retire a pele de **300 g de filé de salmão** e **200 g de filé de bacalhau fresco**, corte-os em pedaços grandes e coloque-os numa assadeira rasa com **250 g de camarões graúdos descongelados e sem casca**. Acrescente os pedaços de pepino. Espalhe **1 colher de chá de alcaparras**. Tempere e adicione **50 g de manteiga** em pedaços, **150 ml de creme de leite fresco** e espalhe sobre a cobertura de pepino e alcaparra. Leve ao forno por 25 minutos. Sirva com ervilhas frescas.

Para 4 pessoas. Uma torta de peixe leve e despretensiosa para um dia de verão.

Algumas dicas

- Sem o creme, o prato fica com um sabor mais refrescante, embora menos interessante.
- Você pode torná-lo mais picante adicionando uma colher de chá de grãos de pimenta verde em conserva.
- Ótimo para o verão.
- Adicione à receita um ou dois punhados de mexilhões cozidos e sem casca.
- Substitua o bacalhau por vieiras para fazer uma torta mais elaborada numa ocasião especial.
- Se não gostar de pepino, tente usar champignons refogados na manteiga.
- Substitua o endro por estragão, picando bem as folhas.
- Essa torta fica maravilhosa com alho-poró no lugar do pepino. Fatie o alho-poró, refogue-o na manteiga numa panela tampada, até murchar. O alho-poró vai ficar macio e adocicado.

Empadão rápido de frango

frango, cebola, cogumelo, cerveja, massa folhada amanteigada, caldo de galinha ou de legumes, estragão, farinha de trigo

Descasque **2 cebolas** e pique em pedaços médios. Doure **400 g de frango cortado em cubos** em um pouco de **óleo**, retire da panela e coloque a cebola picada e **100 g de cogumelos** cortados em quatro, deixando-os dourar. Adicione **3 colheres de sopa de farinha** e continue cozinhando por uns 5 minutos. Despeje **330 ml de cerveja**, **300 ml de caldo de galinha ou de legumes** e deixe levantar fervura. Abaixe o fogo, junte **4 colheres de sopa de folhas de estragão picadas**, uma pitada de sal e de pimenta e cozinhe em fogo baixo por mais ou menos 10 minutos, até engrossar. Ponha num refratário para tortas e deixe esfriar pelo tempo que puder.

Coloque **1 folha de massa folhada amanteigada** em uma superfície limpa e, usando o refratário como molde, corte um disco que se ajuste ao topo. Deite delicadamente a massa por cima do recheio e abra três fendas com a ponta de uma faca. Decore a torta com a massa que sobrou, cortando no formato de folhas, tiras ou o que preferir. Asse no forno a 180°C por 30 minutos.

Para 4 pessoas. Às vezes você só quer uma torta.

Algumas dicas
- Você pode encontrar excelentes massas folhadas amanteigadas para comprar e vale a pena ter sempre algumas no congelador. Um guisado se transforma numa torta num piscar de olhos.
- O ideal é que o recheio esteja frio antes de cobri-lo com a massa, mas nunca liguei muito para isso. A vida nem sempre é perfeita.

Peito de frango, vinho Madeira e creme de leite

Achate 2 peitos de frango – envolva-os em filme de PVC e bata com um rolo de macarrão ou martelo para carne – e polvilhe-os com um pouco de farinha temperada. Derreta umas 3 colheres de sopa de manteiga numa panela rasa, coloque o frango e doure rapidamente dos dois lados. Retire o frango, adicione à panela uma taça de vinho Madeira (ou xerez seco ou vinho do Porto seco), deixe ferver e mexa para dissolver todos os pedaços de frango que ficaram na panela. Quando o líquido reduzir para a metade do volume inicial, junte 4 colheres de sopa de creme de leite fresco, tempere e cozinhe rapidamente em fogo baixo.

Mac and cheese com caranguejo

carne de caranguejo, macarrão, leite, creme de leite fresco, mostarda de Dijon, mostarda em grãos, migalha de pão, parmesão

Preaqueça o forno a 180°C. Cozinhe **250 g de macarrão curto**, como penne ou serpentini, em bastante água fervente e salgada por uns 9 minutos, até ficar macio. Escorra e volte à panela. Adicione **400 ml de leite, 250 ml de creme de leite fresco, 1 colher de sopa de mostarda de Dijon** e **2 colheres de sopa de mostarda em grãos** e deixe levantar fervura. Abaixe o fogo, adicione **300 g de carne de caranguejo**, prove o tempero, e coloque num refratário fundo. Polvilhe com uma mistura de **25 g de migalhas de miolo de pão novo** com **25 g de parmesão ralado** e leve ao forno por 20 minutos, até borbulhar nas bordas.
 Para 4 pessoas. Saboroso, agradável e nutritivo.

Mais ideias de *mac and cheese*
Um *mac and cheese* americano clássico pode ser feito com cerca de 250 g de macarrão curto cozido e 500 ml de molho branco – eu uso molho pronto, mas você pode fazer o seu, se preferir. Adicione uns 75 g de queijo ralado (o queijo que você tiver na sua cozinha) ao molho, polvilhe uma generosa porção de parmesão ralado e leve ao forno.

Mac and cheese de queijo azul
Adicione a uma receita clássica de *mac and cheese* (feita com um molho branco, Cheddar e parmesão ralado) ou a uma versão contemporânea com *crème fraîche*, queijo Fontina ou provolone e parmesão, um queijo azul maduro e macio, como o gorgonzola.

Mac and cheese com alho-poró
A uma receita tradicional de *mac and cheese* adicione uma porção de alho-poró fatiado e refogado lentamente com uma generosa quantidade de manteiga, sem deixar corar.

Torta de milho-verde com crosta crocante

milho-verde em lata, cebola, batata, bacon defumado em fatias, leite, creme de leite fresco, salsa, farinha de rosca grossa, manteiga

Preaqueça o forno a 180°C. Descasque e fatie **1 cebola** e refogue com **30 g de manteiga** em fogo médio, até ficar macia. Corte **350 g de batatas** em cubinhos e adicione à panela. Fatie **8 fatias de bacon defumado** em pedaços do tamanho de um selo e misture com a cebola e a batata. Quando as batatas ficarem macias, coloque na panela **200 ml de leite, 200 ml de creme de leite fresco, 2 latas de 300 g de milho-verde** e continue cozinhando por 10 minutos.

Para fazer a crosta, derreta numa panela rasa em fogo médio **50 g de manteiga**, misture um bom punhado de **salsa picada, 80 g de farinha de rosca grossa** e deixe corar um pouco.

Transfira a mistura de milho a um refratário, polvilhe com a crosta de farinha de rosca e leve ao forno por 20 minutos.

Para 4 pessoas. Crocante e cremoso, com a doçura do milho.

Sugestões deliciosas para a torta de milho-verde
- Adicione brócolis escaldados e cortados em fatias grandes.
- Substitua o bacon por linguiça calabresa ou salame picado.
- Use feijão cozido e escorrido para substituir metade do milho-verde. O prato fica menos adocicado e ainda mais nutritivo.

Fritada de milho-verde
Faça fritadas de milho-verde: Escorra 1 lata de milho-verde, coloque o milho em uma tigela e adicione 2 gemas batidas, sal, pimenta-do-reino e farinha suficiente para fazer uma massa espessa. Bata 2 claras em neve e misture-as com delicadeza à massa de milho-verde. Aqueça manteiga numa frigideira, e frite grandes colheradas da massa até dourar por baixo. Vire com uma espátula, frite o outro lado e deixe escorrer em papel toalha.

Gratinado de couve e amêndoa

couve, amêndoa laminada, cebola roxa, creme de leite fresco, molho branco, parmesão

Preaqueça o forno a 200°C. Descasque e corte **2 cebolas roxas** em rodelas. Aqueça um pouco de **óleo de soja ou de canola** numa panela rasa, adicione a cebola, refogue até deixá-la macia e um pouco dourada aqui e ali. Separe os talos duros das folhas de **500 g de couve** e pique-os em pedaços irregulares. Adicione os talos picados à cebola e continue refogando até a couve ficar macia e com uma cor viva. Coloque as folhas da couve, refogue rapidamente e acrescente **25 g de amêndoas laminadas**.

Reserve a mistura de cebola e couve num refratário. Numa tigela, misture **300 ml de creme de leite fresco** com **500 ml de molho branco** (pode ser molho pronto), um bom punhado de **parmesão ralado** e prove o tempero. Despeje sobre a couve e a cebola e polvilhe com um pouco mais de **parmesão** e **25 g de amêndoas**. Leve ao forno por 30 minutos, até ficar dourado e borbulhante.

Para 4 pessoas. Uma refeição verde. Molho de queijo e creme de leite. Amêndoas crocantes.

Gordura de bacon, couve e zimbro

Numa panela grande, aqueça um pouco de gordura de bacon, ou banha de porco, ou azeite se você preferir, e refogue uma cebola cortada em rodelas. Adicione 1 ou 2 raminhos de tomilho, algumas bagas de zimbro ligeiramente amassadas, uma taça de espumante – não precisa ser nada muito extravagante. Acrescente couve picada, mexa um pouco antes de tampar a panela e cozinhe em fogo baixo por 10 minutos. Quando a couve ficar macia, adicione sal e pimenta. Uma guarnição energizante que fica muito bem com carne de porco.

Bruschetta de couve

Retire a parte dura das folhas de couve. Cozinhe as folhas em caldo de galinha por 10–15 minutos, até ficarem macias e escuras, escorra e reserve o caldo e a couve. Tenha prontas algumas fatias torradas de pão italiano. Passe 1 dente de alho amassado no pão, coloque numa tigela e regue com um pouco do caldo quente. Adicione a couve cozida, regue com um fio de azeite verde e frutado e finalize com um pouco de suco de limão--siciliano e sal marinho.

Feijão-rajadinho, linguiça calabresa e tortilha

linguiça calabresa, feijão-rajadinho, tortilha, tomate seco, cebola, alho, Cheddar

Fatie **450 g de linguiça calabresa** em tiras curtas. Escorra **100 g de tomates secos** (guarde o óleo), pique-os em pedaços médios e reserve. Frite a linguiça numa panela rasa com **4 colheres de sopa do óleo** dos tomates secos. Descasque e fatie **1 cebola**, coloque na panela e refogue por 10 minutos, até a cebola ficar macia. Depois, acrescente **1 dente de alho amassado**. Adicione **250 g de feijão-rajadinho cozido e escorrido**. Tempere e transfira para uma assadeira.

Misture um punhado de **tortilhas (tipo doritos)** com os tomates secos, espalhe sobre o feijão e polvilhe com **6 colheres de sopa de Cheddar ralado**. Leve ao forno a 200°C por 10 minutos. Sirva com salada de abacate.

Para 4 pessoas. Farto, simples e lúdico.

No wok

Em alguns sentidos, esse é o jeito mais empolgante de cozinhar, pelo menos se o wok estiver bem quente. Assim que a comida entra na panela, há certo clima de perigo e diversão. Chiados e cusparadas, estalos e sibilos. Pode até formar uma ou duas chamas bem rápidas. Se o seu coração não bater um pouco mais rápido quando começa a preparar a comida, o seu wok não está quente o suficiente.

Compre um wok fino. O mais importante é que o aço deve ser fino, não grosso. Eu uso o meu principalmente para saltear e às vezes para cozinhar algum peixinho. A comida precisa chiar em contato com o metal quente e cozinhar bem rápido, e por isso os pedaços devem ser pequenos. No passado, só os cozinheiros profissionais salteavam a comida, mas agora os bicos de gás dos fogões domésticos estão maiores e mais potentes e todo mundo pode fazer isso em casa.

Embora esse método tenha tudo a ver com a premissa do livro, devo dizer que é só o tempo de cozimento que é mínimo. É quase certo que o preparo vai levar mais tempo que o cozimento em si. Para fazer vegetais salteados, por exemplo, você deve contar o tempo para descascar e ralar o gengibre e para picar bem o alho e a cebolinha. Os vegetais precisam ser cortados em pedaços bem pequenos ou em fatias bem finas. Pedaços maiores vão desacelerar o processo de cozimento e a comida vai refogar em vez de saltear rapidamente.

Esse é um dos meus métodos favoritos de cozinhar. Eu adoro a velocidade na qual os alimentos douram e toda a diversão de cozinhar em altas temperaturas. Acima de tudo, eu adoro os meus woks. Tenho dois: uma panela japonesa de ferro, rasa e com alças curtas, que uso para cozinhar pratos individuais (e suspeito que não nem seja um wok de verdade) e um wok chinês largo que comprei em Chinatown mais de uma década atrás. Os dois ficam incrivelmente quentes.

Você pode cozinhar comida tailandesa num wok – eu adoro fazer curry verde nos meus. Os woks provavelmente são mais versáteis do que parecem, mas eles se prestam melhor a pratos que requerem calor excepcionalmente elevado e um movimento constante da comida ao redor das laterais superquentes da panela. A comida não fica parada.

Algumas receitas favoritas

Frango, cogumelos e feijão

Retire a pele de um peito de frango grande, corte a carne em fatias grossas e deixe de molho em 1 colher de sopa de saquê e 1 colher de sopa de molho de soja chinês light ou shoyu por uns 15 minutos. Aqueça um pouco de óleo de soja num wok e, assim que começar a sair fumaça, acrescente 2 dentes de alho picados e um punhado de cogumelos Portobello fatiados e sacuda para misturar. Salteie rapidamente mexendo a panela sempre, em fogo alto. Misture um pouco de farinha de milho no frango, adicione-o à panela e continue salteando por 1–2 minutos. No último minuto, coloque um punhado de vagens cruas, cortadas em tiras curtas. Acrescente 1 colher de sopa de molho de soja chinês light ou shoyu, um pouco de óleo de gergelim torrado e um pouco de pimenta. Sirva com arroz.

Salmão defumado, wasabi

Adicione ovos batidos a um pouco de manteiga chiando no wok e mexa com hashis. Coloque pedaços de salmão defumado, 1 colher de *crème fraîche* e um pouco de wasabi ou alguns grãos de pimenta verde em conserva.

Camarão graúdo frito, molho de tomate
No liquidificador ou no processador de alimentos, coloque 1 cebola picada, 1 pimenta vermelha não muito picante e sem as sementes, 1 ou 2 tomates, 1 colher de sopa de molho de soja chinês light ou shoyu e 3 colheres de sopa de ketchup. Bata rapidamente para formar um molho espesso.

No wok, aqueça 2 colheres de sopa de óleo e refogue 2 dentes de alho bem picadinhos por alguns segundos, até dourá-los. Adicione 2 ou 3 punhados grandes de camarões graúdos crus e sem casca e salteie-os por 3–4 minutos para dourar um pouco. Junte o molho de tomate e deixe chiar por 1–2 minutos. Finalize com coentro picado.

Frango salteado com castanha de caju e brócolis

peito de frango, castanha-de-caju salgada, brócolis, cinco-perfumes-chineses, alho

Retire a pele de **2 peitos de frango grandes** e corte a carne em fatias grossas. Misture em uma tigela com **3 colheres de chá de cinco-perfumes-chineses** (para fazer o seu, basta misturar quantidades iguais de pimenta-chinesa, semente de funcho, canela, anis-estrelado e cravinho, todos moídos). Acrescente **2 dentes de alho**, cortados em fatias finas e mexa com delicadeza para misturar.

Aqueça **2 colheres de sopa de óleo de soja** no wok, coloque os pedaços de frango temperado e salteie por 1–2 minutos, até dourar. Adicione **50 g de castanha-de caju-salgada, 200 g de brócolis com caule fino**, 200 ml de água quente e deixe levantar fervura. Tampe e cozinhe por 1–2 minutos, até os brócolis ficarem macios. Você vai precisar de uma colher para pegar o caldo.

Para 2 pessoas. Brócolis crocantes, castanhas-de-caju tostadas, frango tenro.

Você pode engrossar o caldo de um salteado adicionando farinha ou amido de milho. Eu prefiro não fazer isso, a menos que eu esteja preparando um prato clássico cuja receita peça expressamente. Se você preferir um molho mais grosso, adicione 1 ou 2 colheres de chá de vinho Shaoxing ou de saquê e 2 colheres de sopa de farinha de milho ao cinco-perfumes-chineses enquanto salteia o frango.

Camarão graúdo, macarrão e cenoura

camarão graúdo, macarrão, cenoura, cebolinha, pimenta vermelha, gengibre, suco de laranja, molho de soja envelhecido chinês ou shoyu, molho de peixe

Lave bem **200 g de cenouras** e corte-as ao meio, no sentido do comprimento. Cozinhe as cenouras no vapor ou em água fervente por 7–8 minutos, até ficarem macias, mas não moles. Escorra e reserve. Cozinhe **150 g de macarrão** de acordo com as instruções da embalagem.

Fatie **3 cebolinhas** em tiras. Corte **1 pimenta vermelha** ao meio, no sentido do comprimento, retire as sementes e corte-a em fatias bem finas. Descasque e rale **1 pedaço de mais ou menos 3 cm de gengibre fresco**. Aqueça **1 colher de sopa de óleo de soja** no wok, coloque a cebolinha, o gengibre e a pimenta e salteie rapidamente por alguns minutos. Adicione **200 g de camarões graúdos crus e sem casca**. Assim que os camarões graúdos começarem a mudar de cor, ponha as cenouras. Acrescente o macarrão, despeje **125 ml de suco de laranja, 1 colher de sopa de molho de soja envelhecido chinês ou shoyu** e **1 colher de sopa de molho de peixe**. Frite bem e sirva.

Para 2 pessoas. Adocicado e suave.

Algumas dicas

- Existem inúmeras opções de macarrão disponíveis no mercado. Para essa receita, eu gosto de usar um macarrão de arroz rápido – do tipo que já vem pronto – para jogar no wok ou daqueles que só precisam ficar um tempinho mergulhados em água fervente. Você decide.
- Não importa se você usar camarões graúdos cozidos ou crus, eles só vão precisar de alguns poucos minutos no wok. Assim que o camarão graúdo cru passar de cinza a rosado, ele já está cozido. Camarões congelados devem ser descongelados antes do preparo.

O exotismo da lula, a simplicidade do udon

Use um macarrão mais grosso, como o udon. Amasse 1 ou 2 dentes de alho com as cebolinhas da receita. Fatie a lula em anéis e adicione à panela. Sacuda a panela para misturá-la com o macarrão e um pouco de coentro, hortelã, manjericão – o que você estiver com vontade de comer –, tudo picadinho. Um salteado verde e branco crepitante.

Lamen de frango com caldo puro e transparente

Descasque um pedaço de mais ou menos 3 cm de gengibre fresco e corte-o em formato de palito de fósforo. Ferva um litro de caldo de galinha, adicione o gengibre e cozinhe rapidamente em fogo baixo, por 5 minutos. Coloque 150 g de macarrão seco no caldo de galinha e deixe cozinhar por uns 3–4 minutos, até ficar quase macio. Tire o macarrão com um pegador e coloque-o em 2 tigelas amplas. Adicione ao caldo de galinha uma colher de molho de ostra, 2 colheres de sopa de molho de soja chinês light ou shoyu e 1 ou 2 cebolinhas cortadas em tiras bem finas. Cozinhe em fogo baixo por mais 1–2 minutos e despeje com uma concha sobre o macarrão. Pingue algumas gotas de óleo de gergelim antes de comer.

Carne de porco aromática com pepino

barriga de porco, pepino, echalote, alho, óleo de gergelim, gengibre fresco, açúcar, mirin, limão

No processador de alimentos, bata rapidamente **3 colheres de sopa de echalotes bem picadinhas, 2 dentes de alho descascados, 2 colheres de sopa de óleo de gergelim, 1 colher de sopa de gengibre fresco ralado** e **2 colheres de chá de açúcar**. Coloque a mistura numa tigela. Corte **300 g de barriga de porco desossada** em fatias finas e sacuda a tigela para misturar com o tempero. Descasque levemente **1 pepino** e corte em palitos mais ou menos grossos. Espalhe **2 colheres de sopa de mirin**.

Aqueça o wok, adicione uma fina película de óleo de soja, a carne de porco e cozinhe por alguns minutos, até a carne ficar crocante. Coloque **1 colher de sopa de suco de limão**. Sacuda brevemente o wok para misturar com o pepino e coma imediatamente.

Para 2 pessoas. Porco aromático, crepitante. Pepino crocante.

Caranguejo e repolho com um toque cítrico
Pique bem um pouco de repolho branco e roxo e deixe por um tempo na água gelada para as folhas ficarem crocantes. Faça uma maionese cítrica, acrescentando a gosto algumas colheres de chá de suco de yuzu*. Sacuda a tigela para misturar o repolho escorrido com a carne de caranguejo, a maionese cítrica e um pouco de coentro picado.

Lula, brotos de ervilha e rúcula
Sacuda a tigela para misturar algumas lulas grelhadas e quentes com folhas inteiras de coentro, hortelã, rúcula e brotos de ervilha ou de feijão. Faça um molho com suco de limão, molho de peixe, uma pitada de açúcar e um pouco de pimenta vermelha picada e misture com as lulas e os vegetais.

---

* O yuzu é uma fruta cítrica característica da culinária japonesa mas difícil de encontrar no Brasil. Você pode substituir o suco de yuzu por uma mistura de suco de limão e suco de grapefruit, tangerina ou laranja. (N. T.)

Porco com sal e pimenta

carne de porco em cubos, pimenta-chinesa em grãos, pimenta-do-reino em grãos, sal marinho, alface, hortelã, coentro

Esmague bem **1 colher de sopa de grãos de pimenta-do-reino** e **1 colher de sopa de grãos de pimenta-chinesa** com um pilão ou algum utensílio pesado e misture a **500 g de paleta suína ou pernil em cubos**. Reserve por mais ou menos 20 minutos. Aqueça um wok ou uma frigideira em fogo alto. Quando a panela estiver bem quente, despeje **2 colheres de sopa óleo de canola ou de soja**. Assim que começar a sair um pouco de fumaça, adicione a carne e **1 colher de sopa de sal marinho**. Frite no fogo alto, mexendo regularmente por uns 5 minutos até a carne corar aqui e ali. Coloque numa tigela aquecida e sirva com **alface americana** e talvez **algumas folhas de hortelã ou coentro**. Cerveja estupidamente gelada para acompanhar.

Para 2 pessoas. Quente e salgado de dar água na boca. Alface crocante e refrescante.

Algumas dicas

- Sem uma alface crocante e uma cerveja gelada, o prato ficará salgado demais. Esses acompanhamentos são tão indispensáveis quanto a carne de porco.
- Cubos de carne de paleta ou de pernil, magros e firmes, são mais adequados para saltear do que um corte mais gordo. Guarde os cortes gordos para cozinhar ou assar lentamente, quando a gordura terá tempo para deixar a carne tenra e saborosa.
- Mantenha os ingredientes em movimento na panela para a pimenta não queimar. Use óleo de canola ou de soja, que têm um ponto de fulgor mais baixo em temperaturas elevadas do que o azeite.
- Se for difícil encontrar pimenta-chinesa em grãos, use apenas sal e pimenta-do--reino. Só vai ficar um pouco menos aromático. Se desejar, acrescente 1 dente de alho picado ou 4 cebolinhas picadas. E também um pedaço de mais ou menos 3 cm de gengibre ralado ou de galanga. Raspas de limão no final darão um toque de frescor aos sabores e cairão bem com a pimenta-do-reino.
- Uma cenoura ralada em tiras grossas ou vagens também combinam muito bem com a carne de porco. Folhas de coentro ou de hortelã fresca também são boas pedidas. Você também pode comer a carne com pão sírio macio e quentinho ou com alface-romana.

Barriga de porco com limão e pimenta-chinesa em grãos

barriga de porco, pimenta-chinesa em grãos, mel, limão, macarrão fresco, cebolinha-francesa

Corte **300 g de barriga de porco desossada** em cubos de mais ou menos 3 cm de espessura. Aqueça **2 colheres de sopa de óleo de soja** no wok e, quando o óleo estiver bem quente, adicione a carne. Doure rapidamente, adicione **2 colheres de sopa de grãos de pimenta-chinesa moídos** (não precisa caprichar muito) e, logo depois, **2 colheres de sopa de mel** e **o suco de 2 limões**. Continue salteando por alguns minutos, agitando o wok para movimentar a carne na panela, e coloque **200 g de macarrão fresco grosso e macio** e **4 colheres de sopa de cebolinha-francesa picada**. Aqueça o macarrão, deixe a cebolinha-francesa ficar macia, tempere e sirva.

Para 2 pessoas. Adocicado, intenso, sedutor. A tranquilidade do macarrão.

Soba, salmão e camarão graúdo

macarrão tipo soba, salmão, camarão graúdo, pimenta vermelha, molho de soja envelhecido chinês ou shoyu, molho de peixe, cebolinha-francesa, coentro

Ferva uma panela grande com água e sal. Adicione **200 g de macarrão tipo soba** e deixe ferver por 6 minutos. (Ignore as instruções da embalagem, porque o macarrão vai terminar de cozinhar depois.) Escorra e resfrie com água corrente.

Corte **450 g de salmão** em tiras da grossura de um dedo. Fatie **1 pimenta vermelha** sem tirar as sementes – é interessante deixar este prato um pouco picante. Coloque um grande wok no fogo bem quente, deixe por 1–2 segundos, despeje **1 colher de sopa de óleo de soja**, gire o wok para espalhar o óleo e adicione o salmão e **250 g de camarões graúdos crus e sem casca**. Acrescente a pimenta vermelha, o macarrão meio cozido e continue mexendo e salteando. Tudo bem se o salmão quebrar um pouco.

Adicione **1 colher de sopa de molho de soja envelhecido chinês ou shoyu** e **1 colher de sopa de molho de peixe**, **2 colheres de sopa de cebolinha-francesa picada** e **um punhado de coentro rasgado**, deixe chiar um pouco e sirva.

Para 4 pessoas. Macarrão despretensioso com a sofisticação dos frutos do mar.

Missô, cogumelos e caldo de carne

Dissolva 3 colheres de sopa de missô escuro em 1 litro de água fervente. Despeje numa panela, adicione 100 g de cogumelos enoki frescos ou shimeji ou shitake, 2 pimentas vermelhas cortadas ao meio e 1 colher de sopa de molho de soja. Cozinhe em fogo baixo por alguns minutos, até os cogumelos ficarem macios, com uma textura um pouquinho gelatinosa. Despeje em 2 tigelas fundas e adicione um punhadinho de folhas de coentro. Sirva pelando, com 100 g de filé, alcatra ou contrafilé cru cortado em fatias bem fininhas, mergulhando as fatias no caldo por alguns segundos antes de comer. Use uma colher de sopa para tomar o caldo.

Leve, caldo repleto de umami rico, carne macia. Para recuperar as forças, curar e aquecer. Para 2 pessoas.

Bife com missô e wasabi

bife de alcatra, wasabi, missô branco, shimeji ou enoki fresco, ervilha-torta

Aqueça um pouco de óleo de soja no wok. Adicione **1 bife de alcatra de 300 g**, em uma única peça, e doure bem dos dois lados. Retire a carne e deixe descansar. Coloque **110 g de cogumelos japoneses (shimeji ou enoki)** no wok e agite-o enquanto os cogumelos fritam, para pegar todos os sucos da carne. Acrescente **200 g de ervilhas-tortas cortadas em tiras** e salteie-as por um minuto. Depois coloque **2 colheres de sopa de missô branco (shiro)**, **2 colheres de chá de wasabi** e **100 ml de água**. Continue salteando e mexendo por um tempinho. Corte o filé em fatias da grossura de um lápis e volte ao wok por mais ou menos 1 minuto, mantendo o centro da carne malpassado.

Para 2 pessoas. Bife saboroso, ervilhas-tortas crocantes e refrescantes.

Contrafilé, alho e abobrinha
Tente usar filé mignon ou contrafilé com abobrinha cortada em palitos no lugar da ervilha-torta. Pode ser interessante adicionar um pouco de alho fatiado aos cogumelos.

Bife com verduras
Você pode usar bife de alcatra, como na receita (ou bifes de fraldinha ou de acém, se quiser), mas use champignons cortados ao meio e couve picada no lugar da ervilha-torta para obter um prato mais suculento. Um emaranhado bagunçado e substancial.

No prato

Já perdi as contas de quantos jantares eu fiz que não passaram de uma junção de coisas num prato. Uma coletânea de ingredientes que caem bem juntos, mas que não são o que se pode chamar de "um prato". Pode ser algo tão frugal quanto um bom pão com Cheddar; uma salada de tomates maduros com muçarela fresca, polvilhada com pimenta; uma travessa de salame com um pedaço de *ciabatta*; ou um patê com torradas quentes. Por falar em torradas, já jantei muita torrada com cogumelos fritos na manteiga de alho ou com feijão e um pouco de pimenta vermelha. Outras opções são ovos cozidos ou mexidos e tomates.

O conjunto também pode ser uma salada. De pepino e atum, talvez; beterraba e presunto curado; ou maçã com queijo feta. Pode ser uma composição artisticamente arranjada de erva-doce e ricota, ou pode incluir algum ingrediente cozido, como triguilho com figos; e talvez fatias de presunto cru para acompanhar.

Coisas que vão praticamente direto ao prato em geral incluem algum ingrediente cru, algo tão perfeito que pode ser degustado em toda a sua glória. Caranguejo fresco e salgado; bolas de muçarela de búfala; ervilhas vindas direto da horta misturadas com presunto.

Essas são, por natureza, refeições leves. Um almoço, um lanche rápido depois do trabalho e antes sair para algum programa, um jantar ligeiro.

Eu adoro essas receitas por serem ágeis e despretensiosas. São sucessos instantâneos que praticamente não precisam ser cozidos. Um jantar sem precisar ligar o forno.

Algumas receitas favoritas

Tomate, tomate seco, queijo feta, vinagre balsâmico, manjericão. Sabores suaves para quando você não estiver no seu melhor
Adicione 200 g de farinha de milho pré-cozida para cuscuz numa tigela. Despeje água fervente até cobri-la e deixe por mais ou menos 20 minutos, até os grãos absorverem a água.

Deixe um pedaço de 250 g de queijo feta marinando em 2 colheres de sopa de azeite e 2 colheres de sopa de vinagre balsâmico por 20 minutos. Pique 300 g de tomates-cereja e 50 g de tomates secos e misture-os numa tigela. Esfarele queijo feta em pedaços grandes e, com um garfo, distribua os pedaços no cuscuz com os tomates e 3 colheres de sopa cheias de folhas de manjericão picadas. Para 4 pessoas.

Manjericão, pinolis, alho, muçarela, azeitonas no limão
Aqueça 250 ml de suco de tomate com um dente de alho amassado, despeje sobre 125 g de farinha de milho pré-cozida para cuscuz e tampe. Deixe 10 minutos e afofe delicadamente o cuscuz com um garfo.

Faça um óleo de ervas batendo rapidamente 100 ml de azeite com 15 g de folhas de manjericão no liquidificador ou no processador de alimentos. Corte em cubos médios 125 g de muçarela de búfala ou esfarele-a. Pique cebolinha, 1 ou 2 tomates grandes e maduros e um bom punhado de salsinha. Misture com 125 g de azeitonas conservadas em azeite com limão, cortadas ao meio. Toste um punhado de pinolis e pique-os. Junte a muçarela, a salsa, a cebolinha, os tomates, as azeitonas, misture tudo com delicadeza no cuscuz e regue com um pouco do óleo de manjericão. Para 2–3 pessoas.

Um acompanhamento crocante para o presunto

Cenoura e inhame caem muito bem com molho remoulade. A cenoura contribui com certa doçura e o inhame com suas qualidades minerais. Descasque um inhame e corte 2 ou 3 cenouras em palitos de uns 6 cm de comprimento. Salgue levemente e acrescente um pouco de suco de limão, que impede o escurecimento das raízes. Adicione *crème fraîche*, mostarda de Dijon e um pouco de wasabi. É isso mesmo, wasabi. Fica maravilhoso com fatias de presunto curado.

Salada de pepino e atum

atum, batata, pepino, mostarda de Dijon, endro, azeitona, vinagre de vinho branco, açúcar

Lave bem **240 g de batatas** e cozinhe em bastante água fervente e salgada, até ficarem macias. Descasque levemente **1 pepino médio**, corte-o ao meio no sentido do comprimento, retire as sementes e a polpa com uma colher de chá e reserve-as para o molho. Corte o pepino em pedaços da grossura de um dedo e coloque numa tigela grande.

Faça o molho com uma pitadinha de **açúcar, 1 colher de sopa de vinagre de vinho branco, 1 colher de sopa de mostarda de Dijon**, um pouco de sal e pimenta e as sementes e a polpa reservadas do pepino. Bata os ingredientes no liquidificador ou no processador de alimentos. Adicione **1 colher de sopa de azeite** e bata rapidamente até formar um molho cremoso e homogêneo. Despeje o molho no pepino, adicione **2 colheres de sopa de endro picado** e misture delicadamente.

Escorra as batatas e corte cada uma em 4 rodelas. Junte as batatas quentes ao pepino, bem como **125 g de atum em lata conservado no azeite** (compre um atum de boa qualidade), virando-os com cuidado no molho para ficarem recobertos por inteiro. Espalhe um punhado de **azeitonas pretas** por cima.

Para 2 pessoas. Um prato principal leve. Um almoço de verão. A praticidade de uma lata de atum.

Atum, berinjela, manjericão e limão-siciliano
Corte uma berinjela grande em cubos e refogue-a lentamente com azeite numa panela rasa. Quando a berinjela ficar dourada e macia, adicione 2 dentes de alho cortado em fatias finas e continue refogando por alguns minutos até o alho começar a corar. Acrescente um punhado de manjericão e de cebolinha-francesa picados. Escorra 1 lata de 160 g de atum, quebre delicadamente o peixe e misture com a berinjela. Esprema o suco de um limão por cima. Cozinhe 300 g de espaguete em bastante água fervente e salgada por uns 9 minutos. Escorra e sacuda levemente a tigela para misturar com o molho. Para 4 pessoas.

Bruschettas de tomate e atum
Toste algumas fatias de pão italiano e, com o pão ainda quente, coloque por cima algumas fatias de tomate maduro, um punhado de atum e uma colherada de molho verde feito no liquidificador (azeite, suco de limão-siciliano, rúcula, manjericão, salsa, aliche, alcaparras).

Arenque defumado com ervilha e edamame

arenque defumado, ervilha, soja edamame, *ciabatta*, cebolinha

Cozinhe **200 g de soja edamame (soja verde na vagem)** em água fervente e ligeiramente salgada por 10 minutos. Escorra a soja e retire os grãos das vagens. Cozinhe **150 g de ervilhas congeladas** em bastante água fervente até ficarem macias e escorra.

Quebre **300 g de arenque defumado** em pedaços grandes. Rasgue **100 g de *ciabatta*** em pedaços grandes e frite-os em fogo médio, numa frigideira antiaderente rasa, com **3 colheres de sopa de azeite**, até os pedaços ficarem um pouco dourados e crocantes. Adicione **1 cebolinha picada**, a soja e o edamame e misture bem, sacudindo a panela. Acrescente o arenque defumado. Sirva imediatamente.

Para 2–3 pessoas. Um festim verde e defumado.

Algumas dicas
- O arenque defumado inteiro costuma ser mais suculento que os filés.
- Substitua a soja edamame por favas.

Peixe e porco
Adicione à cebolinha um pouco de toucinho defumado cortado em pedaços do tamanho de um selo. Carnes defumadas caem bem com peixes gordos, como o salmão e a cavala.

Um raro deleite
Um hadoque salgado e defumado inteiro substitui o arenque muito bem.

Maçã, gengibre e endívia

maçã, gengibre, endívia, limão, vinagre de maçã, queijo feta, semente germinada

Esprema o suco de **2 limões bem maduros**. Rale **2 colheres de chá de gengibre fresco**, adicione ao suco de limão e misture **1 colher de sopa de vinagre de maçã**.

Corte **2 maçãs** em fatias finas e coloque no molho. Separe as folhas de **2 endívias** e um punhado de **sementes germinadas** e misture ao molho. Sirva com uma grande fatia de **queijo feta** ou algum queijo mais suave, se preferir.

Para 4 pessoas. Uma guarnição fresca, supercrocante. Um prato para despertar os sentidos.

Mais saladas leves e crocantes
- Floretes crus de couve-flor cortados em pedaços grandes e misturados com camarões graúdos cozidos, endro, maionese e pedacinhos de limão. (Use limões pouco ácidos, retire a casca e a parte branca e corte a polpa em pedaços bem pequenos.)
- Peras fatiadas e temperadas com vinagre de maçã, mostarda em grãos e suco de limão-siciliano e misturadas com presunto curado.
- Manga verde descascada, descaroçada e fatiada, misturada com pepino cortado em tiras mais ou menos grossas, cebolinha, rabanetes, hortelã, coentro, suco de limão e um pouquinho de óleo de gergelim.
- Frango assado desfiado, amendoim picado, brotos de feijão, pimenta vermelha cortada em fatias finas, folhas de hortelã e cenoura ralada; tudo isso misturado a um molho feito com quantidades iguais de mirin, suco de limão, molho de peixe e uma pitada de açúcar.

Salada de beterraba e bulbo de erva-doce com *prosciutto*

beterraba, erva-doce, *prosciutto*, creme azedo, cebola, vinagre de vinho tinto

Descasque **1 cebola grande**, corte-a em anéis finos, coloque-a em uma tigela pequena com **3 colheres de sopa de vinagre de vinho tinto** e deixe descansar por 20 minutos. Isso reduz a ardência da cebola crua.

Descasque **300 g de beterrabas cruas** – os seus dedos ficarão rosados –, corte-as em rodelas mais finas que conseguir e coloque-as numa tigela. Retire as folhas de **2 bulbos de erva-doce pequenos** e reserve. Depois, corte os bulbos em fatias bem finas e adicione à beterraba, mas não misture ainda.

Coloque **150 ml de creme azedo** numa tigela e misture com **4 colheres de sopa de azeite**. Tempere com sal e pimenta-do-reino. Escorra a cebola, descartando o vinagre, e junte à beterraba e à erva-doce. Coloque o molho, mexendo com delicadeza (misturar demais resultará numa salada cor-de-rosa). Coloque numa travessa, adicione **6 fatias bem fininhas de** *prosciutto* e as **folhas da erva-doce**.

Para 2–4 pessoas. Doce e crocante. Gostinho de inverno.

Uma dica
Se você cozinhar as beterrabas, a salada ficará mais doce e menos crocante.

Repolho cozido, creme e mostarda. Bacon crocante
Frite fatias de bacon na chapa, até ficarem crocantes. Cozinhe no vapor algumas folhas de repolho picado de qualquer jeito, incluindo os talos grossos. Faça um molho com vinagre de vinho branco, mostarda de Dijon, azeite e um pouco de creme de leite fresco, a gosto. Acrescente ao repolho quente e escorrido uma quantidade generosa de salsa picada, misture com o molho e esfarele o bacon crocante por cima.

Couve-rábano, laranja e copa
Corte 1 ou 2 couves-rábano ou abobrinhas cruas em fatias bem fininhas e deixe marinar em quantidades iguais de suco de laranja e vinagre de vinho branco por mais ou menos 1 hora. Distribua a couve-rábano em uma travessa com fatias finas de copa, azeitonas pretas e um pouco de alface frisada, mergulhada na água gelada e escorrida para ficar bem crocante. Finalize com as raspas da laranja.

Repolho cru, queijo azul, porco assado frio
Rale bem quantidades iguais de repolho branco e roxo crus e deixe na água gelada por 20 minutos. Faça um molho com óleo de soja ou canola, vinagre de vinho tinto e pedaços de gorgonzola – eu gosto de usar uma medida de vinagre e duas medidas de óleo. Escorra o repolho e misture ao molho e à fatias finas de porco assado frio.

Salada de caranguejo, melão e manjericão

carne de caranguejo, melão, pimenta vermelha, limão, manjericão

Corte **1 melão cantalupo de 1,5 kg deliciosamente maduro** ao meio e descarte as sementes. Retire a polpa macia e corte no formato que preferir – eu gosto de cortar em pedaços curtos, da grossura de um dedo. Descarte as sementes e coloque o melão numa tigela. Pique **1 pimenta vermelha** e coloque-a numa tigela pequena. Despeje **2 colheres de sopa de azeite**, o **suco de 1 limão maduro**, **12 folhas de manjericão picadas** e tempere com um pouco de sal e pimenta-do-reino. Misture delicadamente os pedaços de melão com o molho de pimenta vermelha e manjericão, tentando não quebrar a fruta.

Coloque o melão numa travessa e espalhe **250 g de carne de caranguejo** por cima (veja se não tem nenhum pedacinho de casca na carne).

Para 2 pessoas. Caranguejo salgado, fresco e revigorante como o mar. Melão doce e suculento.

Salada de pepino, bulbo de erva-doce, ricota e abacate

pepino, bulbo de erva-doce, ricota, abacate, limão-siciliano, vinagre balsâmico, endro, semente germinada

Coloque numa tigela **2 colheres de sopa de suco de limão-siciliano**, um pouco de sal e pimenta-do-reino e, com um fuê, misture **2 colheres de sopa de azeite** e **2 colheres de sopa de óleo de girassol** para fazer o molho. Adicione algumas gotas de **vinagre balsâmico** e **3 ou 4 raminhos de endro picados** ao molho e prove para ver se ficou bem equilibrado. O molho deve ser fresco, mas não pungente. Acrescente mais vinagre balsâmico se necessário.

Descasque **meio pepino**, retire as sementes com uma colher de chá e corte-o em fatias grossas. Fatie em tiras finas **1 bulbo pequeno de erva-doce**. Descasque **1 abacate**, corte-o em fatias grossas e misture tudo cuidadosamente com o molho, deixando descansar num local fresco por mais ou menos meia hora (não muito mais que isso). Adicione vários punhados de **sementes germinadas** ou de **brotos de feijão**.

Transfira tudo para uma travessa, coloque por cima uma boa colherada de **ricota** para cada pessoa e sirva.

Para 2 pessoas. Leve, radiante, refrescante. Uma salada leve e suave.

Salada de muçarela com migalhas de pancetta

pancetta defumada, muçarela, tomates, alface, manjericão

Frite na chapa ou na frigideira **12 fatias finas de pancetta defumada** até ficar bem crocante. Deixe-as escorrendo um pouco em papel toalha e bata-as rapidamente no processador de alimentos até formar migalhas irregulares. Passe **150 g de bolas de muçarela de búfala** nas migalhas de pancetta.

Fatie **2 tomates grandes**, tempere-os com um pouco de sal e coloque-os numa travessa com **4 folhas pequenas de alface-manteiga**. No processador de alimentos, bata rapidamente **10 g de manjericão** com **5 colheres de sopa de azeite** e um pouco de sal e pimenta. Coloque a muçarela com pancetta sobre o tomate e a alface e despeje colheradas do molho de manjericão por cima.

Para 2 pessoas. Um almoço leve. Bacon crocante, muçarela macia.

Um clássico
Poucas saladas são tão sublimes quanto uma salada de muçarela, manjericão e tomate. Eu gosto de acrescentar um molho de azeite, folhas de manjericão e um toque de vinagre de vinho tinto. Bata os ingredientes do molho rapidamente no processador de alimentos, até formar um purê ralo.

Com tomate assado e tomilho
Corte tomates pequenos e maduros ao meio, regue com um pouco de azeite, tempere com tomilho, alecrim, sal e pimenta e leve ao forno elétrico. Coloque pedaços de muçarela entre os tomates.

Queijo frito e crocante
Corte muçarela em fatias grossas. Faça uma milanesa passando em ovos batidos e depois em farinha de rosca temperada e frite no azeite até ficar crocante. Gomos de limão. Talvez algumas fatias grossas de tomate maduro.

Ervilha e presunto

ervilha, presunto, pinoli, pimenta-malagueta em flocos, manteiga, broto de ervilha ou de feijão

Coloque **100 g de ervilhas frescas** sem casca numa tigela grande. Pique em pedaços médios **3 colheres de sopa de pinolis** e coloque-os numa panela rasa com **1 colher de chá de pimenta-malagueta em flocos** e **50 g de manteiga**. Deixe os pinolis corarem um pouco.

Rasgue **150 g de presunto cozido** em pedaços irregulares, adicione às ervilhas e misture com a manteiga quente e os pinolis. Coloque por cima um grande punhado de **brotos de ervilha ou de brotos de feijão**, se tiver.

Para 2 pessoas. Simples, doce. Uma dose de ervilhas frescas.

Ervilhas e queijo 1
Adicione ervilhas frescas e cruas a uma salada de agrião e fatias de laranjas. Esfarele queijo feta sobre a salada e finalize com um fio de azeite frutado.

Ervilhas e queijo 2
Rale um pouco de parmesão, coloque em ervilhas cozidas ainda quentes e sacuda a panela para misturar com manteiga derretida ou azeite. O queijo deve derreter um pouquinho. Fica maravilhoso com costeletas de cordeiro.

Ervilhas e queijo 3
Sacuda a panela para misturar ervilhas quentes, cozidas na hora, com favas sem pele e algum queijo branco e firme. Acrescente rabanetes em fatias e um molho de azeite com limão.

Salada de milho-verde, bacon e salsa

espiga de milho, bacon defumado, salsa, amêndoa salgada e tostada

Aqueça **3 colheres de sopa de azeite** numa panela rasa. Corte **4 fatias de bacon defumado** em tiras longas e finas e frite-as no azeite até ficarem quase crocantes. Adicione **50 g de amêndoas salgadas e tostadas** e continue fritando por 1–2 minutos. Com uma faca, corte o **milho** para retirá-lo da espiga e misture rapidamente com o bacon, para ficar coberto com a gordura. Sacuda a panela para misturar com um punhado de **folhas de salsa rasgadas** e sirva imediatamente.

Para 2 pessoas. Adocicado, salgado e crocante.

Algumas dicas

- O milho-verde cru que usei nessa receita é menos adocicado e mais crocante que o milho-verde cozido.
- Espigas de milho inteiras podem ser descascadas, cobertas com xarope de bordo ou mel e assadas. Vire as espigas de tempos e tempos, enquanto assam, e sirva com salada de chicória e nozes pecãs tostadas.

Cuscuz de peru ou de frango

farinha de milho pré-cozida para cuscuz, sobra de peru, frango ou chester assado, semente de abóbora, cranberry seca ou cereja, uva-passa branca, pistache, hortelã, romã, iogurte, melaço de romã

Despeje 2 xícaras de água fervente sobre **1 xícara de farinha de milho pré-cozida para cuscuz**, tampe e espere a farinha absorver toda a água. Rasgue **600 g de peru, frango ou chester assado** em pedaços grandes e suculentos, coloque-os numa tigela com **2 colheres de sopa de sementes de abóbora**, **2 colheres de sopa de cranberries secas ou cerejas**, **2 colheres de sopa de uvas-passas brancas** e **2 colheres de sopa de pistache sem casca**. Tempere generosamente com sal, pimenta e **folhas de hortelã picadas** e adicione **as sementes de uma romã**.

Afofe o cuscuz com um garfo e misture com delicadeza os ingredientes secos. Coloque por cima **4 colheres de sopa cheias de iogurte**, um fio de **melaço de romã**, mais **folhas de hortelã** e mais algumas **sementes de romã**.

Para 2–3 pessoas. Sobras incrustadas de joias.

Algumas dicas

- Um jeito frugal de aproveitar o que sobrou do assado do almoço de domingo e também uma maneira inteligente de celebrar os restos do peru ou do chester de Natal. Eu desosso a carne, rasgando-a em pedaços grandes, do tamanho de uma bocada – faça isso no último minuto, para a carne não secar.
- Não é preciso cozinhar a farinha pré-cozida instantânea para cuscuz. Despeje o mesmo volume de água fervente sobre a farinha, deixe por uns 10 minutos ou até a água ser absorvida e afofe delicadamente o cuscuz com um garfo.
- O melaço de romã, com seu toque agridoce, cítrico e caramelizado, pode ser encontrado em lojas de produtos árabes ou pela internet.

Presunto, salsa, lentilhas verdes e maçãs crocantes com cuscuz

Rasgue pedaços irregulares de presunto sobre o cuscuz pronto. Adicione uvas-passas brancas, salsa picada, lentilhas cozidas e escorridas, fatias de maçã Fuji e mexa.

Porco assado, tangerinas geladas, hortelã refrescante

Corte o porco assado frio que sobrou do almoço de domingo em pedaços meio grandes. Misture no cuscuz pronto. Adicione gomos de tangerinas descascadas, salsa e folhas de hortelã picadas. Não precisa adicionar frutas secas, mas nada o impede de acrescentar algumas sementes de romã e pistaches.

Vegetais de verão com harissa e cuscuz

farinha de milho pré-cozida para cuscuz, tomate-cereja, cebola roxa, harissa, caldo de legumes

Corte **200 g de tomates-cereja** ao meio e coloque-os numa assadeira. Fatie **1 cebola roxa** e adicione-a aos tomates. Sacuda delicadamente a assadeira para misturar os vegetais com azeite, até ficarem cobertos por inteiro, e leve ao forno a 200°C por uns 20 minutos, até os tomates começarem a estourar e as cebolas ficarem macias o suficiente para serem esmagadas com os dedos. Espalhe **100 g de farinha de milho pré-cozida para cuscuz** na assadeira.

Coloque **400 ml de caldo de legumes** para ferver, despeje sobre o cuscuz, tampe bem a assadeira com papel alumínio e deixe por 15 minutos. Tempere o cuscuz com pimenta-do-reino e misture **1 colher de sopa de harissa**. Sirva com os vegetais assados.

Para 2 pessoas. Para nutrir e animar.

Algumas dicas
- Use farinha de milho pré-cozida instantânea para cuscuz. Se não encontrar a versão instantânea, cozinhe até o cuscuz ficar macio.
- Você pode grelhar os vegetais, se preferir, ou refogá-los numa frigideira rasa. Jogue o molho quando eles ainda estiverem quentes. Os vegetais podem ser abobrinhas e berinjelas marinadas (em azeite e alho). Use os vegetais cozidos para fazer bruschettas. É mais um lanche do que uma refeição, mas vale a pena.
- Substitua o cuscuz por arroz ou trigo para fazer quibe, se preferir.

Cuscuz de queijo e maçã
Despeje suco de maçã quente na farinha de milho pré-cozida para cuscuz. Misture com nozes tostadas, bulbo de erva-doce ralado, queijo Cheshire ou Cheddar, maçãs cortadas em cubos e muita salsa fresca picada. Tempere com um pouco de pimenta-do-reino, uma pitada (não mais) de canela em pó e um toque de suco de limão-siciliano para finalizar. Um acompanhamento surpreendente para as sobras de porco assado.

Presunto e favas com cuscuz. Sabores suaves para um dia de verão
Ferva um presunto defumado com osso pequeno (500 g) na água por uns 40 minutos, até ficar macio. Retire-o do caldo do cozimento e reserve. Coloque a farinha de milho pré-cozida para cuscuz numa tigela, despeje o líquido do cozimento e deixe a farinha absorver o líquido. Desosse o presunto e misture-o com favas, bulbo de erva-doce em fatias e salsa picada. Um pouco de azeite vai deixar a mistura bem suculenta.

Cuscuz de ervas e rúcula
Coloque a farinha de milho pré-cozida para cuscuz numa tigela refratária e adicione uma colher de sopa de azeite. Despeje água ou caldo de legumes até cobrir a farinha e deixe-a absorver o líquido. Sacuda uma tigela para misturar pinhões tostados, cebolas bem fatiadas refogadas e bastante endro, salsinha e hortelã picados. A quantidade de ervas deve ser mais ou menos igual à quantidade de cuscuz. Misture delicadamente com punhados de folhas de rúcula.

Figo, triguilho e amora

figo, triguilho, amora, óleo de nozes ou azeite, vinagre de vinho tinto

Leve **150 g de triguilho** ao ponto de fervura em bastante água ligeiramente salgada, tampe a panela e desligue o fogo.

Pegue **150 g de amoras** e esmague 4 delas numa tigela com um garfo. Misture **1 colher de sopa de óleo de nozes ou azeite** e **2 colheres de sopa de vinagre de vinho tinto**. Lave e seque **3 figos maduros**, corte-os, descarte os talos e fatie-os da ponta à base sem cortar até o fim, deixando as fatias unidas. Pressione delicadamente as laterais para abrir os figos como se fossem flores.

Escorra o líquido do triguilho e sacuda a tigela para misturá-lo com as amoras restantes, o molho de amora e os figos.

Para 3 pessoas. A tranquilidade do trigo. Molho radiante e frutado. Um bom acompanhamento para um presunto, um bife ou um almoço leve.

Salada de batata com banha bovina

banha bovina, batatinha, gemas de ovo, rúcula ou agrião, sobra do rosbife assado do almoço de domingo

Corte ao meio sem descascar **350 g de batatinhas** e ferva-as até ficarem macias. Escorra e deixe esfriar. Derreta **150 g de banha bovina** numa panela pequena. Coloque **2 gemas de ovo** numa tigela vá acrescentando a banha derretida aos poucos, como quem faz maionese. Você terá de fazer isso com um mixer em alta velocidade, só dá certo assim. Quando a maionese ficar espessa, adicione as batatas resfriadas e um pouco de sal.

Sirva a maionese sobre uma camada de **rúcula ou agrião**, coloque algumas fatias do **rosbife assado** de domingo e os restinhos tostados que sobraram na assadeira, levemente aquecidos.

Para 2 pessoas. Suculento, salgado, quase defumado. Um destino sensacional para os restos de carne assada.

Com alecrim na torrada
Pegue uma fatia de pão italiano bem quente e crocante, passe uma camada generosa (mas sem gulodice) de banha bovina. Finalize com uma pitada de alecrim bem picadinho e, se tiver, um pouco de alho assado em pasta.

Pimentões assados
Derreta banha bovina e coloque-a numa assadeira. Adicione alguns pimentões cortados no sentido do comprimento e asse lentamente até ficarem bem macios. Coloque sobre uma fatia de pão italiano tostado com um punhado de rúcula.

Confit de cebola na banha bovina com queijo derretido
Aqueça um pouco de banha bovina numa panela rasa, adicione cebolas fatiadas e cozinhe-as em fogo médio até ficarem macias, douradas e pegajosas. Misture um pouco da gelatina mais escura que fica abaixo da banha e, quando começar a borbulhar, acrescente pedaços de queijo Fontina ou provolone e deixe-o derreter até formar poças douradas. Não mexa. Com uma colher, pegue as cebolas macias, o queijo derretido e o caldo e despeje numa fatia de pão italiano torrado.

Salmão com alho assado e creme

salmão defumado, alho, creme de leite fresco, endro, pão crocante

Aqueça o forno a 200°C. Asse **1 cabeça de alho** por 30–40 minutos até ficar macia. Retire a pele, espremendo os dentes macios entre o indicador e o polegar, e coloque-o numa tigela. Com um fuê, bata delicadamente **150 ml de creme de leite fresco**. Pique **110 g de endro** (você pode fazer isso num processador de alimentos, apertando bem rapidamente o botão pulsar umas 3 vezes). Misture o endro no creme de alho. Corte **300 g de salmão defumado** em fatias finas e compridas. Misture o salmão no molho e coloque-o sobre **pães tostados e crocantes**.
Para 2–4 pessoas. Salmão delicado. Pão tostado.

Queijo feta e pepino
Pepino ralado, pimenta-do-reino, hortelã picada, algumas alcaparras e um pouco de queijo feta esfarelado em pedaços irregulares. Misture tudo delicadamente com um pouco de ricota e coloque sobre pão crocante. Límpido, picante, vívido.

Patê de porco e damasco
Um pouco de patê rústico de porco ou de ganso, algumas alcaparras salgadas e fatias de damasco fresco, não completamente maduro e ainda um pouco ácido, ou de nectarinas.

Grão-de-bico e aliche
Coloque no processador de alimentos 250 g de grão-de-bico cozido e escorrido, 8 aliches, 1 ou 2 doses de suco de limão-siciliano e um punhado de folhas de salsinha. Bata rapidamente, incluindo algumas colheres de sopa de azeite durante o processo, até ter uma pasta leve e rústica. Passe em pães crocantes.

Tomate, pepino e aliche

tomate, pepino, aliche, estragão, manjericão, salsa

Corte **4 tomates grandes** ao meio e coloque-os numa assadeira. Regue com um pouco de **azeite** e tempere com pimenta-do-reino. Pegue **8 aliches** e coloque um em cada metade de tomate. Asse no forno elétrico até aquecer e tostar um pouco.

Descasque **1 pepino**, fatie-o no sentido do comprimento, retire as sementes com uma colherzinha e descarte-as. Pique o pepino em pedaços grossos. Faça um molho para o pepino colocando no liquidificador ou no processador de alimentos **5 colheres de sopa de azeite**, **as folhas de 3 ou 4 grandes ramos de estragão**, **5 folhas grandes de manjericão** e **algumas folhas de salsa**. Bata rapidamente até obter um molho bem verde. Tempere com sal e pimenta e sacuda a tigela para misturar com o pepino.

Para 2 pessoas. Vibrante, refrescante.

Algumas dicas
- Para essa receita, o mais interessante seria usar tomates maduros e adocicados, para equilibrar com o sabor salgado do aliche.
- Não salgue os tomates; o aliche já é bem salgado.
- Substitua o manjericão por cerefólio ou salsa.
- Sirva como recheio para um pão sírio quentinho, colocando os tomates assados e o pepino crocante no pão sírio tostado.
- Adicione um pouco de queijo feta e algumas folhas de manjericão rasgadas.

Cereja, tomate e salame

cereja, tomate-cereja, salame, vinagre de estragão

Divida ao meio **150 g de cerejas frescas e maduras**. Corte **150 g de tomates-cereja** ao meio e misture com as cerejas. Regue com um pouco de **vinagre de estragão** e reserve por não mais que meia hora. Não precisa temperar as cerejas e os tomates.

Corte **100 g de um bom salame picante** em fatias bem finas, retire a pele e distribua as fatias entre as cerejas e os tomates.

Para 2 pessoas. Leve, vívido, o sabor do verão.

Algumas dicas

- Frutas doces e intensas com salame caem muito bem com um almoço de verão.
- A salada ficará mais gostosa se as cerejas estiverem frias, recém-saídas da geladeira, e os tomates não estiverem maduros demais, talvez até um pouco azedinhos.
- Sirva como entrada.
- Pode ser interessante incluir um pouco de muçarela.
- É muito fácil fazer o seu próprio vinagre de estragão, usado na culinária francesa. Basta esmagar levemente 2 ramos de estragão fresco, para ajudar a liberar o sabor, e deixá-lo num vidro fechado com 2 xícaras de vinagre branco por umas 2–3 semanas.

Salada de batata, *prosciutto* e brócolis

batata, *prosciutto*, brócolis, endro, *crème fraîche*

Lave bem **350 g de batatas**. Ferva bastante água com sal em uma panela funda, adicione as batatas e cozinhe-as por uns 20 minutos, até ficarem macias. Escorra e corte-as ao meio. Pique algumas **folhas de endro** e misture com **150 ml de *crème fraîche*** e um pouco de sal e pimenta. Cubra as batatas quentes com esse molho, misturando com delicadeza.

Corte **100 g dos talos mais finos de um brócolis**, sem tirar as folhinhas macias, e cozinhe no vapor ou ferva em água ligeiramente salgada por alguns minutos, até ficar ao seu gosto. Escorra e misture às batatas, tentando não quebrar os talos. Sirva em pratos ou em tigelas rasas, salpicando **100 g de *prosciutto* cortado em fatias bem finas** entre as batatas e os brócolis.

Para 2 pessoas. Brócolis bem verdes, presunto defumado, batatas com endro. Uma boa refeição.

Algumas dicas

- Gosto de usar *prosciutto* nesta salada para dar um contraste interessante com os brócolis, mas você pode usar qualquer tipo de carne curada.
- Você também pode usar os restos da carne assada de domingo. Corte em fatias mais finas que conseguir.
- Para uma versão mais leve, faça um molho com azeite, suco de limão-siciliano e endro no lugar do *crème fraîche*.
- Depois de cortar as batatas ao meio, às vezes eu gosto de salteá-las com um pouco de óleo ou manteiga bem quente para ficarem crocantes.

Salada de presunto e aspargos

Ferva ou cozinhe no vapor alguns aspargos, escorra e adicione à salada da receita no lugar dos brócolis. Eu gosto de substituir o endro por estragão, cerefólio ou salsa nessa receita, mas você pode usar as ervas que preferir.

Sobremesas

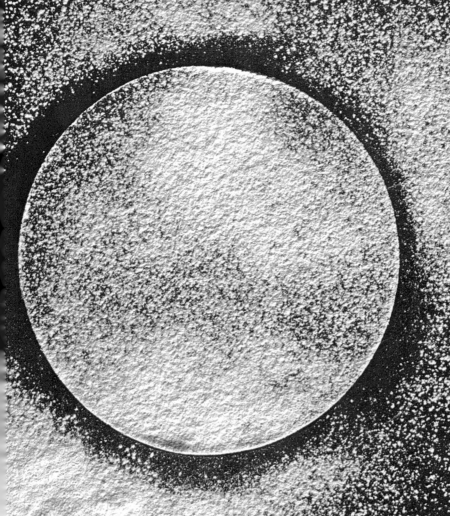

Nos dias de semana, pelo menos na minha casa, a maioria das refeições termina com alguma fruta ou um doce. Pode ser um pêssego suculento ou uma tigela de framboesas. Pode ser um figo bem maduro, uma pera acompanhada de um pedaço de parmesão ou um prato de cerejas com uma fatia de queijo de cabra. Perdi as contas de quantas vezes terminei uma refeição com um bom chocolate ou um sorvete comprado no supermercado. Também como algumas delícias turcas ou um ou dois punhados de amêndoas caramelizadas com açúcar.

Mas às vezes eu quero comer algo um pouquinho mais elaborado. Um cheesecake, uma sobremesa com creme, um merengue. Uma comida indulgente, totalmente desnecessária, bem doce e açucarada. Aquele pêssego maduro pode ser picado e embebido numa taça de vinho moscatel; as framboesas podem ser batidas e usadas como uma calda para sorvete ou morangos. Os figos podem ser assados com uma taça de vinho Marsala e um pouco de açúcar mascavo.

Eu gosto da ideia de assar uma banana com casca e tudo, até a casca escurecer, abri-la e espremer um maracujá maduro dentro; também gosto de aproveitar quando estou usando o forno para assar uma maçã. Mas também dá para fazer outras sobremesas rápidas, como estas:

Amoras, vinho tinto
Aqueça algumas taças de vinho tinto até o ponto de fervura, adicione uma colher de sopa de açúcar para cada taça de vinho e cerca de 400 g de amoras. Cozinhe por alguns minutos até a fruta começar a amolecer. Coma quente.

Maçãs assadas, maracujá
Com uma faca afiada, faça talhos em algumas maçãs pequenas e leve-as ao forno a 200°C por 25 minutos ou até ficarem macias. Assim que elas saírem do forno, esprema suco e sementes de maracujá por cima. Sirva com creme.

Bananas, iogurte, creme
Descasque 4 bananas bem maduras e macias e bata-as rapidamente no processador de alimentos. Transfira para uma tigela e misture delicadamente com 150 ml de iogurte espesso e intenso e a mesma medida de creme de leite fresco ligeiramente batido. Com uma colher, coloque em taças e leve à geladeira.

Framboesas e creme
O *fool* é uma sobremesa inglesa deliciosa. Uma opção simplificada é um *fool* gelado de framboesa, que pode ser feito batendo rapidamente 300 g de framboesas congeladas e 250 ml de creme de leite fresco no processador de alimentos. O resultado será algo entre um creme gelado e um sorvete.

Panetone com amoras
Toste fatias de panetone até dourar. Prepare uma mistura de mascarpone com chantilly e passe uma generosa camada no panetone. Coloque amoras por cima e polvilhe com açúcar de confeiteiro.

Sanduíche de chocolate
Rale bastante chocolate sobre um brioche cortado ao meio e faça um sanduíche. Toste dos dois lados numa panela rasa até o chocolate derreter. Polvilhe com açúcar de confeiteiro e saboreie.

Sanduíche de frutas vermelhas
Esmague framboesas e amoras com um garfo. Adoce o chantilly (se já não for doce) com um pouco de açúcar de confeiteiro e misture com um pouco de essência de baunilha. Toste alguns brioches ou pãezinhos de leite até ficarem ligeiramente dourados. Incorpore delicadamente as frutas esmagadas no creme, formando listras vermelhas. Coloque sobre o brioche ou pão crocante e quentinho.

Sanduíche de sorvete
Pegue 2 biscoitos amanteigados finos e quebradiços. Coloque sorvete de baunilha por cima de um deles e polvilhe com pedacinhos de chocolate amargo. Acrescente o outro biscoito por cima e pressione levemente (cuidado para não quebrar os biscoitos). Leve à geladeira por um tempinho antes de saborear.

Cheesecake de banana

banana, biscoito de gengibre, manteiga, creme de leite fresco, chocolate branco, cream cheese, baunilha, limão-siciliano

Para fazer a crosta de migalhas, derreta **60 g de manteiga** numa panela pequena e adicione **3 colheres de sopa de creme de leite fresco**. Esmigalhe **275 g de biscoitos de gengibre ou de cookies** no processador de alimentos e misture à manteiga e ao creme de leite. Quando as migalhas estiverem úmidas, reserve cerca de 3 colheres de sopa e coloque o restante numa forma para bolo com fundo removível, de mais ou menos 20 cm, alisando com cuidado para não pressionar as migalhas. A ideia é ficar com uma crosta solta, quebradiça.

Para fazer o recheio, aqueça uma tigela refratária em banho-maria, tomando o cuidado de não deixar a água fervente da panela tocar o fundo a tigela. Quebre **200 g de chocolate branco** em pedacinhos e coloque na tigela, deixando derreter sem mexer. Assim que o chocolate derreter, desligue o fogo, despeje **200 ml de creme de leite fresco** e pingue algumas gotas de **essência de baunilha**. Mexa lentamente para incorporar o creme ao chocolate.

Coloque **600 g de cream cheese** numa tigela e despeje a mistura de chocolate e creme, misturando delicadamente. Coloque colheradas do recheio por cima da crosta de migalhas, alise a superfície, cubra com filme de PVC e leve à geladeira por pelo menos 3 horas.

Por fim, descasque e corte **3 bananas** na diagonal, sacuda-as numa tigela com **o suco de 1 limão-siciliano**, para misturar, e disponha os pedaços de banana por cima do cheesecake gelado. Polvilhe com as migalhas reservadas (se elas se compactaram, basta esfarelá-las um pouco antes).

Para 8 pessoas. Cremoso, aroma de baunilha, migalhas de biscoito.

Salada de morango e pepino

morango, pepino, mel, hortelã, licor de lichia

Coloque **3 colheres de sopa de mel, 10 folhas de hortelã** e **5 colheres de sopa de licor de lichia ou de licor de tangerina** num liquidificador e bata rapidamente para formar um xarope espesso e aromático. Se você não tiver um liquidificador, pique bem a hortelã, misture com o mel e o licor e deixe descansando por 1 hora. Coe com uma peneira fina ou morim para retirar os pedaços maiores de hortelã.

Descasque **2 pepinos médios**, corte-os ao meio, no sentido do comprimento, e retire as sementes com uma colher. Corte o pepino em cubos e coloque numa tigela grande. Retire as folhas de **450 g de morangos**, corte-os ao meio e misture delicadamente com o pepino.

Despeje a calda de hortelã e licor por cima, mexendo com muita delicadeza. Cubra e deixe na geladeira por uns 30 minutos antes de servir.

Para 4–6 pessoas. A essência do verão. Cheiro de grama recém-cortada.

Uma dica
Sei que esta salada pode parecer um pouco exótica demais, mas é a salada de frutas mais crocante e refrescante que você pode imaginar. Os morangos e o pepino combinam à perfeição com a calda. É o verão numa tigela.

Outras saladas incomuns
- Lichias descascadas com framboesas.
- Amoras, framboesas e groselhas maduras.
- Melancia, amoras, xarope de açúcar, água e hortelã.
- Pêssegos, framboesas e o leve toque de água de rosas culinária.
- Manga e maracujá, uma combinação perfeita.

Cobertura de chocolate e aveia

chocolate amargo, aveia em flocos, xarope de bordo ou mel, damasco, framboesa, licor de lichia

Preaqueça o forno a 180°C. Pique **40 g de chocolate amargo** e misture com **50 g de aveia em flocos** e **5 colheres de sopa de xarope de bordo ou mel**.

Corte **6 damascos frescos ou nectarinas** ao meio, retire as sementes e coloque-os numa travessa refratária rasa. Regue com **4 colheres de sopa de licor de lichia ou de tangerina**. Deixe a calda borbulhar em fogo médio por 3–4 minutos e adicione **150 g de framboesas**.

Espalhe a mistura de aveia sobre a fruta e leve ao forno por 20 minutos, até as frutas ficarem macias e perfumadas e a aveia, crocante.

Para 3 pessoas. Inebriante, crocante, suculento.

Torta inglesa rápida com Irish coffee

bolacha champanhe, licor de creme irlandês (tipo Baileys), café expresso, avelã, creme de leite fresco, mascarpone, baunilha, chocolate amargo

Coloque **100 g de bolachas champanhe** numa travessa e regue com **150 ml de licor Baileys** e **150 ml de café expresso forte.** Deixe as bolachas absorvendo o líquido. Torre **100 g de avelãs sem casca e sem pele** e corte-as ao meio. Bata ligeiramente **200 ml de creme de leite fresco**, até ficar mais ou menos firme, e incorpore com delicadeza **200 g de mascarpone** e a maior parte das avelãs picadas. Espalhe o creme sobre as bolachas e leve à geladeira.

Bata ligeiramente mais **200 ml de creme de leite fresco**, inclua delicadamente um pouco de **essência de baunilha** e espalhe a mistura sobre o creme de avelãs e mascarpone. Cubra a travessa e deixe-a na geladeira por mais ou menos uma hora (no mínimo 20 minutos, no caso de ser uma "emergência").

Espalhe as avelãs restantes sobre o creme. Derreta **35 g de chocolate amargo** em banho-maria e salpique-o por cima do creme. Leve à geladeira por alguns minutos, até o chocolate ficar durinho, e sirva.

Para 6 pessoas. Profundas camadas de puro deleite.

Cookie de aveia e limão

aveia, manteiga, açúcar mascavo, gema de ovo, farinha de trigo, fermento em pó, mascarpone, creme de limão

Preaqueça o forno a 180°C. Tire **120 g de manteiga** da geladeira, corte-a em cubos e, com um mixer, bata-a com **120 g de açúcar mascavo** até ficar leve e cremoso. Inclua **1 gema de ovo** e continue batendo. Acrescente **120 g de farinha de aveia ou de aveia em flocos**, **90 g de farinha de trigo**, **meia colher de chá de fermento em pó** e uma pitada generosa de sal marinho.

Divida a massa em 8–12 partes, dependendo do tamanho que quiser fazer seus cookies. Faça bolinhos achatados com mais ou menos 7 cm de diâmetro e coloque numa assadeira untada com óleo. Eles devem ficar um pouco grossos para permanecerem macios por dentro.

Asse os cookies por 12–15 minutos, até corarem um pouco, mas antes de ficarem crocantes. Retire a assadeira do forno, espere por 1–2 minutos e transfira para uma grade para esfriar. Eles vão ficando crocantes à medida que esfriam.

Para fazer o recheio, coloque **100 g de mascarpone** numa tigela e misture **100 g de creme de limão**. Recheie os cookies para fazer sanduíches doces.

Rende 8–12 sanduichinhos.

Algumas dicas

- Se você comer esses cookies até uma hora depois de recheá-los, eles ainda estarão crocantes. Mas eu prefiro comer no dia seguinte, quando os cookies estão macios e molinhos.
- Em vez de rechear os biscoitos com o creme de limão, derreta 100 g de chocolate amargo, mergulhe os biscoitos até a metade no chocolate e disponha-os sobre papel manteiga num lugar fresco para firmar. Você também pode ir pingando chocolate derretido nos biscoitos (neste caso, você vai precisar de um pouco menos chocolate).
- Resfrie os cookies na geladeira e esfarele por cima de sorvete de baunilha.
- Recheie os biscoitos, fazendo sanduíches, com sorvete de baunilha no lugar da coalhada de limão e do mascarpone, levando rapidamente ao congelador para firmar.
- É muito fácil fazer o creme de limão (o *lemon curd*) usado nesta receita. Basta colocar numa panela 200 ml de água, 100 g de açúcar, 60 ml de suco de limão-siciliano, 2 gemas de ovo, 20 g de maisena, raspas de 2 limões e uma pitada de sal. Leve ao fogo baixo mexendo sempre até engrossar. Retire do fogo, acrescente 1 colher de sopa de manteiga gelada e cortada em cubos e misture.

Brioche tostado com morango e mascarpone

morango, mascarpone, brioche, avelã, açúcar, essência de baunilha, creme de leite

Unte uma assadeira antiaderente com um pouco de **óleo de soja**. Coloque **40 g de avelãs descascadas e sem pele**, **80 g de açúcar** e **1 ou 2 colheres de sopa de água** numa frigideira antiaderente. Deixe borbulhar até as avelãs ficarem levemente douradas. Não mexa mais que uma ou duas vezes. Fique de olho na panela. Assim que as avelãs escurecerem um pouco, coloque-as na assadeira untada. Aguarde uns 10 minutos para as avelãs esfriarem e ficarem crocantes.

Corte **20 morangos** ao meio. Tire as folhas, se quiser. Com um fuê, bata levemente **200 ml de creme de leite fresco** até engrossar, incorpore com delicadeza **200 g de mascarpone** e **um pouco de essência de baunilha**. Pique as avelãs açucaradas em pedaços irregulares e misture metade delas no creme de mascarpone.

Toste **4 fatias de brioche** e passe um pouco do creme de mascarpone em cada fatia. Coloque os morangos por cima e polvilhe com o restante das nozes picadas e açucaradas.

Para 4 pessoas. Torradas macias e doces. Frutas vermelhas. Creme. Verão.

Combinado de manga e maracujá

manga, maracujá, creme de leite fresco, merengue

Com um fuê, bata **300 ml de creme de leite fresco** até ficar mais ou menos firme. Esfarele no creme **180 g de merengues** em pedaços de tamanhos variados, grandes e pequenos, mas não mexa.

Descasque **2 mangas pequenas bem maduras** e corte a polpa em pedaços pequenos. Adicione ao creme com merengue. Corte **6 maracujás maduros** ao meio, passe a polpa por uma peneira para extrair o suco. Misture com muita delicadeza o suco do maracujá, a manga e o merengue no creme de leite. Você só vai precisar mexer 2 ou 3 vezes, no máximo. Deixe na geladeira por mais ou menos uma hora, se quiser.

Para 4 pessoas. Uma composição celestial.

Torrada com figo e ricota

figo, ricota, pão de frutas cristalizadas ou pão doce caseiro, creme de leite fresco, noz, mel, alecrim

Coloque numa panela rasa **4 colheres de sopa de nozes sem casca**, **2 colheres de sopa de mel** e **1 raminho de alecrim** esmagando as folhas na mão enquanto adiciona à mistura. Deixe o mel borbulhar por 1–2 minutos até escurecer um pouco, retire do fogo e reserve por 10 minutos.

Corte **2 figos perfeitamente maduros** ao meio. Misture **4 colheres de sopa de creme de leite fresco** com **4 colheres de sopa de ricota**. Toste ligeiramente **2 fatias de pão de frutas cristalizadas ou de pão doce caseiro**.

Coloque o pão em 2 pratos, divida o creme de ricota entre eles, coloque os figos sobre cada fatia e, com uma colher, despeje as nozes quentes e o mel.

Para 2. Figos, ricota, mel e alecrim. Sabores antigos. Toque contemporâneo.

Índice remissivo

A

abacate
    Bolinho de ricota e ervas 171
    Ovos mexidos com molho picante 217
    Salada de pepino, bulbo de erva-doce, ricota e abacate 393
    Sanduíche de frango, aspargo e abacate 49

abóbora
    Abóbora com pimenta e laranja 271
    Ovos condimentados com abóbora 137
    Pistache, abóbora, semente de abóbora 141

abóbora-moranga
    Gratinado de abóbora-moranga 289

abobrinha
    Abobrinha com gremolata de bacon 117
    Bolinho de arenque defumado, abobrinha, endro 225
    Cogumelos e abobrinhas, verde e terroso 117
    Contrafilé, alho e abobrinha 377
    Macarrão com abobrinha e limão-siciliano 219
    Minestrone verde (mais ou menos) rápido 228
    Sanduíche de abobrinha assada e queijo feta 26
    Vegetais assados, maionese de alho 26

agrião
    Salada de batata com banha bovina 407
    Sopa de ervilha e agrião com camarão graúdo 97

alcachofra
    Alcachofra e feijão-branco 109
    Alcachofra frita, maionese de alho 109
    Salmão com alcachofra 147

alface
    Camarão graúdo, alface crocante e missô 77
    Pele de frango, folhas verdes macias, flocos de sal 275

Sopa leve e fresca para o verão 67
alho
Alcachofra frita, maionese de alho 109
Alho assado doce, manteiga, baguete 178
Asinhas crocantes, maionese de alho, dedos para lamber 167
Aspargos, alho, soja 319
Camarões graúdos grelhados, maionese de alho 179
Contrafilé, alho e abobrinha 377
Cordeiro com alho negro e azeitonas pretas 179
Cordeiro, alho, páprica e tomate 258
Feijão ao creme, pão de alho, azeite 199
Frango com alho negro e amêndoas 231
Frango com alho, echalote, manteiga e farinha de rosca 295
Manjericão, pinolis, alho, muçarela, azeitonas no limão com cuscuz 380
Peito de frango, alho, tomilho, um molho doce de vinho moscatel 275
Salmão com alho assado e creme 409
Salmão, espinafre, alho 101
Vegetais assados, maionese de alho 26
alho-poró
Alho-poró amanteigado e hambúrguer de frango 29
Bolinho de hadoque defumado com alho-poró 225
Cordeiro e alho-poró 137
Frango com erva-doce e alho-poró 279
Mac and cheese com alho-poró 353
Minestrone verde (mais ou menos) rápido 228
Ragu de alho-poró e queijo Caerphilly 209
Salmonete assado com erva-doce e alho-poró 297
Sopa de vôngole e alho-poró 91

aliche
Aliche, azeitonas, manjericão e croûtons, uma salada refrescante para o verão 251
Aliche, penne, migalhas de pão 251
Bolinho de caranguejo com aliche e limão 115
Grão-de-bico e aliche 409
Rabanetes refrescantes, endro verde e um pouco de peixe 287
Tomate com aliche crocante 299
Tomate, pepino e aliche 411
ameixas
Asinha de frango com chutney de cebola e umeboshi 185
Bisteca de porco com chutney de ameixa 187
Bistecas de porco com ameixas maduras, alecrim 139
Kebab de porco, ameixas e mel 165
ameixas umeboshi
Asinha de frango com chutney de cebola e umeboshi 185
amêndoas
Cuscuz, limões, amêndoas, lulas 193
Frango com alho negro e amêndoas 231
Frango de panela ao forno, xerez e amêndoa 337
Gratinado de couve e amêndoa 357
Salada de milho-verde, bacon e salsa 399
amoras
Amoras, vinho tinto 418
Figo, triguilho e amora 405
Panetone com amoras 418
Sanduíche de frutas vermelhas 419
arenque defumado
Arenque defumado com ervilha e edamame 385
Arenque defumado com ovos benedict 255
Arenque defumado e vagem 215
Arenque defumado grelhado, purê de beterraba e wasabi 191
Arenque defumado, *crème fraîche* 311
Arenque defumado, feijão-manteiga e creme 213

Bolinho de arenque defumado 115
Bolinho de arenque defumado, abobrinha, endro 225
Espinafre, arenque defumado, fitas de macarrão 215
Peixe defumado com creme 215

arroz
Arroz assado vegetariano 249
Arroz limpa-geladeira 173
Arroz temperado rápido 173
Arroz verde temperado 173
Bolinho de arroz 105
Manteiga, arroz de risoto, sopa de inhame e frango 85
Risoto 247
Risoto com pedaços de frango assado, tomilho, parmesão 247

aspargos
Aspargos, alho, soja 319
Aspargos, bacon, parmesão 319
Caldo de galinha, aspargo e macarrão 80
Canelone com aspargos 319
Coelho, aspargos, macarrão, estragão e creme 261
Cordeiro com aspargo 263
Frittata de aspargos e estragão 121
Linguado, aspargos, endro 101
Ovos mexidos, aspargos e camarões graúdos 217
Salada de presunto e aspargos 415
Sanduíche de frango, aspargo e abacate 49
Sopa verde de vegetais 73

atum
Bruschettas de tomate e atum 383
Espaguete com atum, berinjela, manjericão e limão-siciliano 383
Salada de pepino e atum 383

aveia
Cobertura de chocolate e aveia 425
Cookie de aveia e limão 429

avelãs
Batata com avelã e ovo 141
Brioche tostado com morango e mascarpone 431
Torta inglesa rápida com Irish coffee 427

azeitonas
Aliche, azeitonas, manjericão e croûtons, uma salada refrescante para o verão 251
Cordeiro com alho negro e azeitonas pretas 179
Cordeiro com za'atar e azeitonas 179
Manjericão, pinolis, alho, muçarela, azeitonas no limão com cuscuz 380
Salada de pepino e atum 383

B
bacalhau
Bacalhau com limão-siciliano, estragão e *crème fraîche* 239
Lentilhas com bacalhau 303
Torta de salmão e pepino 349

bacon
Abobrinha com gremolata de bacon 117
Aspargos, bacon, parmesão 319
Bacon à boulangère 287
Batata com molho de gorgonzola 331
Camarão graúdo, bacon, torradas de pão integral 33
Enrolado de cavala com bacon 203
Espaguete ao forno 325
Feijão e bacon 199
Frango com bacon e maionese de pimenta vermelha com coentro 49
Frango, grão-de-bico, mandioquinha 119
Hadoque defumado, bacon, purê de couve 191
Hambúrguer de café da manhã 29
Lentilhas e cebolas douradas, bacon defumado, *crème fraîche* 205
Mexilhões adocicados, bacon defumado crocante 203
Ovos mexidos com bacon 217
Ragu de fígado e bacon 209
Repolho cozido, creme e mostarda 389
Salada de milho-verde, bacon e salsa 399
Torta de milho-verde com crosta crocante 355

bagas de zimbro
   Carne de porco e zimbro 35
   Gordura de bacon, couve e zimbro 357
bagel
   Bagel 39
   Hambúrguer de café da manhã 29
   Patê de linguiça defumada 39
   Peixe defumado com creme 215
   Sanduíche de cream cheese e salmão defumado 39
banana
   Bananas, iogurte, creme 418
   Cheesecake de banana 421
banha bovina
   Confit de cebola na banha bovina com queijo derretido 407
   Pimentões assados 407
   Salada de batata com banha bovina 407
batata
   Almoço rápido de domingo 235
   Bacon à boulangère 287
   Batata assada com couve-flor e molho de queijo 315
   Batata com avelã e ovo 141
   Batata com especiarias e espinafre 285
   Batata com molho de gorgonzola 331
   Batata de pobre 135
   Bolinho de arenque defumado, abobrinha, endro 225
   Bolinho de colcannon 221
   Bolinho de hadoque defumado com alho-poró 225
   Chouriço com uma nuvem de batatas e maçãs 113
   Cogumelos porcini e limão-siciliano 287
   Colcannon de presunto e couve 220
   Couve-de-bruxelas, linguiça e batatas 107
   Crosta de batatas raladas 344
   Emaranhado de raízes 333
   Frango e salada de batatas 265
   Hadoque defumado, bacon, purê de couve 191
   Hadoque grelhado, molho de salsa, purê de limão com azeite 191
   Linguiça calabresa e batata 321
   Linguiça com molho adocicado de cebola 113
   Linguiça defumada e batatas 295
   Linguiça defumada e folhas verdes 287
   Linguiça, purê e molho de tomate 312
   Picadinho rústico de carne assada 45
   Purê de queijo e cebola 221
   Queijo azul com batatas 277
   Receitinha clássica de linguiça com purê 313
   Robalo com batatas 297
   Rösti de batata e cogumelos 102
   Rösti de mandioquinha 133
   Rumbledethumps 221
   Salada de batata com banha bovina 407
   Salada de batata, *prosciutto* e brócolis 415
   Sanduíche de porco assado de domingo 63
   Sardinha, batata e pinoli 149
   Torta de milho-verde com crosta crocante 355
   Tortilha de batata do James 161
batata-doce
   Batata-doce, linguiça picante 321
   Linguiça calabresa e purê de batata-doce 113
   Sardinhas, batata-doce e castanhas 149
berinjela
   Arroz assado vegetariano 249
   Berinjela e grão-de-bico 241
   Berinjela e queijo feta 329
   Berinjela, risoni e manjericão 237
   Berinjelas com a vivacidade dos tomates 267
   Curry de berinjela 266
   Ervilha com berinjela 71
   Espaguete com atum, berinjela, manjericão e limão-siciliano 383
   Frittata de berinjela e tomilho 121
   Paneer com berinjela 131
   Peixe inteiro assado com berinjela 297
   Vegetais assados, maionese de alho 26

beterraba
    Arenque defumado grelhado, purê de beterraba e wasabi 191
    Beterraba com linguiça e alecrim 107
    Espelta, tomate e beterraba assada 93
    Frittata de raízes bem temperadas 145
    Salada de beterraba e bulbo de erva--doce com *prosciutto* 388

bife bovino
    Bife com missô 159
    Bife com missô e wasabi 377
    Bife com tomate e cebola 163
    Bife com verduras 377
    Caldo de carne com macarrão 67
    Contrafilé, alho e abobrinha 377
    Fraldinha com provolone e talharim 137
    Missô, cogumelos e caldo de carne 375
    Molho de mostarda e estragão para temperar o bife 102
    Molho de pimenta vermelha e tomate para temperar o bife 102
    Sanduíche de bife 29
    Sanduíche de bife e couve amanteigada 45
    Sopa de missô com carne e couve 93

biscoitos
    Cheesecake de banana 421
    Cookie de aveia e limão 429
    Sanduíche de sorvete 419

bolinhos de peixe
    Bolinho de arenque defumado 115
    Bolinho de arenque defumado, abobrinha, endro 225
    Bolinho de caranguejo ao estilo tailandês 115
    Bolinho de hadoque defumado com alho-poró 225

brioche
    Sanduíche de chocolate 419
    Sanduíche de frutas vermelhas 419
    Brioche tostado com morango e mascarpone 431

brócolis
    Caldo de missô com frango grelhado 81
    Frango salteado com castanha de caju e brócolis 365
    Salada de batata, *prosciutto* e brócolis 415

brotos de ervilha
    Ervilha e presunto 397
    Lula, brotos de ervilha e rúcula 369

brotos de feijão
    Baguete com frango refogado 55
    Lombo de porco, molho ponzu 327
    Satay de coxa de frango 305
    Verduras frescas e brotos de feijão 77

bruschetta
    Bruschetta de couve 357
    Bruschetta de tomate e alface 43
    Bruschettas de tomate e atum 383

C

café
    Torta inglesa rápida com Irish coffee 427

camarões
    Camarão, linguine, endro 227

camarões graúdos
    Baguete vietnamita com camarão graúdo 32
    Camarão graúdo com manjericão 111
    Camarão graúdo frito, molho de tomate 363
    Camarão graúdo, bacon, torradas de pão integral 33
    Camarão graúdo, macarrão e cenoura 362
    Camarão picante com melancia 245
    Camarão, capim-limão e coco 77
    Camarões graúdos grelhados, maionese de alho 179
    Camarões graúdos, alface crocante e missô 77
    Ovos mexidos, aspargos e camarões graúdos 217
    Soba, salmão e camarão graúdo 375
    Sopa de ervilha e agrião com camarão graúdo 97
    Torta de salmão e pepino 349

camarões na manteiga
    Camarão na manteiga, pepino, endro e pão italiano 169

capim-limão
    Baguete com frango refogado 55
    Baguete vietnamita com camarão graúdo 32
    Camarão, capim-limão e coco 77
    Sopa verde de vegetais 73
    Sopa rápida de lagostim 89

caranguejo
    Bolinho de caranguejo 114
    Bolinho de caranguejo ao estilo tailandês 115
    Caranguejo e repolho com um toque cítrico 369
    Mac and cheese com caranguejo 353
    Salada de caranguejo, melão e manjericão 391

carne bovina
    Bife com missô 159
    Bife com missô e wasabi 377
    Bife com tomate e cebola 163
    Bife com verduras 377
    Caldo de carne com macarrão 67
    Contrafilé, alho e abobrinha 377
    Fraldinha com provolone e talharim 137
    Guisado de carne ao forno com crosta de rösti de inhame 347
    Hambúrguer cheio de personalidade 59
    Hambúrguer com pasta de pimenta 59
    Hambúrguer de ricota 59
    Missô, cogumelos e caldo de carne 375
    Molho de mostarda e estragão para temperar o bife 102
    Molho de pimenta vermelha e tomate para temperar o bife 102
    Picadinho rústico de carne assada 45
    Salada de batata com banha bovina 407
    Sanduíche de bife 29
    Sanduíche de bife e couve amanteigada 45
    Sanduíche de carne assada 45
    Sopa de missô com carne e couve 93

carne de porco
    Barriga de porco com limão e pimenta-chinesa em grãos 373
    Barriga de porco, pistache e figo 339
    Bisteca de porco com chutney de ameixa 187
    Bisteca de porco com pera 139
    Bisteca de porco e molho doce com alho 187
    Bisteca de porco, mostarda e farinha de rosca 291
    Bisteca de porco, pera, nozes, echalote, vermute 187
    Bistecas de porco com ameixas maduras, alecrim 139
    Caldo de costelinha de porco com ruibarbo 79
    Carne de porco aromática com pepino 369
    Carne de porco com maçã e xarope de bordo 283
    Carne de porco com sementes de mostarda e iogurte 189
    Carne de porco e zimbro 35
    Costela de porco rápida com mel e melaço de romã 142
    Costeletas com anis e mel 120
    Espelta com carne de porco 153
    Hambúrguer de chouriço 35
    Hambúrgueres de linguiça 35
    Kebab de porco e manga 164
    Kebab de porco e missô 165
    Kebab de porco, ameixas e mel 165
    Lombo de porco, molho ponzu 327
    Patê de porco e damasco 409
    Patê rústico de carne de porco, pepino em conserva e cebolinha no pão italiano 52
    Porco assado, macarrão 237
    Porco assado, tangerinas geladas, hortelã refrescante 401
    Porco com laranja sanguínea 305
    Porco com sal e pimenta 371
    Porco de lamber os beiços, iogurte refrescante salpicado com romã 165
    Porco e figo 139
    Repolho cru, queijo azul, porco assado frio 389
    Sanduíche de costela de porco 63

Sanduíche de porco assado de domingo 63
Sanduíche de porco com maçã 63
Sanduíche de torresmo 63

castanha-de-caju
Frango salteado com castanha-de-caju e brócolis 365
Guarnição doce e um pouco picante para acompanhar praticamente qualquer prato 101
Sardinhas, batata-doce e castanhas 149

cavala
Cavala com triguilho e tomate 223
Enrolado de cavala com bacon 203

cebola
Arroz assado vegetariano 249
Asinha de frango com chutney de cebola e umeboshi 185
Batata de pobre 135
Bife com tomate e cebola 163
Caldo de asinhas de frango e cebola 81
Cebolas caramelizadas, parmesão, alcaparras 311
Cogumelos acebolados na massa 329
Confit de cebola na banha bovina com queijo derretido 407
Cozido de feijão com cebola 269
Crosta de batatas raladas 344
Emaranhado de raízes 333
Fígado de cordeiro, echalote e queijo pecorino 129
Lentilhas e cebolas douradas, bacon defumado, *crème fraîche* 205
Linguiça com molho adocicado de cebola 113
Pato grelhado e cebola-roxa 137
Purê de queijo e cebola 221
Receitinha clássica de linguiça com purê 313
Rumbledethumps 221
Sanduíche de cebola, marmelada e queijo azul 47
Sanduíche de linguiça com cebolas doces 51

cenoura
Arroz temperado rápido 173
Arroz verde temperado 173
Beterraba com linguiça e alecrim 107
Bolinho de vegetais com molho de tomate condimentado 175
Bolonhesa de lentilha 204
Camarão graúdo, macarrão e cenoura 362
Cenoura com harissa 233
Cenoura com hortelã 101
Cordeiro com cenoura e mandioquinha 273
Cozido de coelho com cenouras e risoni 261
Emaranhado de raízes 333
Frittata de raízes bem temperadas 145
Guarnição doce e um pouco picante para acompanhar praticamente qualquer prato 101
Mingau de cenoura e triguilho 83
Purê doce e animador 83
Sopa de cenoura, feijão-preto e coentro 69

cerejas
Cereja, tomate e salame 413

chocolate
Cheesecake de banana 421
Cobertura de chocolate e aveia 425
Sanduíche de chocolate 419
Sanduíche de sorvete 419
Torta inglesa rápida com Irish coffee 427

chouriço
Chouriço com uma nuvem de batatas e maçãs 113
Frango com molho de tomate e muçarela 211
Frittata de chouriço 145
Gratinado de abóbora-moranga 289
Hambúrguer de chouriço 35
Manjericão, pinolis, alho, muçarela, azeitonas no limão com cuscuz 380

ciabatta
Arenque defumado com ervilha e edamame 385
Bruschetta de tomate e alface 43
Hambúrguer de ricota 59
Sanduíche de costela de porco 63

Sanduíche de muçarela e linguiça
defumada 51
Sanduíche de muçarela e manjericão
47
Sanduíche italiano 26
coalhada seca
Coalhada seca e hortelã no pão sírio
47
coco
Camarão, capim-limão e coco 77
Costeleta de cordeiro com mostarda
e coco 189
Verduras frescas e brotos de feijão 77
Rösti de mandioquinha 133
coelho
Cozido de coelho com cenouras e
risoni 261
Coelho, aspargos, macarrão, estragão
e creme 261
Cozido de coelho com ervas 260
cogumelos
Arroz verde temperado 173
Bife com missô e wasabi 377
Caldo de galinha, aspargo e macarrão
80
Cogumelos acebolados na massa 329
Cogumelos e abobrinhas, verde
e terroso 117
Cogumelos picantes com pão sírio
243
Cogumelos porcini e limão-siciliano
287
Cordeiro com cogumelos e creme
155
Espaguete ao forno com cogumelos
frescos 325
Frango salteado, cogumelos porcini e
vinho Marsala 335
Frango, cogumelos e feijão 362
Gratinado de abóbora-moranga 289
Hadoque defumado, cogumelos e
creme 213
Macarrão bucatini com cogumelos
porcini 325
Molho rápido de cogumelos 329
Nabo com cogumelos e risoni 237
Ragu de fígado e bacon 209
Risoto de espelta 153

Rösti de batata e cogumelos 102
Sobrecoxas de frango ao vinho
branco 275
cogumelos enoki
Bife com missô e wasabi 377
Missô, cogumelos e caldo de carne
375
cogumelos porcini
Cogumelos acebolados na massa 329
Cogumelos porcini e limão-siciliano
287
Frango salteado, cogumelos porcini e
vinho Marsala 335
Macarrão bucatini com cogumelos
porcini 325
Molho rápido de cogumelos 329
colcannon
Colcannon de presunto e couve 220
copa
Couve-rábano, laranja e copa 389
cordeiro
Bolinhos de cordeiro 132
Canela de cordeiro 273
Cordeiro assado com harissa e
gergelim 291
Cordeiro assado com pesto 291
Cordeiro assado com tapenade de
pistache e azeitonas pretas 291
Cordeiro assado com wasabi e
farinha de tempurá 291
Cordeiro assado, mostarda e
migalhas de pão 290
Cordeiro com alho negro e azeitonas
pretas 179
Cordeiro com aspargo 263
Cordeiro com berberé 179
Cordeiro com cenoura e
mandioquinha 273
Cordeiro com cogumelos e creme
155
Cordeiro com gergelim, pepino
e iogurte 154
Cordeiro com hortelã e uvas-passas
brancas 155
Cordeiro com iogurte e açafrão 125
Cordeiro com za'atar e azeitonas 179
Cordeiro e alho-poró 137

Cordeiro grelhado com queijo feta e hortelã 183
Cordeiro, alecrim e *crème fraîche* 263
Cordeiro, alho, páprica e tomate 258
Costeleta de cordeiro com mostarda e coco 189
Pernil de cordeiro assado 309

costela de porco
Caldo de costelinha de porco com ruibarbo 79
Costela de porco rápida com mel e melaço de romã 142
Costeletas com anis e mel 120
Porco com laranja sanguínea 305
Sanduíche de costela de porco 63

couve
Bife com verduras 377
Bolinho de colcannon 221
Bruschetta de couve 357
Colcannon de presunto e couve 220
Gordura de bacon, couve e zimbro 357
Gratinado de couve e amêndoa 357
Sanduíche de bife e couve amanteigada 45
Sopa verde de vegetais 73

couve-chinesa
Verduras frescas e brotos de feijão 77

couve-de-bruxelas
Couve-de-bruxelas, linguiça e batatas 107

couve-flor
Batata assada com couve-flor e molho de queijo 315
Creme de couve-flor com mexilhões 229

couve-rábano
Couve-rábano, laranja e copa 389

cozidos e guisados
Coelho, aspargos, macarrão, estragão e creme 261
Cordeiro com aspargo 263
Cordeiro, alecrim e *crème fraîche* 263
Cordeiro, alho, páprica e tomate 258
Cozido de coelho com cenouras e risoni 261

Cozido de coelho com ervas 260
Cozido de feijão com cebola 269
Estrogonofe de frango 197
Frango com erva-doce e alho-poró 279
Frango com creme azedo e pepino em conserva 264
Frango, folhas de erva-doce, creme de leite fresco, vinagre com estragão 258
Grão-de-bico, tomates, especiarias e espinafre 341
Repolho roxo com queijo azul e maçã 277
Sobrecoxas de frango ao vinho branco 275
Sobrecoxas de frango douradas, ervas, um toque de limão-
-siciliano 259

cranberries ou framboesas
Cuscuz de peru ou de frango 401
Hambúrguer de Natal 31

cream cheese
Cheesecake de banana 421
Rösti de mandioquinha 133
Sanduíche de cream cheese e salmão defumado 39

creme de limão
Cookie de aveia e limão 429

curry
Curry de berinjela 266
Curry de grão-de-bico e berinjela 267

cuscuz
Cuscuz de ervas e rúcula 403
Cuscuz de peru ou de frango 401
Cuscuz de queijo e maçã 403
Cuscuz, limões, amêndoas, lulas 193
Frango aberto, rúcula, cuscuz 300
Manjericão, pinolis, alho, muçarela, azeitonas no limão 380
Porco assado, tangerinas geladas, hortelã refrescante 401
Presunto e favas com cuscuz 403
Presunto, salsa, lentilhas verdes e maçãs crocantes com cuscuz 401
Tomate, tomate seco, queijo feta, vinagre balsâmico, manjericão 380

Vegetais de verão com harissa e cuscuz 402

D
damasco
Cobertura de chocolate e aveia 425
Frango, condimentos terrosos, damascos agridoces 211
Patê de porco e damasco 409
Tomate, alcachofra, croûtons com manjericão 271

E
endívia
Endívia com uva, mel e mostarda 271
Maçã, gengibre e endívia 387
Sabores tranquilos e tradicionais com sobras de pernil de porco 75

erva-doce
Cuscuz de queijo e maçã 403
Frango com erva-doce e alho-poró 279
Presunto e favas com cuscuz 403
Salada de beterraba e bulbo de erva--doce com *prosciutto* 388
Salada de pepino, bulbo de erva-doce, ricota e abacate 393
Salmonete assado com erva-doce e alho-poró 297

ervilhas
Arenque defumado com ervilha e edamame 385
Ervilha e presunto 397
Ervilhas e queijo 397
Lentilhas, ervilhas e salmão grelhado 205
Minestrone verde (mais ou menos) rápido 228
Pernil de porco e molho de ervas 75
Salmão, creme de ervilhas 191
Sopa de ervilha e agrião com camarão graúdo 97
Sopa verde de vegetais 73

ervilhas partidas
Ervilha com berinjela 71
Ervilhas amarelas, condimentos e tomate 66

ervilha-torta
Bife com missô e wasabi 355

espelta
Bolinho de espelta, manjericão e ricota 153
Espelta com carne de porco 153
Espelta, tomate e beterraba assada 93
Frango e espelta com *ras el hanout* 211
Risoto de espelta 153

espinafre
Arenque defumado com ovos benedict 255
Arroz verde temperado 173
Batata com especiarias e espinafre 285
Espinafre, arenque defumado, fitas de macarrão 215
Frittata de queijo de cabra 121
Grão-de-bico, tomates, especiarias e espinafre 341
Ovos mexidos com espinafre e parmesão 217
Salmão, espinafre, alho 101
Sanduíche de muçarela e linguiça defumada 51

espumante ou vinho branco
Porco e figo 139
Sobrecoxas de frango ao vinho branco 275

F
favas
Arroz verde temperado 173
Bife de pernil de porco, fava e semente de mostarda 123
Minestrone verde (mais ou menos) rápido 228
Orecchiette com ricota e fava 207
Presunto e favas com cuscuz 403
Sopa verde de vegetais 73

feijão-branco
Alcachofra e feijão-branco 109
Bolinho assado de grão-de-bico 340
Ceia rápida de sardinha 303
Feijão ao creme, pão de alho, azeite 199

Feijão-manteiga, ervas verdes, azeite 199
Frango assado temperado, purê de feijão cremoso 119
Hadoque defumado, cogumelos e creme 213
Lula recheada com feijão-branco e molho de tomate 307
Pato com feijão 119
Purê de feijão-branco, manteiga e especiarias, pão sírio 197

feijão-da-china
Hambúrguer de ervas 41

feijão-manteiga
Arenque defumado, feijão-manteiga e creme 213
Feijão ao creme, pão de alho, azeite 199
Feijão e bacon 199
Feijão-manteiga, ervas verdes, azeite 199
Hambúrguer de ervas 41
Linguiça de porco e purê de feijão amanteigado 113
Lula recheada com feijão-branco e molho de tomate 307
Minestrone verde (mais ou menos) rápido 228
Robalo com feijão e estragão z81

feijão-preto
Cozido de feijão com cebola 269
Sopa de cenoura, feijão-preto e coentro 69

feijão-rajadinho
Bolinho assado de grão-de-bico 340
Feijão-rajadinho, linguiça calabresa e tortilha 359

fígado
Fígado de cordeiro, echalote e queijo pecorino 129
Fígado e chutney de maçã 129
Ragu de fígado e bacon 209

figo
Barriga de porco, pistache e figo 339
Figo, triguilho e amora 405
Focaccia com figo e queijo de cabra 57
Porco e figo 139

Queijo azul, figos e uma baguete 277
Torrada com figo e ricota 435

focaccia
Focaccia com figo e queijo de cabra 57
Focaccia com tomate 61

framboesas
Cobertura de chocolate e aveia 425
Framboesas e creme 418
Sanduíche de frutas vermelhas 419

frango
Alho-poró amanteigado e hambúrguer de frango 29
Almoço rápido de domingo 235
Asinha de frango com chutney de cebola e umeboshi 185
Asinha de frango, molho katsu 167
Asinhas crocantes, maionese de alho, dedos para lamber 167
Asinhas de frango com um toque cítrico e picante 167
Baguete com frango refogado 55
Caldo de asinhas de frango e cebola 81
Caldo de galinha, aspargo e macarrão 80
Caldo de missô com frango grelhado 81
Coxas de frango, limão e mel 283
Cuscuz de peru ou de frango 401
Empadão rápido de frango 351
Estrogonofe de frango 197
Frango aberto, rúcula, cuscuz 300
Frango assado temperado, purê de feijão cremoso 119
Frango assado, maionese de ervas 265
Frango com alho negro e amêndoas 231
Frango com alho, echalote, manteiga e farinha de rosca 295
Frango com bacon e maionese de pimenta vermelha com coentro 49
Frango com creme azedo e pepino em conserva 264
Frango com erva-doce e alho-poró 279
Frango com geleia 293

Frango com gergelim e mirin 301
Frango com laranja e vinagre de xerez 301
Frango com missô 181
Frango com molho de soja 283
Frango com molho de tomate e muçarela 211
Frango com *prosciutto, crème fraîche* e estragão 211
Frango com soja escura e mel dourado 181
Frango com tomilho, sal marinho, manteiga e limão-siciliano 181
Frango com molho doce 293
Frango de panela ao forno, xerez e amêndoa 337
Frango e espelta com *ras el hanout* 211
Frango e salada de batatas 265
Frango grelhado cítrico e apimentado 180
Frango salteado com castanha de caju e brócolis 365
Frango salteado, cogumelos porcini e vinho Marsala 335
Frango, cogumelos e feijão 362
Frango, condimentos terrosos, damascos agridoces 211
Frango, folhas de erva-doce, creme de leite fresco, vinagre com estragão 258
Frango, grão-de-bico, mandioquinha 119
Frango, molho de soja light ou shoyu, pimenta vermelha defumada em flocos e xarope de bordo 167
Goujons de frango com páprica e mostarda 231
Hambúrguer de frango com limão--siciliano e estragão 31
Inhame e sopa de galinha 85
Lamen de frango com caldo puro e transparente 367
Lasanha cremosa de restos de frango e cebola 323
Peito de frango com pancetta e mostarda 295
Peito de frango com queijo defumado e pancetta 295
Peito de frango com queijo Taleggio 335
Peito de frango, alho, tomilho, um molho doce de vinho moscatel 275
Peitos de frango, vinho Madeira e creme de leite 351
Pele de frango, folhas verdes macias, flocos de sal 275
Pipoca de pele de frango 201
Ragu de frango light 209
Risoto com pedaços de frango assado, tomilho, parmesão 247
Sanduíche de frango com maionese de ervas, rabanetes e pepinos 49
Sanduíche de frango picante 55, 293
Sanduíche de frango, aspargos e abacate 49
Satay de coxa de frango 305
Satay improvisado 231
Sobrecoxas de frango ao vinho branco 275
Sobrecoxas de frango douradas, ervas, um toque de limão--siciliano 259
Sopa vietnamita *pho* com frango assado 87

fritada
Fritada de milho-verde 355

frittata
Frittata de aspargos e estragão 121
Frittata de berinjela e tomilho 121
Frittata de chouriço 145
Frittata de queijo de cabra 121
Frittata de raízes bem temperadas 145

G

geleia de laranja ou tangerina
Frango com geleia 293

gorgonzola
Batata com molho de gorgonzola 331
Macarrão com gorgonzola 219
Muffin inglês com queijo azul 277

grão-de-bico
Berinjela e grão-de-bico 241
Bolinho assado de grão-de-bico 340

Creme de legumes, grão-de-bico
e manjericão 341
Curry de grão-de-bico e berinjela 267
Feijão ao creme, pão de alho, azeite
199
Feijão e bacon 199
Frango, grão-de-bico, mandioquinha
119
Grão-de-bico e aliche 409
Grão-de-bico, tomates, especiarias e
espinafre 341
gratinados
Gratinado de abóbora-moranga 289
Gratinado de couve e amêndoa 357
gremolata
Abobrinha com gremolata de bacon
117
Gremolata de tomate 117

H
hadoque
Hadoque grelhado, molho de salsa,
purê de limão com azeite 191
Sopa condimentada de hadoque 91
Sopa de hadoque e milho-verde 91
hadoque defumado
Bolinho de hadoque defumado com
alho-poró 225
Hadoque defumado com lentilha 213
Hadoque defumado, bacon, purê com
couve 191
Hadoque defumado, cogumelos e
creme 213
hambúrgueres
Alho-poró amanteigado e
hambúrguer de frango 29
Hambúrguer cheio de personalidade
59
Hambúrguer com pasta de pimenta
59
Hambúrguer de café da manhã 29
Hambúrguer de chouriço 35
Hambúrguer de ervas 41
Hambúrguer de frango com limão-
-siciliano e estragão 31
Hambúrguer de Natal 31
Hambúrguer de pato 31
Hambúrguer de ricota 59

Hambúrgueres de linguiça 35
harissa
Cenoura com harissa 233
Cordeiro assado com harissa e
gergelim 291
Sopa de missô com carne e couve 93
Vegetais de verão com harissa e
cuscuz 402

I
inhame
Confit de pato com inhame 287
Guisado de carne ao forno com
crosta de rösti de inhame 347
Inhame assado, nozes e ovo 141
Inhame e sopa de galinha 85
Sardinhas, inhames terrosos, um
toque de limão 149
Tomate, alcachofra, croûtons com
manjericão 271
iogurte
Bananas, iogurte, creme 418
Batata com especiarias e espinafre 285
Bolinho assado de grão-de-bico 340
Carne de porco com sementes de
mostarda e iogurte 189
Coalhada seca e hortelã no pão sírio 47
Cordeiro com gergelim, pepino e
iogurte 154
Cordeiro com iogurte e açafrão 125
Cordeiro grelhado com queijo feta e
hortelã 183
Cuscuz de peru ou de frango 401
Porco de lamber os beiços, iogurte
refrescante salpicado com romã 165

K
kebabs
Kebab de porco e manga 164
Kebab de porco e missô 165
Kebab de porco, ameixas e mel 165
Porco de lamber os beiços, iogurte
refrescante salpicado com romã
165
Vieiras e pimenta vermelha 178

L
lagostim
Sopa rápida de lagostim 89

laranja
    Abóbora com pimenta e laranja 271
    Couve-rábano, laranja e copa 389
    Frango com laranja e vinagre de xerez 301
    Porco com laranja sanguínea 327

lasanha
    Lasanha cremosa de restos de frango e cebola 323
    Lasanha de linguiça 323

leguminosas
    Alcachofra e feijão-branco 109
    Arenque defumado com ervilha e edamame 385
    Arenque defumado e vagem 215
    Arenque defumado, feijão-manteiga e creme 213
    Arroz temperado rápido 173
    Arroz verde temperado 173
    Bife de pernil de porco, fava e semente de mostarda 123
    Bolinho assado de grão-de-bico 340
    Ceia rápida de sardinha 303
    Cozido de feijão com cebola 269
    Feijão ao creme, pão de alho, azeite 199
    Feijão-manteiga, ervas verdes, azeite 199
    Feijão-rajadinho, linguiça calabresa e tortilha 359
    Frango assado temperado, purê de feijão cremoso 119
    Frango, cogumelos e feijão 362
    Hadoque defumado, cogumelos e creme 213
    Hambúrguer de ervas 41
    Linguiça de porco e purê de feijão amanteigado 113
    Lula recheada com feijão-branco e molho de tomate 307
    Minestrone verde (mais ou menos) rápido 228
    Orecchiette com ricota e fava 207
    Pato com feijão 119
    Presunto e favas com cuscuz 403
    Purê de feijão-branco, manteiga e especiarias, pão sírio 197
    Robalo com feijão e estragão 303
    Sopa de cenoura, feijão-preto e coentro 69
    Sopa verde de vegetais 73

lentilhas
    Bolonhesa de lentilha 204
    Hadoque defumado com lentilha 213
    Lentilhas com bacalhau ou vieiras 303
    Lentilhas com queijo de cabra e azeite 205
    Lentilhas e cebolas douradas, bacon defumado, *crème fraîche* 205
    Lentilhas, ervilhas e salmão grelhado 205
    Presunto, salsa, lentilhas verdes e maçãs crocantes com cuscuz 401

limão
    Barriga de porco com limão e pimenta-chinesa em grãos 373
    Coxas de frango, limão e mel 283
    Frango com soja escura e mel dourado 181
    Frango grelhado cítrico e apimentado 180
    Maçã, gengibre e endívia 387

limão-siciliano
    Bacalhau com limão-siciliano, estragão e *crème fraîche* 239
    Cuscuz, limões, amêndoas, lulas 193
    Espaguete com atum, berinjela, manjericão e limão-siciliano 383
    Frango com tomilho, sal marinho, manteiga e limão-siciliano 181
    Frango grelhado cítrico e apimentado 180
    Hadoque grelhado, molho de salsa, purê de limão com azeite 191
    Hambúrguer de frango com limão--siciliano e estragão 31
    Macarrão com abobrinha e limão--siciliano 219

linguado
    Linguado, aspargos, endro 101

linguiça calabresa
    Batata assada com linguiça calabresa 317
    Feijão-rajadinho, linguiça calabresa e tortilha 359
    Linguiça calabresa e batata 321

Linguiça calabresa e purê de batata-
-doce 113
linguiça defumada
Batata-doce, linguiça picante 321
Hambúrgueres de linguiça 35
Linguiça defumada e folhas verdes 287
Linguiça defumada, mexilhões doces, um pouco de vermute 127
Linguiça picante, pãezinhos macios 321
Mexilhões com vôngole e linguiça 202
Patê de linguiça defumada 39
Sanduíche de muçarela e linguiça defumada 51
linguiça fresca
Beterraba com linguiça e alecrim 107
Hambúrguer de café da manhã 29
Lasanha de linguiça 323
Linguiça com molho adocicado de cebola 113
Linguiça de porco e purê de feijão amanteigado 113
Linguiça, purê e molho de tomate 312
Pão dinamarquês com linguiça 311
Receitinha clássica de linguiça com purê 313
Sanduíche de linguiça com cebolas doces 51
Sanduíche de linguiça e queijo 51
linguine
Camarão, linguine, endro 227
lula
Cuscuz, limões, amêndoas, lulas 193
Lula, brotos de ervilha e rúcula 369
Lula recheada com feijão-branco e molho de tomate 307
Udon com lula 367

M

maçã
Carne de porco com maçã e xarope de bordo 283
Chouriço com uma nuvem de batatas e maçãs 113
Cuscuz de queijo e maçã 403
Espelta com carne de porco 153
Maçã, gengibre e endívia 387
Maçãs assadas e maracujá 418
Presunto, salsa, lentilhas verdes e maçãs crocantes com cuscuz 401
Repolho roxo com queijo azul e maçã 277
Sanduíche de porco com maçã 63
Sanduíche de torresmo 63
macarrão
Barriga de porco com limão e pimenta-chinesa em grãos 373
Caldo de carne com macarrão 67
Caldo de galinha, aspargo e macarrão 80
Camarão graúdo, macarrão e cenoura 362
Lamen de frango com caldo puro e transparente 367
Rolinho refrescante de ervas 37
Soba, salmão e camarão graúdo 375
Sopa vietnamita *pho* com frango assado 87
Udon com lula 367
Verduras frescas e brotos de feijão 77
macarrão de udon
Udon com lula 367
macarrão soba
Soba, salmão e camarão graúdo 375
mandioquinha
Bolinho de vegetais com molho de tomate condimentado 175
Cordeiro com cenoura e mandioquinha 273
Crosta de mandioquinha e wasabi 345
Emaranhado de raízes 333
Frango, grão-de-bico, mandioquinha 119
Frittata de raízes bem temperadas 145
Purê de mandioquinha 345
Rösti de mandioquinha 133
manga
Combinado de manga e maracujá 433
Kebab de porco e manga 164
maracujá
Combinado de manga e maracujá 433
Maçãs assadas e maracujá 418

marmelada
    Sanduíche de cebola, marmelada e queijo azul 47
mascarpone
    Bagel 39
    Brioches tostados com morango e mascarpone 431
    Cookie de aveia e limão 429
    Panetone com amoras 418
    Torta inglesa rápida com Irish coffee 427
massas
    Aliche, penne, migalhas de pão 251
    Berinjela e queijo feta 329
    Berinjela, risoni e manjericão 237
    Bolonhesa de lentilha 204
    Camarão, linguine, endro 227
    Canelone de aspargo 319
    Coelho, aspargos, macarrão, estragão e creme 261
    Cogumelos acebolados na massa 329
    Cozido de coelho com cenouras e risoni 261
    Espaguete ao forno 325
    Espaguete ao forno com cogumelos frescos 325
    Espaguete com atum, berinjela, manjericão e limão-siciliano 383
    Espinafre, arenque defumado, fitas de macarrão 215
    Fraldinha com provolone e talharim 137
    Lasanha cremosa de restos de frango e cebola 323
    Lasanha de linguiça 323
    Mac and cheese com alho-poró 353
    Mac and cheese com caranguejo 353
    Mac and cheese de queijo azul 353
    Macarrão bucatini com cogumelos porcini 325
    Macarrão com abobrinha e limão-siciliano 219
    Macarrão com gorgonzola 219
    Macarrão com salmão defumado e pimenta-do-reino verde 253
    Macarrão com tomate e manjericão 219
    Nabo com cogumelos e risoni 237
    Orecchiette com ricota e fava 207
    Porco assado, macarrão 237
    Ragu de alho-poró e queijo Caerphilly 209
    Ragu de fígado e bacon 209
    Ragu de frango light 209
    Um prato cura-tudo 237
massas de padaria
    Arenque defumado, *crème fraîche* 311
    Cebolas caramelizadas, parmesão, alcaparras 311
    Pão dinamarquês com linguiça 311
mel
    Asinha de frango, molho katsu 167
    Barriga de porco com limão e pimenta-chinesa em grãos 373
    Costela de porco rápida com mel e melaço de romã 142
    Coxas de frango, limão e mel 283
    Endívia com uva, mel e mostarda 271
    Focaccia com figo e queijo de cabra 57
    Frango com soja escura e mel dourado 181
    Frango com molho doce 293
    Hambúrguer de pato 31
    Kebab de porco, ameixas e mel 165
    Salada de morango e pepino 423
    Sopa vietnamita *pho* com frango assado 87
    Torrada com figo e ricota 435
melaço de romã 378
    Costela de porco rápida com mel e melaço de romã 142
    Cuscuz de peru ou de frango 401
melancia
    Camarão picante com melancia 245
melão
    Salada de caranguejo, melão e manjericão 391
merengue
    Combinado de manga e maracujá 433
merluza
    Merluza, salsa, creme 239
mexilhões
    Creme de couve-flor com mexilhões 229

Linguiça defumada, mexilhões doces, um pouco de vermute 127
Mexilhões adocicados, bacon defumado crocante 203
Mexilhões com vôngole e linguiça 202
Mexilhões defumados, pepino em conserva 169
Sopa de peixe bem temperada 88

milho-verde
Fritada de milho-verde 355
Sopa de hadoque e milho-verde 91
Salada de milho-verde, bacon e salsa 399
Torta de milho-verde com crosta crocante 355

minestrone
Minestrone verde (mais ou menos) rápido 228

missô
Bife com missô 159
Bife com missô e wasabi 377
Caldo de missô com frango grelhado 81
Caldo de missô descomplicado 66
Camarões graúdos, alface crocante e missô 77
Frango com missô 181
Kebab de porco e missô 165
Missô, cogumelos e caldo de carne 375
Sopa de missô com carne e couve 93

morangos
Brioche tostado com morango e mascarpone 431
Salada de morango e pepino 423

muçarela
Queijo frito e crocante 395
Salada de muçarela com migalhas de pancetta 395
Salada de muçarela com tomate assado e tomilho 395
Salada de muçarela, manjericão e tomate 395
Sanduíche de muçarela e linguiça defumada 51
Sanduíche de muçarela e manjericão 47

muffins ingleses
Arenque defumado com ovos benedict 255
Muffin inglês com queijo azul 277
Muffins ingleses, ovos e presunto 157
Muffins ingleses, queijo, ovos poché 157

N

nabo
Nabo com cogumelos e risoni 237

nozes
Bisteca de porco, pera, nozes, echalote, vermute 187
Cuscuz de queijo e maçã 403
Inhame assado, nozes e ovo 141
Torrada com figo e ricota 435

O

ovos
Arenque defumado com ovos benedict 255
Arroz temperado rápido 173
Batata com avelã e ovo 141
Berinjela e queijo feta 329
Bolinho de ricota e ervas 171
Cogumelos acebolados na massa 329
Fritada de milho-verde 355
Frittata de aspargos e estragão 121
Frittata de berinjela e tomilho 121
Frittata de chouriço 145
Frittata de queijo de cabra 121
Frittata de raízes bem temperadas 145
Inhame assado, nozes e ovo 141
Muffins ingleses, ovos e presunto 157
Muffins ingleses, queijo, ovos poché 157
Ovos condimentados com abóbora 137
Ovos mexidos com bacon 217
Ovos mexidos com especiarias 216
Ovos mexidos com espinafre e parmesão 217
Ovos mexidos com molho picante 217
Ovos mexidos com salmão defumado 253
Ovos mexidos, aspargos e camarões graúdos 217

Ovos poché amanteigados com ervas 157
Salmão defumado, wasabi 362
Tortilha de batata do James 161

P

pães crocantes
Grão-de-bico e aliche 409
Queijo feta e pepino 409
Salmão com alho assado e creme 409

pancetta
Aspargos, bacon, parmesão 319
Cozido de feijão com cebola 269
Pancetta, salmão, baguete crocante 203
Peito de frango com pancetta e mostarda 295
Peito de frango com queijo defumado e pancetta 295
Salada de muçarela com migalhas de pancetta 395
Tamboril com pancetta e vôngole 127

panetone
Panetone com amoras 418

pão sírio
Coalhada seca e hortelã no pão sírio 47
Cogumelos picantes com pão sírio 243
Purê de feijão-branco, manteiga e especiarias, pão sírio 197

patê de porco
Patê de porco e damasco 409
Patê rústico de carne de porco, pepino em conserva e cebolinha no pão italiano 52

pato
Confit de pato com inhame 287
Hambúrguer de pato 31
Pato com feijão 119
Pato grelhado e cebola-roxa 137

peixe
Arenque defumado com ervilha e edamame 385
Arenque defumado com ovos benedict 255
Arenque defumado e vagem 215
Arenque defumado grelhado, purê de beterraba e wasabi 191
Arenque defumado, *crème fraîche* 311
Arenque defumado, feijão-manteiga e creme 213
Bacalhau com limão-siciliano, estragão e *crème fraîche* 239
Bruschettas de tomate e atum 383
Cavala com triguilho e tomate 223
Ceia rápida de sardinha 303
Enrolado de cavala com bacon 203
Espaguete com atum, berinjela, manjericão e limão-siciliano 383
Espinafre, arenque defumado, fitas de macarrão 215
Hadoque defumado com lentilha 213
Hadoque defumado, bacon, purê de couve 191
Hadoque defumado, cogumelos e creme 213
Hadoque grelhado, molho de salsa, purê de limão com azeite 191
Lentilhas com bacalhau ou vieiras 303
Lentilhas, ervilhas e salmão grelhado 205
Linguado, aspargos, endro 101
Macarrão com salmão defumado e pimenta-do-reino verde 253
Merluza, salsa, creme 239
Pancetta, salmão, baguete crocante 203
Peixe defumado com creme 215
Peixe inteiro assado com berinjela 297
Peixe rosado, molho picante 239
Pescada, cardamomo e creme de leite 239
Robalo com batatas 297
Robalo com feijão e estragão 303
Salada de pepino e atum 383
Salmão com alcachofra 147
Salmão com alho assado e creme 409
Salmão defumado, creme azedo, pão de centeio 169
Salmão defumado, wasabi 362
Salmão, creme de ervilhas 191
Salmão, espinafre, alho 101

454

Salmonete assado com erva-doce e alho-poró 297
Sanduíche de cream cheese e salmão defumado 39
Sanduíche de salmão defumado 253
Sanduíche de teriyaki 55
Sardinha, batata e pinoli 149
Sardinhas, batata-doce e castanhas 149
Sardinhas, inhames terrosos, um toque de limão 149
Soba, salmão e camarão graúdo 375
Sopa condimentada de hadoque 91
Sopa de hadoque e milho-verde 91
Sopa de peixe bem temperada 88
Tamboril com pancetta e vôngoles 127
Torta de salmão e pepino 349
Truta defumada, wasabi 169
Truta no pãozinho de leite 33

peixe empanado
Sanduíche de peixe empanado com maionese de ervas 33

pepino
Camarão na manteiga, pepino, endro e pão italiano 169
Carne de porco aromática com pepino 369
Cordeiro com gergelim, pepino e iogurte 154
Porco de lamber os beiços, iogurte refrescante salpicado com romã 165
Queijo feta e pepino 409
Salada de morango e pepino 423
Salada de pepino e atum 383
Salada de pepino, bulbo de erva-doce, ricota e abacate 393
Sanduíche de bresaola, Emmental e picles de pepino 47
Sanduíche de frango com maionese de ervas, rabanetes e pepinos 49
Tomate, pepino e aliche 411
Torta de salmão e pepino 349
Vieiras e pimenta vermelha 178

pepino em conserva
Frango com creme azedo e pepino em conserva 264
Hambúrguer cheio de personalidade 59
Mexilhões defumados, pepino em conserva 169
Patê rústico de carne de porco, pepino em conserva e cebolinha no pão italiano 52

pera
Bisteca de porco, pera, nozes, echalote, vermute 187
Bisteca de porco com pera 139

pernil de porco
Bife de pernil de porco, fava e semente de mostarda 123
Pernil de porco, *crème fraîche*, duas mostardas 123

peru
Cuscuz de peru ou de frango 401
Hambúrguer de Natal 31
Lasanha cremosa de restos de frango e cebola 323

pescada
Pescada, cardamomo e creme de leite 239

pimenta e pimentão
Batata de pobre 135
Bisteca de porco e molho doce com alho 187
Pimentões assados 407

pinoli
Cordeiro com hortelã e uvas-passas brancas 155
Cuscuz de ervas e rúcula 403
Ervilha e presunto 397
Manjericão, pinolis, alho, muçarela, azeitonas no limão com cuscuz 380
Sardinha, batata e pinoli 149

pipoca
Pipoca de pele de frango 179

pistache
Barriga de porco, pistache e figo 339
Cordeiro assado com tapenade de pistache e azeitonas pretas 291
Cuscuz de peru ou de frango 401
Pistache, abóbora, semente de abóbora 141

presunto
Bolinho de colcannon 221
Colcannon de presunto e couve 220
Couve-rábano, laranja e copa 389
Ervilha e presunto 397
Frango com *prosciutto*, *crème fraîche* e estragão 211
Muffins ingleses, ovos e presunto, 157
Peito de frango com queijo Taleggio 335
Pernil de porco e molho de ervas 75
Presunto e favas com cuscuz 403
Presunto, salsa, lentilhas verdes e maçãs crocantes com cuscuz 401
Sabores tranquilos e tradicionais com sobras de pernil de porco 75
Salada de batata, *prosciutto* e brócolis 415
Salada de beterraba e bulbo de erva-doce com *prosciutto* 388
Salada de presunto e aspargos 415
Sanduíche de presunto, creme azedo e maionese de mostarda 123
Sanduíche francês 53
Sanduíche inglês 53
Sanduíche italiano 26
prosciutto
Frango com *prosciutto*, *crème fraîche* e estragão 211
Peito de frango com queijo Taleggio 335
Salada de batata, *prosciutto* e brócolis 415
Salada de beterraba e bulbo de erva-doce com *prosciutto* 388
provolone
Muffins ingleses, ovos e presunto 157
Fraldinha com provolone e talharim 137

Q
queijo azul
Mac and cheese de queijo azul 353
Macarrão com gorgonzola 219
Muffin inglês com queijo azul 277
Queijo azul com batatas 277
Queijo azul, figos e uma baguete 277
Repolho cru, queijo azul, porco assado frio 389
Repolho roxo com queijo azul e maçã 277
Sanduíche de cebola, marmelada e queijo azul 47
queijo bresaola
Sanduíche de bresaola, Emmental e picles de pepino 47
queijo de cabra
Ervilhas e queijo 397
Focaccia com figo e queijo de cabra 57
Frittata de queijo de cabra 121
Lentilhas com queijo de cabra e azeite 205
queijo defumado
Peito de frango com queijo defumado e pancetta 295
queijo feta
Berinjela e queijo feta 329
Coalhada seca e hortelã no pão sírio 47
Cordeiro grelhado com queijo feta e hortelã 183
Ervilhas e queijo 397
Maçã, gengibre e endívia 387
Queijo feta e pepino 409
Sanduíche de abobrinha assada e queijo feta 26
Tomate, tomate seco, queijo feta, vinagre balsâmico, manjericão 380
queijo paneer
Paneer com berinjela 131
queijo pecorino
Fígado de cordeiro, echalote e queijo pecorino 129

R
rabanete
Rabanetes refrescantes, endro verde e um pouco de peixe 287
Sanduíche de frango com maionese de ervas, rabanetes e pepinos 49

ras el hanout
    Frango, condimentos terrosos, damascos agridoces 211
    Frango e espelta com *ras el hanout* 211

recheio de linguiça
    Barriga de porco, pistache e figo 339
    Bolinho de linguiça com molho cremoso de mostarda 151
    Carne de porco e zimbro 35
    Couve-de-bruxelas, linguiça e batatas 107
    Hambúrguer de Natal 31

refogados
    Baguete com frango refogado 55
    Barriga de porco com limão e pimenta-chinesa em grãos 373
    Bife com missô e wasabi 377
    Bife com verduras 377
    Camarão graúdo frito, molho de tomate 363
    Camarão graúdo, macarrão e cenoura 362
    Carne de porco aromática com pepino 369
    Contrafilé, alho e abobrinha 377
    Frango salteado com castanha de caju e brócolis 365
    Frango, cogumelos e feijão 362
    Porco com sal e pimenta 371
    Salmão defumado, wasabi 362
    Soba, salmão e camarão graúdo 375

repolho
    Caranguejo e repolho com um toque cítrico 369
    Repolho cozido, creme e mostarda 389
    Repolho cru, queijo azul, porco assado frio 389
    Repolho roxo com queijo azul e maçã 277

repolho roxo
    Caranguejo e repolho com um toque cítrico 369
    Repolho cru, queijo azul, porco assado frio 389
    Repolho roxo com queijo azul e maçã 277

ricota
    Bolinho de espelta, manjericão e ricota 153
    Bolinho de ricota e ervas 171
    Focaccia com tomate 61
    Hambúrguer de ricota 59
    Orecchiette com ricota e fava 207
    Salada de pepino, bulbo de erva-doce, ricota e abacate 393
    Torrada com figo e ricota 435

risoto
    Manteiga, arroz de risoto, sopa de inhame e frango 85
    Risoto com pedaços de frango assado, tomilho, parmesão 247
    Risoto de espelta 153

robalo
    Robalo com batatas 297
    Robalo com feijão e estragão 303

rolinhos primavera
    Rolinho refrescante de ervas 37

romã
    Cuscuz de peru ou de frango 401
    Porco assado, tangerinas geladas, hortelã refrescante 401
    Porco de lamber os beiços, iogurte refrescante salpicado com romã 165

rösti
    Guisado de carne ao forno com crosta de rösti de inhame 347
    Rösti de batata e cogumelos 102
    Rösti de mandioquinha 133

rúcula
    Cuscuz de ervas e rúcula 403
    Frango aberto, rúcula, cuscuz 300
    Lula, brotos de ervilha e rúcula 369
    Salada de batata com banha bovina 407

ruibarbo
    Caldo de costelinha de porco com ruibarbo 79

S

saladas
    Aliche, azeitonas, manjericão e croûtons, uma salada refrescante para o verão 251

Cereja, tomate e salame 413
Couve-rábano, laranja e copa 389
Frango e salada de batatas 265
Maçã, gengibre e endívia 387
Repolho cru, queijo azul, porco assado frio 389
Sabores tranquilos e tradicionais com sobras de pernil de porco 75
Salada de batata com banha bovina 407
Salada de batata, *prosciutto* e brócolis 415
Salada de beterraba e bulbo de erva--doce com *prosciutto* 388
Salada de caranguejo, melão e manjericão 391
Salada de milho-verde, bacon e salsa 399
Salada de morango e pepino 423
Salada de muçarela com migalhas de pancetta 395
Salada de muçarela com tomate assado e tomilho 395
Salada de muçarela, manjericão e tomate 395
Salada de pepino e atum 383
Salada de pepino, bulbo de erva-doce, ricota e abacate 393
Salada de presunto e aspargos 415
Tomate, pepino e aliche 411

saladas de frutas
Salada de morango e pepino 423

salame
Cereja, tomate e salame 413

salmão
Lentilhas, ervilhas e salmão grelhado 205
Pancetta, salmão, baguete crocante 203
Peixe rosado, molho picante 239
Salmão com alcachofra 147
Salmão, creme de ervilhas 191
Salmão, espinafre, alho 101
Soba, salmão e camarão graúdo 375
Torta de salmão e pepino 349

salmão defumado
Macarrão com salmão defumado e pimenta-do-reino verde 253
Ovos mexidos com salmão defumado 253
Salmão com alho assado e creme 409
Salmão defumado, creme azedo, pão de centeio 169
Salmão defumado, wasabi 362
Sanduíche de cream cheese e salmão defumado 39
Sanduíche de salmão defumado 253

salmonete ou tainha
Peixe inteiro assado com berinjela 297
Salmonete assado com erva-doce e alho-poró 297

sanduíches e torradas
Abobrinha assada e queijo feta 26
Baguete com frango refogado 55
Baguete vietnamita com camarão graúdo 32
Brioche tostado com morango e mascarpone 431
Bruschetta de tomate e alface 43
Bruschetta de couve 357
Bruschettas de tomate e atum 383
Camarão graúdo, bacon, torradas de pão integral 33
Camarão na manteiga, pepino, endro e pão italiano 169
Carne de porco e zimbro 35
Coalhada seca e hortelã no pão sírio 47
Confit de cebola na banha bovina com queijo derretido 407
Feijão ao creme, pão de alho, azeite 199
Feijão-manteiga, ervas verdes, azeite 199
Focaccia com figo e queijo de cabra 57
Focaccia com tomate 61
Frango com bacon e maionese de pimenta vermelha com coentro 49
Linguiça picante, pãezinhos macios 321
Mexilhões defumados, pepino em conserva 169
Muçarela e manjericão 24

Pancetta, salmão, baguete crocante 203
Panetone com amoras 418
Patê de aliche e Camembert 24
Patê de linguiça defumada 39
Patê rústico de carne de porco, pepino em conserva e cebolinha no pão italiano 52
Peixe defumado com creme 215
Picadinho rústico de carne assada 45
Rolinho refrescante de ervas 37
Salmão defumado, creme azedo, pão de centeio 169
Sanduíche de bife 29
Sanduíche de bife e couve amanteigada 45
Sanduíche de bresaola, Emmental e picles de pepino 47
Sanduíche de carne assada 45
Sanduíche de cebola, marmelada e queijo azul 47
Sanduíche de chocolate 419
Sanduíche de costela de porco 63
Sanduíche de cream cheese e salmão defumado 39
Sanduíche de frango, aspargo e abacate 49
Sanduíche de frango, maionese de ervas, rabanetes e pepino 49
Sanduíche de frango picante 55, 293
Sanduíche de frutas vermelhas 419
Sanduíche de linguiça com cebolas doces 51
Sanduíche de linguiça e queijo 51
Sanduíche de muçarela e linguiça defumada 51
Sanduíche de muçarela e manjericão 47
Sanduíche de peixe empanado com maionese de ervas 33
Sanduíche de porco assado de domingo 63
Sanduíche de porco com maçã 63
Sanduíche de presunto, creme azedo e maionese de mostarda 123
Sanduíche de salmão defumado 253
Sanduíche de sorvete 419
Sanduíche de teriyaki 55
Sanduíche de torresmo 63
Sanduíche francês 53
Sanduíche inglês 53
Sanduíche italiano 26
Torrada com figo e ricota 435
Truta defumada, wasabi 169
Truta no pãozinho de leite 33
Vegetais assados, maionese de alho 26

sardinha
Ceia rápida de sardinha 303
Sardinha, batata e pinoli 149
Sardinhas, batata-doce e castanhas 149
Sardinhas, inhames terrosos, um toque de limão 149

satay
Satay de coxa de frango 305
Satay improvisado 231

sobremesas
Amoras, vinho tinto 418
Bananas, iogurte, creme 418
Brioche tostado com morango e mascarpone 431
Cheesecake de banana 421
Cobertura de chocolate e aveia 425
Combinado de manga e maracujá 433
Cookie de aveia e limão 429
Framboesas e creme 418
Maçãs assadas e maracujá 418
Panetone com amoras 418
Salada de morango e pepino 423
Sanduíche de chocolate 419
Sanduíche de frutas vermelhas 419
Sanduíche de sorvete 419
Torrada com figo e ricota 435
Torta inglesa rápida com Irish coffee 427

soja edamame
Arroz temperado rápido 173
Arenque defumado com ervilha e edamame 385

sopas
Caldo de asinhas de frango e cebola 81
Caldo de carne com macarrão 67
Caldo de costelinha de porco com ruibarbo 79

Caldo de galinha, aspargo e macarrão 80
Caldo de missô com frango grelhado 81
Caldo de missô descomplicado 66
Camarões graúdos, alface crocante e missô 77
Camarão, capim-limão e coco 77
Creme de couve-flor com mexilhões 229
Creme de legumes, grão-de-bico e manjericão 341
Ervilhas amarelas, condimentos e tomate 66
Ervilha com berinjela 71
Grão-de-bico, tomates, especiarias e espinafre 341
Inhame e sopa de galinha 85
Lamen de frango com caldo puro e transparente 367
Minestrone verde (mais ou menos) rápido 228
Mingau de cenoura e triguilho 83
Missô, cogumelos e caldo de carne 375
Pernil de porco e molho de ervas 75
Sopa condimentada de hadoque 91
Sopa de cenoura, feijão-preto e coentro 69
Sopa de ervilha e agrião com camarão graúdo 97
Sopa de hadoque e milho-verde 91
Sopa de missô com carne e couve 93
Sopa de peixe bem temperada 88
Sopa de vôngole e alho-poró 91
Sopa leve e fresca para o verão 67
Sopa rápida de lagostim 89
Sopa verde de vegetais 73
Sopa vietnamita *pho* com frango assado 87
Verduras frescas e brotos de feijão 77

sopa indiana
Ervilhas amarelas, condimentos e tomate 66

sorvete
Sanduíche de sorvete 419

T
tainha
Peixe inteiro assado com berinjela 297
tamboril
Tamboril com pancetta e vôngole 127
tangerina
Asinhas de frango com um toque cítrico e picante 167
Bolinho assado de grão-de-bico 340
Porco assado, tangerinas geladas, hortelã refrescante 401
teriyaki
Sanduíche de teriyaki 55
tilápia
Sopa de peixe bem temperada 88
tomate
Berinjelas com a vivacidade dos tomates 267
Bife com tomate e cebola 163
Bolinho de vegetais com molho de tomate condimentado 175
Bruschetta de tomate e alface 43
Bruschettas de tomate e atum 383
Camarão graúdo frito, molho de tomate 363
Cavala com triguilho e tomate 223
Cereja, tomate e salame 413
Cordeiro, alho, páprica e tomate 258
Ervilhas amarelas, condimentos e tomate 66
Espelta, tomate e beterraba assada 93
Focaccia com tomate 61
Frango com molho de tomate e muçarela 211
Grão-de-bico, tomates, especiarias e espinafre 341
Gremolata de tomate 117
Hambúrguer de café da manhã 29
Linguiça, purê e molho de tomate 312
Lula recheada com feijão-branco e molho de tomate 307
Macarrão com tomate e manjericão 219
Molho de pimenta vermelha e tomate para temperar o bife 102
Ovos mexidos com molho picante 217

Salada de muçarela com migalhas de pancetta 395
Salada de muçarela com tomate assado e tomilho 395
Salada de muçarela, manjericão e tomate 395
Tomate, tomate seco, queijo feta, vinagre balsâmico, manjericão 380
Tomate com aliche crocante 299
Tomate, alcachofra, croûtons com manjericão 271
Tomate, pepino e aliche 411
Vegetais assados, maionese de alho 26
Vegetais de verão com harissa e cuscuz 402

tomate seco
Feijão-rajadinho, linguiça calabresa e tortilha 359
Hambúrguer de ricota 59
Tomate, tomate seco, queijo feta, vinagre balsâmico, manjericão 380

tortas
Empadão rápido de frango 351
Feijão-rajadinho, linguiça calabresa e tortilha 359
Guisado de carne ao forno com crosta de rösti de inhame 347
Torta de milho-verde com crosta crocante 355
Torta de salmão e pepino 349

tortilhas
Feijão-rajadinho, linguiça calabresa e tortilha 359
Tortilha de batata do James 161

triguilho
Cavala com triguilho e tomate 223
Figo, triguilho e amora 405
Mingau de cenoura e triguilho 83

truta
Truta defumada, wasabi 169
Truta no pãozinho de leite 33

U
uva
Endívia com uva, mel e mostarda 271
uva-passa
Bagel 39

uvas-passas brancas
Bagel 39
Cordeiro com hortelã e uvas-passas brancas 155

V
vagens
Arenque defumado e vagem 215
Frango, cogumelos e feijão 362
vieiras
Vieiras e pimenta vermelha 178
vôngole
Mexilhões com vôngole e linguiça 202
Sopa de vôngole e alho-poró 91
Tamboril com pancetta e vôngole 127

W
wasabi
Arenque defumado grelhado, purê de beterraba e wasabi 191
Bife com missô e wasabi 377
Cordeiro assado com wasabi e farinha de tempurá 291
Crosta de mandioquinha e wasabi 345
Guisado de carne ao forno com crosta de rösti de inhame 347
Salmão defumado, wasabi 362
Truta defumada, wasabi 169

X
xarope de bordo
Carne de porco com maçã e xarope de bordo 283
Cobertura de chocolate e aveia 425
Frango, molho de soja light ou shoyu, pimenta vermelha defumada em flocos e xarope de bordo 167

Y
yuzu
Caranguejo e repolho com um toque cítrico 369

Z
za'atar
Cordeiro com za'atar e azeitonas 179

Este livro foi impresso em abril de 2015
nas fontes Otama e Brix Sans.